나를 바꾸는 40일의 말씀 순례

이성희 지음

SINGING the PSALMS

한국장로교출판사

나를 바꾸는 40일의 말씀 순례

시편을 노래하다

하나님의 말씀은 창조의 도구입니다.
그리스도인에게 가장 중요한 것은 바로 그 말씀입니다.

들어가는 말

　하나님의 말씀은 창조의 도구입니다. 예수님은 하나님으로 창조에 동참하심 뿐만 아니라 그 말씀이 육신이 되어 우리 가운데 오신 구주이십니다. 말씀이신 예수님은 창조하신 피조물인 바람과 바다에게 말씀하셨고, 바람과 바다는 그 말씀에 순종하였습니다. 하나님의 말씀은 '주인의 음성'입니다. 그리스도인에게 가장 중요한 것은 바로 그 말씀입니다.
　시편 119편은 하나님의 말씀인 신명기에 기초를 둔 시편 제5권 중 한 편입니다. 시편 119편은 성경에서 가장 긴 장이며 그 주제가 '말씀'입니다. 말씀이 하나님의 사람들에게 가장 중요하므로 가장 길게 썼습니다. 시편 119편은 하나님의 말씀을 율법, 증거, 법도, 율례, 계명, 말씀, 규례, 도, 교훈, 법 등으로 표현합니다. 하나님 말씀의 다양한 기능을 이렇게 말한 것입니다.
　이 시대는 교회와 그리스도인의 개혁을 강하게 요청합니다. 종교개혁은 새로운 것을 개발하는 것이 아니라 '성경으로 돌아가는 운동'입니다. 개혁은 말씀으로 돌아갈 때 비로소 가능합니다. 말씀으로 돌아가면 교회와 그리스도인은 개혁됩니다.
　개혁주의 전승에 의하면 현대의 유일한 계시는 하나님의 말씀, 성경입니다. 성경에 기록된 하나님의 말씀은 하나님을 계시합니다. 하나님의 세상에 대한 섭리와 경륜을 계시합니다. 그러므로 성경을 보면 이 세상을 알 수 있고, 하늘나라를 알 수 있습니다.

하나님의 말씀은 '로고스'이며, 이 말씀이 내게 주시는 말씀이 된 것을 '레마'라고 합니다. 수원지의 물을 '로고스'라 한다면 내 입에 들어간 물은 '레마'입니다. '로고스'가 '레마'가 되어야 참 말씀입니다. '로고스'가 '레마'가 될 때 개혁은 성취되는 것입니다. 그리스도인은 하나님의 말씀이 '로고스'로 머물게 두는 것이 아니라 '레마'가 되어 나의 말씀이 될 때 살아 계신 하나님의 음성으로 듣고 새길 수 있습니다.

우리 교회는 격년으로 40일 특별새벽기도회를 가집니다. 지금까지 다양한 주제로 말씀을 묵상하고 기도하였습니다. 2016년 40일 특별새벽기도회는 하나님의 '로고스'가 우리의 '레마'가 되기를 바라며 시편 119편을 묵상하였습니다. 이 시대의 그리스도인에게 가장 필요한 것이 말씀이기에 '하나님의 말씀'이 주제인 시편 119편을 묵상하며 자신의 내면의 개혁을 꾀하였습니다. 이제 모든 그리스도인들이 하나님의 말씀 위에 굳게 서면 하는 바람에서 한 권의 책으로 엮었습니다. 「나를 바꾸는 40일의 말씀 순례 : 시편을 노래하다」를 통하여 말씀의 오묘한 맛을 발견하며 아주 특별한 신앙과 삶의 체험이 있기를 기대합니다.

2016년 9월
연못골 도심수도원에서
이성희

Introduction

The Word of God was the tool for the creation. Jesus is not only the Savior, who participated of the creation but also became flesh and made his dwelling among us. The Word, Jesus, spoke to the wind and the sea, which he has created, and the wind and the sea obeyed to his Word. The Word of God itself is the 'voice of the Lord', which means what should be considered the most important to the christians is that Word.

Psalms 119 belongs to the fifth book among five sections of Psalm, which has its bases on the book of Deuteronomy. It is one of the longest chapters in the bible, and it speaks of the Word. It is written the longest, for the Word is the most important for the people of God. Psalms 119 expresses the Words of God as the law, statute, precept, decree, rule, way, etc. This shows us diverse functions of the Words of God.

This era strongly requests the reformation of the church and the christians. Religious reformation is not creating something new, but it is 'a movement going back to the Scriptures'. The reformation is only possible when we go back to the Word. When we go back to the Word, churchs and christians will be reformed.

According to the tradition of reformist, the Word of God, the Scriptures is the sole revelation at the present time. The Word of God, written in the Scriptures, reveals God to us. It reveals the providence and the administration that God has of the world. Therefore, if we look at the Scriptures, we know the earth and the heaven.

The Word of God can be called 'Logos' and the given Word call 'Rhema'. That is, Logos can be referred to as water in gathering ground, and Rhema as water in our mouth. Logos is the truthful Word, which should become Rhema. When the Logos becomes Rhema, the reformation can be achieved. Christians should not let the Word of God stay as Logos, but should let it become Rhema of one's heart, and hear it and engrave it as the voice of the living God.

Youndong Church has 40 days special early morning prayer session every other year. We have prayed for many topics, and meditated the Word, and prayed. In 40 days prayer session of the 2016, we have meditated Psalms 119, hoping the Logos of God would become our Rhema. What christians in this era needs the most is the Word, so we meditated the 'Word of God' and tried to make our inner reformation. I have weaved it all into one book, wishing that all christians would stand straight on the Word of God. I wish all the readers of this *Singing the Psalms* would discover the profundity and the delicateness of the Word, and very special of faith and life.

September, 2016.

from Yeonmotgol monastery

Lee Sung Hee

1. 주의 도를 행하는 사람들(시 119 : 1-4) _ 24
2. 주의 율례를 지키는 사람들(시 119 : 5-8) _ 33
3. 주의 말씀을 마음에 둔 사람들(시 119 : 9-11) _ 42
4. 주의 법도를 읊조리는 사람들(시 119 : 12-16) _ 48
5. 주의 율법에서 놀라운 것을 보는 사람들(시 119 : 17-20) _ 55
6. 주의 증거들을 즐거움으로 따르는 사람들(시 119 : 21-24) _ 64
7. 주의 말씀대로 살아난 사람들(시 119 : 25-28) _ 70
8. 주의 증거들에 매달린 사람들(시 119 : 29-32) _ 77
9. 주의 법을 전심으로 지키는 사람들(시 119 : 33-40) _ 88
10. 주의 말씀을 의지하는 사람들(시 119 : 41-44) _ 94
11. 주의 계명들을 즐거워하는 사람들(시 119 : 45-48) _ 102
12. 주의 말씀으로 산 사람들(시 119 : 49-56) _ 108
13. 주의 계명을 신속히 지킨 사람들(시 119 : 57-60) _ 114
14. 주의 의로운 규례들을 감사하는 사람들(시 119 : 61-64) _ 122
15. 주의 말씀을 지키는 사람들(시 119 : 65-68) _ 128
16. 주의 입의 법이 금은보다 좋은 사람들(시 119 : 69-72) _ 134
17. 주의 율례들을 완전하게 하는 사람들(시 119 : 73-80) _ 144
18. 주의 말씀을 바라는 사람들(시 119 : 81-84) _ 152
19. 주의 입의 교훈을 지키는 사람들(시 119 : 85-88) _ 159
20. 주의 법도들만 찾는 사람들(시 119 : 89-96) _ 168

차 례

21. 주의 법을 사랑하는 사람들(시 119 : 97-100) _ 175
22. 주의 말씀의 맛이 단 사람들(시 119 : 101-104) _ 182
23. 주의 말씀이 발에 등인 사람들(시 119 : 105-108) _ 192
24. 주의 율례들을 영원히 행하는 사람들(시 119 : 109-112) _ 199
25. 주의 말씀대로 붙들어 살게 한 사람들(시 119 : 113-116) _ 210
26. 주의 율례들을 주의하는 사람들(시 119 : 117-120) _ 216
27. 주의 말씀을 사모하기에 피곤한 사람들(시 119 : 121-124) _ 223
28. 주의 법도를 바르게 여기는 사람들(시 119 : 125-128) _ 232
29. 주의 말씀으로 우둔함을 깨달은 사람들(시 119 : 129-132) _ 238
30. 주의 말씀에 발걸음을 굳게 세운 사람들(시 119 : 133-136) _ 246
31. 주의 말씀에 열정을 가진 사람들(시 119 : 137-140) _ 254
32. 주의 율법을 진리로 믿는 사람들(시 119 : 141-144) _ 261
33. 주의 교훈을 지키는 사람들(시 119 : 145-148) _ 272
34. 주의 계명들을 진리로 믿는 사람들(시 119 : 149-152) _ 278
35. 주의 율법을 잊지 않은 사람들(시 119 : 153-156) _ 286
36. 주의 말씀의 강령을 진리로 아는 사람들(시 119 : 157-160) _ 294
37. 주의 말씀만 경외하는 사람들(시 119 : 161-164) _ 301
38. 주의 법도들과 증거들을 지키는 사람들(시 119 : 165-168) _ 310
39. 주의 말씀대로 건진 사람들(시 119 : 169-172) _ 316
40. 주의 규례들이 돕는 사람들(시 119 : 173-176) _ 323

시편 119편

1 행위가 온전하여 여호와의 율법을 따라 행하는 자들은 복이 있음이여
2 여호와의 증거들을 지키고 전심으로 여호와를 구하는 자는 복이 있도다
3 참으로 그들은 불의를 행하지 아니하고 주의 도를 행하는도다
4 주께서 명령하사 주의 법도를 잘 지키게 하셨나이다
5 내 길을 굳게 정하사 주의 율례를 지키게 하소서
6 내가 주의 모든 계명에 주의할 때에는 부끄럽지 아니하리이다
7 내가 주의 의로운 판단을 배울 때에는 정직한 마음으로 주께 감사하리이다
8 내가 주의 율례들을 지키오리니 나를 아주 버리지 마옵소서
9 청년이 무엇으로 그의 행실을 깨끗하게 하리이까 주의 말씀만 지킬 따름이니이다
10 내가 전심으로 주를 찾았사오니 주의 계명에서 떠나지 말게 하소서
11 내가 주께 범죄하지 아니하려 하여 주의 말씀을 내 마음에 두었나이다
12 찬송을 받으실 주 여호와여 주의 율례들을 내게 가르치소서
13 주의 입의 모든 규례들을 나의 입술로 선포하였으며
14 내가 모든 재물을 즐거워함같이 주의 증거들의 도를 즐거워하였나이다
15 내가 주의 법도들을 작은 소리로 읊조리며 주의 길들에 주의하며
16 주의 율례들을 즐거워하며 주의 말씀을 잊지 아니하리이다
17 주의 종을 후대하여 살게 하소서 그리하시면 주의 말씀을 지키리이다
18 내 눈을 열어서 주의 율법에서 놀라운 것을 보게 하소서
19 나는 땅에서 나그네가 되었사오니 주의 계명들을 내게 숨기지 마소서
20 주의 규례들을 항상 사모함으로 내 마음이 상하나이다
21 교만하여 저주를 받으며 주의 계명들에서 떠나는 자들을 주께서 꾸짖으셨나이다

22 내가 주의 교훈들을 지켰사오니 비방과 멸시를 내게서 떠나게 하소서
23 고관들도 앉아서 나를 비방하였사오나 주의 종은 주의 율례들을 작은 소리로 읊조렸나이다
24 주의 증거들은 나의 즐거움이요 나의 충고자니이다
25 내 영혼이 진토에 붙었사오니 주의 말씀대로 나를 살아나게 하소서
26 내가 나의 행위를 아뢰매 주께서 내게 응답하셨사오니 주의 율례들을 내게 가르치소서
27 나에게 주의 법도들의 길을 깨닫게 하여 주소서 그리하시면 내가 주의 기이한 일들을 작은 소리로 읊조리리이다
28 나의 영혼이 눌림으로 말미암아 녹사오니 주의 말씀대로 나를 세우소서
29 거짓 행위를 내게서 떠나게 하시고 주의 법을 내게 은혜로이 베푸소서
30 내가 성실한 길을 택하고 주의 규례들을 내 앞에 두었나이다
31 내가 주의 증거들에 매달렸사오니 여호와여 내가 수치를 당하지 말게 하소서
32 주께서 내 마음을 넓히시면 내가 주의 계명들의 길로 달려가리이다
33 여호와여 주의 율례들의 도를 내게 가르치소서 내가 끝까지 지키리이다
34 나로 하여금 깨닫게 하여 주소서 내가 주의 법을 준행하며 전심으로 지키리이다
35 나로 하여금 주의 계명들의 길로 행하게 하소서 내가 이를 즐거워함이니이다
36 내 마음을 주의 증거들에게 향하게 하시고 탐욕으로 향하지 말게 하소서
37 내 눈을 돌이켜 허탄한 것을 보지 말게 하시고 주의 길에서 나를 살아나게 하소서
38 주를 경외하게 하는 주의 말씀을 주의 종에게 세우소서
39 내가 두려워하는 비방을 내게서 떠나게 하소서 주의 규례들은 선하심이니이다

40 내가 주의 법도들을 사모하였사오니 주의 의로 나를 살아나게 하소서
41 여호와여 주의 말씀대로 주의 인자하심과 주의 구원을 내게 임하게 하소서
42 그리하시면 내가 나를 비방하는 자들에게 대답할 말이 있사오리니 내가 주의 말씀을 의지함이니이다
43 진리의 말씀이 내 입에서 조금도 떠나지 말게 하소서 내가 주의 규례를 바랐음이니이다
44 내가 주의 율법을 항상 지키리이다 영원히 지키리이다
45 내가 주의 법도들을 구하였사오니 자유롭게 걸어갈 것이오며
46 또 왕들 앞에서 주의 교훈들을 말할 때에 수치를 당하지 아니하겠사오며
47 내가 사랑하는 주의 계명들을 스스로 즐거워하며
48 또 내가 사랑하는 주의 계명들을 향하여 내 손을 들고 주의 율례들을 작은 소리로 읊조리리이다
49 주의 종에게 하신 말씀을 기억하소서 주께서 내게 소망을 가지게 하셨나이다
50 이 말씀은 나의 고난 중의 위로라 주의 말씀이 나를 살리셨기 때문이니이다
51 교만한 자들이 나를 심히 조롱하였어도 나는 주의 법을 떠나지 아니하였나이다
52 여호와여 주의 옛 규례들을 내가 기억하고 스스로 위로하였나이다
53 주의 율법을 버린 악인들로 말미암아 내가 맹렬한 분노에 사로잡혔나이다
54 내가 나그네 된 집에서 주의 율례들이 나의 노래가 되었나이다
55 여호와여 내가 밤에 주의 이름을 기억하고 주의 법을 지켰나이다
56 내 소유는 이것이니 곧 주의 법도들을 지킨 것이니이다
57 여호와는 나의 분깃이시니 나는 주의 말씀을 지키리라 하였나이다

58 내가 전심으로 주께 간구하였사오니 주의 말씀대로 내게 은혜를 베푸소서
59 내가 내 행위를 생각하고 주의 증거들을 향하여 내 발길을 돌이켰사오며
60 주의 계명들을 지키기에 신속히 하고 지체하지 아니하였나이다
61 악인들의 줄이 내게 두루 얽혔을지라도 나는 주의 법을 잊지 아니하였나이다
62 내가 주의 의로운 규례들로 말미암아 밤중에 일어나 주께 감사하리이다
63 나는 주를 경외하는 모든 자들과 주의 법도들을 지키는 자들의 친구라
64 여호와여 주의 인자하심이 땅에 충만하였사오니 주의 율례들로 나를 가르치소서
65 여호와여 주의 말씀대로 주의 종을 선대하셨나이다
66 내가 주의 계명들을 믿었사오니 좋은 명철과 지식을 내게 가르치소서
67 고난당하기 전에는 내가 그릇 행하였더니 이제는 주의 말씀을 지키나이다
68 주는 선하사 선을 행하시오니 주의 율례들로 나를 가르치소서
69 교만한 자들이 거짓을 지어 나를 치려 하였사오나 나는 전심으로 주의 법도들을 지키리이다
70 그들의 마음은 살져서 기름덩이 같으나 나는 주의 법을 즐거워하나이다
71 고난당한 것이 내게 유익이라 이로 말미암아 내가 주의 율례들을 배우게 되었나이다
72 주의 입의 법이 내게는 천천 금은보다 좋으니이다
73 주의 손이 나를 만들고 세우셨사오니 내가 깨달아 주의 계명들을 배우게 하소서
74 주를 경외하는 자들이 나를 보고 기뻐하는 것은 내가 주의 말씀을 바라는 까닭이니이다
75 여호와여 내가 알거니와 주의 심판은 의로우시고 주께서 나를 괴롭게 하심은 성실하심 때문이니이다

76 구하오니 주의 종에게 하신 말씀대로 주의 인자하심이 나의 위안이 되게 하시며

77 주의 긍휼히 여기심이 내게 임하사 내가 살게 하소서 주의 법은 나의 즐거움이니이다

78 교만한 자들이 거짓으로 나를 엎드러뜨렸으니 그들이 수치를 당하게 하소서 나는 주의 법도들을 작은 소리로 읊조리리이다

79 주를 경외하는 자들이 내게 돌아오게 하소서 그리하시면 그들이 주의 증거들을 알리이다

80 내 마음으로 주의 율례들에 완전하게 하사 내가 수치를 당하지 아니하게 하소서

81 나의 영혼이 주의 구원을 사모하기에 피곤하오나 나는 주의 말씀을 바라나이다

82 나의 말이 주께서 언제나 나를 안위하실까 하면서 내 눈이 주의 말씀을 바라기에 피곤하니이다

83 내가 연기 속의 가죽 부대같이 되었으나 주의 율례들을 잊지 아니하나이다

84 주의 종의 날이 얼마나 되나이까 나를 핍박하는 자들을 주께서 언제나 심판하시리이까

85 주의 법을 따르지 아니하는 교만한 자들이 나를 해하려고 웅덩이를 팠나이다

86 주의 모든 계명들은 신실하니이다 그들이 이유 없이 나를 핍박하오니 나를 도우소서

87 그들이 나를 세상에서 거의 멸하였으나 나는 주의 법도들을 버리지 아니하였사오니

88 주의 인자하심을 따라 나를 살아나게 하소서 그리하시면 주의 입의 교훈들을 내가 지키리이다

89 여호와여 주의 말씀은 영원히 하늘에 굳게 섰사오며
90 주의 성실하심은 대대에 이르나이다 주께서 땅을 세우셨으므로 땅이 항상 있사오니
91 천지가 주의 규례들대로 오늘까지 있음은 만물이 주의 종이 된 까닭이니이다
92 주의 법이 나의 즐거움이 되지 아니하였더면 내가 내 고난 중에 멸망하였으리이다
93 내가 주의 법도들을 영원히 잊지 아니하오니 주께서 이것들 때문에 나를 살게 하심이니이다
94 나는 주의 것이오니 나를 구원하소서 내가 주의 법도들만을 찾았나이다
95 악인들이 나를 멸하려고 엿보오나 나는 주의 증거들만을 생각하겠나이다
96 내가 보니 모든 완전한 것이 다 끝이 있어도 주의 계명들은 심히 넓으니이다
97 내가 주의 법을 어찌 그리 사랑하는지요 내가 그것을 종일 작은 소리로 읊조리나이다
98 주의 계명들이 항상 나와 함께하므로 그것들이 나를 원수보다 지혜롭게 하나이다
99 내가 주의 증거들을 늘 읊조리므로 나의 명철함이 나의 모든 스승보다 나으며
100 주의 법도들을 지키므로 나의 명철함이 노인보다 나으니이다
101 내가 주의 말씀을 지키려고 발을 금하여 모든 악한 길로 가지 아니하였사오며
102 주께서 나를 가르치셨으므로 내가 주의 규례들에서 떠나지 아니하였나이다
103 주의 말씀의 맛이 내게 어찌 그리 단지요 내 입에 꿀보다 더 다니이다

104 주의 법도들로 말미암아 내가 명철하게 되었으므로 모든 거짓 행위를 미워하나이다
105 주의 말씀은 내 발에 등이요 내 길에 빛이니이다
106 주의 의로운 규례들을 지키기로 맹세하고 굳게 정하였나이다
107 나의 고난이 매우 심하오니 여호와여 주의 말씀대로 나를 살아나게 하소서
108 여호와여 구하오니 내 입이 드리는 자원제물을 받으시고 주의 공의를 내게 가르치소서
109 나의 생명이 항상 위기에 있사오나 나는 주의 법을 잊지 아니하나이다
110 악인들이 나를 해하려고 올무를 놓았사오나 나는 주의 법도들에서 떠나지 아니하였나이다
111 주의 증거들로 내가 영원히 나의 기업을 삼았사오니 이는 내 마음의 즐거움이 됨이니이다
112 내가 주의 율례들을 영원히 행하려고 내 마음을 기울였나이다
113 내가 두 마음 품는 자들을 미워하고 주의 법을 사랑하나이다
114 주는 나의 은신처요 방패시라 내가 주의 말씀을 바라나이다
115 너희 행악자들이여 나를 떠날지어다 나는 내 하나님의 계명들을 지키리로다
116 주의 말씀대로 나를 붙들어 살게 하시고 내 소망이 부끄럽지 않게 하소서
117 나를 붙드소서 그리하시면 내가 구원을 얻고 주의 율례들에 항상 주의하리이다
118 주의 율례들에서 떠나는 자는 주께서 다 멸시하셨으니 그들의 속임수는 허무함이니이다
119 주께서 세상의 모든 악인들을 찌꺼기같이 버리시니 그러므로 내가 주의 증거들을 사랑하나이다
120 내 육체가 주를 두려워함으로 떨며 내가 또 주의 심판을 두려워하나이다

121 내가 정의와 공의를 행하였사오니 나를 박해하는 자들에게 나를 넘기지 마옵소서
122 주의 종을 보증하사 복을 얻게 하시고 교만한 자들이 나를 박해하지 못하게 하소서
123 내 눈이 주의 구원과 주의 의로운 말씀을 사모하기에 피곤하니이다
124 주의 인자하심대로 주의 종에게 행하사 내게 주의 율례들을 가르치소서
125 나는 주의 종이오니 나를 깨닫게 하사 주의 증거들을 알게 하소서
126 그들이 주의 법을 폐하였사오니 지금은 여호와께서 일하실 때니이다
127 그러므로 내가 주의 계명들을 금 곧 순금보다 더 사랑하나이다
128 그러므로 내가 범사에 모든 주의 법도들을 바르게 여기고 모든 거짓 행위를 미워하나이다
129 주의 증거들은 놀라우므로 내 영혼이 이를 지키나이다
130 주의 말씀을 열면 빛이 비치어 우둔한 사람들을 깨닫게 하나이다
131 내가 주의 계명들을 사모하므로 내가 입을 열고 헐떡였나이다
132 주의 이름을 사랑하는 자들에게 베푸시던 대로 내게 돌이키사 내게 은혜를 베푸소서
133 나의 발걸음을 주의 말씀에 굳게 세우시고 어떤 죄악도 나를 주관하지 못하게 하소서
134 사람의 박해에서 나를 구원하소서 그리하시면 내가 주의 법도들을 지키리이다
135 주의 얼굴을 주의 종에게 비추시고 주의 율례로 나를 가르치소서
136 그들이 주의 법을 지키지 아니하므로 내 눈물이 시냇물같이 흐르나이다
137 여호와여 주는 의로우시고 주의 판단은 옳으니이다
138 주께서 명령하신 증거들은 의롭고 지극히 성실하니이다
139 내 대적들이 주의 말씀을 잊어버렸으므로 내 열정이 나를 삼켰나이다
140 주의 말씀이 심히 순수하므로 주의 종이 이를 사랑하나이다

141 내가 미천하여 멸시를 당하나 주의 법도를 잊지 아니하였나이다
142 주의 의는 영원한 의요 주의 율법은 진리로소이다
143 환난과 우환이 내게 미쳤으나 주의 계명은 나의 즐거움이니이다
144 주의 증거들은 영원히 의로우시니 나로 하여금 깨닫게 하사 살게 하소서
145 여호와여 내가 전심으로 부르짖었사오니 내게 응답하소서 내가 주의 교훈들을 지키리이다
146 내가 주께 부르짖었사오니 나를 구원하소서 내가 주의 증거들을 지키리이다
147 내가 날이 밝기 전에 부르짖으며 주의 말씀을 바랐사오며
148 주의 말씀을 조용히 읊조리려고 내가 새벽녘에 눈을 떴나이다
149 주의 인자하심을 따라 내 소리를 들으소서 여호와여 주의 규례들을 따라 나를 살리소서
150 악을 따르는 자들이 가까이 왔사오니 그들은 주의 법에서 머니이다
151 여호와여 주께서 가까이 계시오니 주의 모든 계명들은 진리니이다
152 내가 전부터 주의 증거들을 알고 있었으므로 주께서 영원히 세우신 것인 줄을 알았나이다
153 나의 고난을 보시고 나를 건지소서 내가 주의 율법을 잊지 아니함이니이다
154 주께서 나를 변호하시고 나를 구하사 주의 말씀대로 나를 살리소서
155 구원이 악인들에게서 멀어짐은 그들이 주의 율례들을 구하지 아니함이니이다
156 여호와여 주의 긍휼이 많으오니 주의 규례들에 따라 나를 살리소서
157 나를 핍박하는 자들과 나의 대적들이 많으나 나는 주의 증거들에서 떠나지 아니하였나이다
158 주의 말씀을 지키지 아니하는 거짓된 자들을 내가 보고 슬퍼하였나이다
159 내가 주의 법도들을 사랑함을 보옵소서 여호와여 주의 인자하심을 따라 나를 살리소서

160 주의 말씀의 강령은 진리이오니 주의 의로운 모든 규례들은 영원하리이다
161 고관들이 거짓으로 나를 핍박하오나 나의 마음은 주의 말씀만 경외하나이다
162 사람이 많은 탈취물을 얻은 것처럼 나는 주의 말씀을 즐거워하나이다
163 나는 거짓을 미워하며 싫어하고 주의 율법을 사랑하나이다
164 주의 의로운 규례들로 말미암아 내가 하루 일곱 번씩 주를 찬양하나이다
165 주의 법을 사랑하는 자에게는 큰 평안이 있으니 그들에게 장애물이 없으리이다
166 여호와여 내가 주의 구원을 바라며 주의 계명들을 행하였나이다
167 내 영혼이 주의 증거들을 지켰사오며 내가 이를 지극히 사랑하나이다
168 내가 주의 법도들과 증거들을 지켰사오니 나의 모든 행위가 주 앞에 있음이니이다
169 여호와여 나의 부르짖음이 주의 앞에 이르게 하시고 주의 말씀대로 나를 깨닫게 하소서
170 나의 간구가 주의 앞에 이르게 하시고 주의 말씀대로 나를 건지소서
171 주께서 율례를 내게 가르치시므로 내 입술이 주를 찬양하리이다
172 주의 모든 계명들이 의로우므로 내 혀가 주의 말씀을 노래하리이다
173 내가 주의 법도들을 택하였사오니 주의 손이 항상 나의 도움이 되게 하소서
174 여호와여 내가 주의 구원을 사모하였사오며 주의 율법을 즐거워하나이다
175 내 영혼을 살게 하소서 그리하시면 주를 찬송하리이다 주의 규례들이 나를 돕게 하소서
176 잃은 양같이 내가 방황하오니 주의 종을 찾으소서 내가 주의 계명들을 잊지 아니함이니이다

주의 입의 모든 규례들을 나의 입술로 선포하였으며 내가 모든 재물을 즐거워함같이 주의 증거들의 도를 즐거워하였나이다
내가 주의 법도들을 작은 소리로 읊조리며 주의 길들에 주의하며 주의 율례들을 즐거워하며 주의 말씀을 잊지 아니하리이다

PSALMS 119

With my lips I recount all the laws that come from your mouth. I rejoice in following your statutes as one rejoices in great riches. I meditate on your precepts and consider your ways. I delight in your decrees; I will not neglect your word.

시편 119 : 1~4

주의
도를
행하는
사람들

시편은 흔히 '다윗의 시'로 알려져 있습니다. 다윗 외에 여러 명의 시인들의 주옥같은 시들이 모여 한 권의 찬양을 이룹니다. 시편은 다섯 권으로 구성되어 있습니다. 이 다섯 권은 '오경'을 기초로 쓰였습니다. 제1권은 창세기, 제2권은 출애굽기, 제3권은 레위기, 제4권은 민수기, 제5권은 신명기를 기초로 기록되었습니다. 제5권인 107편부터 150편까지는 신명기를 기초로 한 시로, 하나님의 말씀의 가치를 높이며 노래하는 내용들입니다.

시편 119편은 176절로 구성되어 성경에서 가장 긴 장이며, '하나님의 말씀'이 그 주제입니다. 말씀은 태초부터 있었던 하나님의 도(道)입니다. 또한 말씀은 사람들에게 들려진 하나님의 소리입니다. 말씀은 태초부터 계셨고, 육신이 되어 우리 안에 거하신 예수님입니다. 그리고 말씀은 유일한 하나님의 계시입니다. 우리는 이 말씀을 통하여 하나님을 알 수 있고, 예수님의 십자가의 의미를 알 수 있고, 구원을 알 수 있고, 영원한 하나님의 나라를 알 수 있습니다. 이 땅에 오신 예수님은 하나님의 말씀이며 하나님께로 가는 길입니다.

말씀은 히브리어로 '다바르'로서 하나님께서 직접 들려주신 소리입니다. 헬라어로는 '로고스'로서 '말'을 의미하며, '세상의 원리, 이성, 통로' 등의 의미가 있습니다. 예수님이 태초부터 계신 '로고스'라는 것은 이 단어가 주는 모든 의미를 다 가지고 있다는 뜻입니다.

시편 119편은 말씀을 여러 단어로 묘사합니다. 하나님의 말씀이 그만큼 다양한 의미를 가지고 있다는 증거입니다. 첫째는 율법, 즉 '토라'라고 합니다. 이 말은 광의적 의미로 하나님께서 정하신 법도를 의미합니다. 둘째는 증거, 즉 '에두트'라고 합니다. 하나님께서 친히 선포하시고 확증하신 것을 의미합니다. 셋째는 규례, 즉 '미쉬파트'라고 합니다. 이 말은 법정 용어로서 선고적 측면을 강조합니다. 넷째는 율례, 즉 '호크'라고 합니다. 하나님께서 제정하신 입법이 말씀인 것을 의미합니다. 다섯째는 말씀, 즉 '다바르'라고 합니다. 이 말은 하나님께서 하신 소리를 의미합니다. 여섯째는 법도, 즉 '피쿠드'라고 합니다. 인간의 행동에 대한 규제를 의미합니다. 일곱째는 계명, 즉 '미츠와'라고 합니다. 인간이 하나님 앞에서 준수해야 할 책임을 의미합니다. 여덟째는 약속, 즉 '미므라'라고 합니다. 이 말은 하나님과의 약속의 말씀을 의미합니다.

아홉째는 도, 즉 '데레크'라고 합니다. 인간의 행동 영역을 강조하는 의미를 가지고 있습니다.

시편 119편을 통하여 하나님께서 우리에게 주신 말씀의 다양한 뜻을 이해하고 말씀을 깊이 묵상하며 말씀대로 사는 그리스도인이 되기를 바랍니다.

첫째, 복이 있는 자는 어떤 사람입니까?

복은 동서고금을 막론하고 누구나 원하는 것입니다. 성경에도 하나님께서 주시는 복에 대한 말씀들이 많이 있습니다. 하나님께서는 복의 하나님이시며 동시에 저주의 하나님이십니다. 복은 내가 애써 가지는 것이 아니라 얻는 것입니다. 곧 복은 주어지는 것입니다.

옛말에 "지장(智將)이 덕장(德將)을 못 이기고, 덕장이 복장(福將)을 못 이긴다."라는 말이 있습니다. 복이 있는 사람이 어떤 사람보다 강합니다. 복이 제일입니다. 그렇다면 복이 있는 자는 어떤 사람입니까?

첫째로 복 있는 자는 "행위가 온전하여 여호와의 율법을 따라 행하는 자"(1절)입니다. 이 말의 본뜻은 "여호와의 법에 따라 행하는 자, 길에 완전한 자"라는 말입니다. 여호와의 법을 목숨처럼 행하고 자신의 모든 명예를 걸고 지키는 자가 복이 있는 자입니다. 먼 길인 인생살이에서 온전한 자가 복이 있는 자입니다.

'온전한'이란 말은 히브리어로 '타밈'이라고 합니다. 이 말은 '비난받을 것이 없는', '오염되지 않은'이란 뜻입니다. 아무리 흠을 잡으려고 해

말씀으로 사는 온전한 삶은
그 자체가 복 있는 삶입니다.
Living a flawless life in the Word,
itself is a Blessed life.

도 비난받을 만한 것이 없는 사람이 온전한 사람입니다. 잠언 11 : 20에는 "마음이 굽은 자는 여호와께 미움을 받아도 행위가 온전한 자는 그의 기뻐하심을 받느니라"고 합니다. 행위가 온전한 자를 하나님께서 기뻐하시니 이런 자가 복을 받는 것은 말할 것도 없습니다.

영국의 어느 언론사에서 "런던까지 가장 편하게 가는 방법은 무엇인가?"라는 질문으로 명답을 구하는 공모를 하였습니다. 많은 사람들이 공모에 응답하여 여러 답변이 나왔습니다. 그런데 영예의 대상을 받은 답은 "가장 친한 친구와 함께 가는 것이다."라는 것이었습니다. 이 이야기는 기나긴 인생길을 가는 우리에게 통찰을 줍니다. 인생길은 우리의 친구 예수님과 함께 가는 것이 가장 온전하게 가는 방법입니다.

세브란스 병원 국제클리닉 소장인 인요한 박사는 순교자 손양원 목사님을 두고 예수님 이후, 가장 예수님을 닮은 사람이라고 하였습니다. 정말 예수님을 닮았다고 할 만큼 온전한 삶을 산다면 그 인생이 얼마나 복되겠습니까? 말씀으로 사는 온전한 삶은 그것으로 타인에게 인정받는 삶이며, 그 자체가 복이 있는 삶입니다.

둘째로 복 있는 자는 "여호와의 증거들을 지키고 전심으로 여호와를 구하는 자"(2절)입니다. 성경에서 증거란 모세가 하나님께로부터 받아 온 두 돌비를 말하기도 하고, 하나님의 법궤를 두고 부르는 말이기도 했습니다. 이 증거를 잘 지키는 것이 복이 있는 삶입니다.

'전심으로'라는 말은 온 맘으로 여호와를 찾는 것을 말합니다. 예수님은 기도를 가르치시면서 "구하라, 주실 것이요. 찾으라, 찾을 것이다."라고 하셨습니다. 무언가를 얻기 위하여 대강대강 구하고 찾는 것이 아니라 간절한 마음으로 구하고 찾아야 합니다.

신명기 6 : 5에는 "너는 마음을 다하고 뜻을 다하고 힘을 다하여 네 하나님 여호와를 사랑하라"고 합니다. 하나님을 사랑하는 것에도 마음을 다해야 합니다. 호세아 6 : 3에는 "그러므로 우리가 여호와를 알자 힘써 여호와를 알자"라고 합니다. 하나님을 아는 것에도 힘써야 합니다. 그렇습니다. 전심은 마음을 다하는 것을 의미합니다.

집중력은 일의 능률을 높이고, 노동의 가치를 상승시킵니다. 개구리가 벌레를 잡아먹을 때 그것에 눈의 초점이 맞춰지면 다른 것은 다 흑백으로 보이고 초점을 맞춘 곳만 컬러로 보인다고 합니다. 그래서 초점을 맞추면 반드시 성공합니다. 도마뱀의 혀도 마찬가지입니다. 집중하여 혀를 뻗으면 반드시 먹이를 낚아챕니다. 사자는 토끼 한 마리를 잡더라도 온 힘을 다합니다. 얼마 전 "헌트"란 다큐멘터리를 보니 북극 늑대들의 사냥 확률은 20분의 1밖에 되지 않는다고 합니다. 그래서 집중하지 않으면 굶어죽기 마련이라고 합니다. 우리가 하나님을 구하는 것도 생존입니다. 전심으로 해야 하며, 집중력을 더 높여야 살 수 있습니다.

"주만 섬기리 온 맘 다해"라는 찬양이 있습니다. 온 맘 다해 주를 섬기는 것은 복된 일입니다. 우리가 온 맘을 바칠 데가 있다면 행복한 일입니다. 우리가 전심으로 구하는 것을 얻는다면 행복한 사람입니다.

열왕기하 23 : 24에는 "요시야가 또 유다 땅과 예루살렘에 보이는 신접한 자와 점쟁이와 드라빔과 우상과 모든 가증한 것을 다 제거하였으니 이는 대제사장 힐기야가 여호와의 성전에서 발견한 책에 기록된 율법의 말씀을 이루려 함이라"고 합니다. 요시야는 여호와 보시기에 정직한 왕이었습니다. 말씀을 이루려고 우상을 제거하고 어려운 개혁을 단행하였습니다. 25절에는 "요시야와 같이 마음을 다하며 뜻을 다하며 힘을 다하여 모세의 모든 율법을 따라 여호와께로 돌이킨 왕은 요시야 전에도 없었고 후에도 그와 같은 자가 없었더라"고 합니다. 하나님의 말씀을 가장 잘 지킨 왕이 요시야라고 합니다. 요시야 이후 하나님의 말씀대로 산 사람은 "○○○이더라."라는 말을 듣도록 살 수 있기를 바랍니다.

둘째, 의로운 자는 주의 도를 행합니다

율법을 따라 행하고, 여호와의 증거를 지키고, 전심으로 여호와를 구하는 자는 불의를 행하지 아니하고, 주의 도를 행할 것입니다. '불의'가 무엇입니까? 흔히 말하는 잘못이며, 악이며, 정의에 어긋나는 것입니다. 세상에는 악한 모습들이 너무나 많습니다. 그러나 말씀을 따라 사는 자는 이런 불의를 행하지 않습니다.

로마서 1 : 29에는 시대의 불의한 모습을 이렇게 말합니다. "곧 모든 불의, 추악, 탐욕, 악의가 가득한 자요 시기, 살인, 분쟁, 사기, 악독이 가득한 자요 수군수군하는 자요" 디모데후서 3 : 2~5에는 말합니다. "사람들이 자기를 사랑하며 돈을 사랑하며 자랑하며 교만하며 비방하며 부모를 거역하며 감사하지 아니하며 거룩하지 아니하며 무정하며 원통함을 풀지 아니하며 모함하며 절제하지 못하며 사나우며 선한 것을 좋아하지 아니하며 배신하며 조급하며 자만하며 쾌락을 사랑하기를 하나님 사랑하는 것보다 더하며 경건의 모양은 있으나 경건의 능력은 부인하니 이 같은 자들에게서 네가 돌아서라" 바울 시대와 지금을 비교하면 똑같습니다. 그런데 하나님의 말씀을 따라 사는 사람은 이렇게 살지 않는다는 말입니다.

"주의 도를 행하는도다"라는 말은 "그의 길들 가운데로 걸어가는도다"라는 뜻입니다. 말씀대로 사는 사람은 길을 벗어나 위험에 처하지 않습니다. 몹시 추운 겨울, 설악산에서 등산객이 길을 잃어 죽을 뻔하다가 사흘 만에 구조된 일이 있습니다. 이들은 등산로를 벗어나서 산을 오르다 길을 잃어 죽을 고비를 넘긴 것입니다. 자동차가 제 길을 가지 않고 역주행을 하다가 엄청난 사고로 이어지는 것을 종종 보게 됩니다. 차가 차로나 차선을 벗어나는 것이 얼마나 위험한지 잘 알 것입니다. 지난 번 어느 항공기는 항로를 벗어나서 사라지고 말았습니다. 사람들이 살아가는 정도(正道)가 있는데, 이것을 벗어나면 절대로 사람답게, 바르게 살지 못합니다. 길을 잘 가야 좋은 사람이고 행복합니다.

예수님은 말씀이십니다. 예수님은 "내가 곧 길이요 진리요 생명이다."라고 하셨습니다. 또한 "내가 가는 길을 너희가 알리라."고 하셨습니다. 예수님과 함께 가면 바른길을 가고 길을 잃지 않습니다.
우리에게는 가지 말아야 할 길도 많습니다. 한가한 시골 기찻길에서 두 연인이 손을 잡고 걸어가는 것은 낭만적으로 보이지만 철도안전법 위반이라고 합니다. 어느 대학생은 기찻길 위에 누워서 찍은 사진을 SNS에 올렸다가 벌금을 물었다고 합니다. 이렇게 인생에 가지 말아야 할 길이 있음에도 꼭 그런 길만 찾아다니는 사람도 있습니다. 이런 사람에게는 벌금이 아니라 죽음이 기다리고 있습니다.
복음성가에 "나는 가리라 주의 길을 가리라 주님 발자취 따라 나는 가리라"라는 찬양이 있습니다. 이 찬양을 부를 때마다 정말 가슴이 벅

차고 좋습니다. 말씀 따라 사는 사람은 주의 길을 따라 사는 사람입니다. 우리가 가야 할 신앙의 길을 벗어나지 말고 주님의 발자취를 따라가는 복 있는 그리스도인이 다 되기를 바랍니다.

시편 119 : 5~8

주의 율례를 지키는 사람들

매년 11월이 되면 멕시코 서북부 미초아칸 주 국립공원은 '황제나비'(mariposa monarca)라고 불리는 나비들로 장관을 이룹니다. 이 나비들은 캐나다에서부터 장장 2,400킬로미터를 날아와 이곳에서 겨울나기를 합니다. 대장정에 돌입하는 나비들은 지상에서 50미터의 높이를 유지하면서 낮에는 시속 20킬로미터로 날고, 밤에는 양분을 섭취하고 휴식을 취하며 이곳까지 도착합니다. 이 나비들의 비행 기간은 약 15~17일이 소요된다고 합니다. 연구에 의하면 가문비나무의 일종인 왜전나무의 숲과 평균 해발 2,000~3,500미터의 서늘한 지역, 즉 시에라마드레 옥시덴탈(Sierra Madre Occidental)에서 나비들은 겨울을 보냅니다. 그리고 봄이 되면 다시 캐나다로 돌아갑니다. 이 나비들은 다시 같은 길을 날아서 그것들의 고향으로 돌아갑니다. 자신의 길을 잘 지켜야 무사히 돌아갈 수 있습니다.

오래전 어느 책에 캐나다 북부에서 출발하여 미국 남부까지 갔다가, 다시 원래의 자리로 돌아오는 대서양의 바다거북들이 기록되어 있었습니다. 이들이 오가는 길에는 한 치의 오차도 없다고 합니다. 그들은 자연 내비게이션을 가지고 자기의 길을 잘 지키고 있습니다.

차는 찻길을 지켜야 합니다. 배는 뱃길을 지켜야 합니다. 비행기는 항로를 지켜야 합니다. 길을 지켜야 하는 것은 안전을 위한 일이며, 나아가서 생명을 지키는 일입니다. 우리의 삶 가운데는 지켜야 할 것들이 많습니다. 약속도 지켜야 하고, 차선도 지켜야 하고, 법도 지켜야 하고, 건강도 지키고 살아야 잘사는 것입니다. 지킬 것을 지키는 것은 좋은 일입니다.

"내 길을 굳게 정하사 주의 율례를 지키게 하소서"(5절)라는 말씀의 원문을 직역하면 "오! 나의 길들은 당신의 법을 지키도록 설정되었습니다."라는 뜻입니다. 내 인생의 방향은 하나님의 법을 지키는 일이며, 하나님의 길에 맞추고 있다는 고백입니다.

미국에서 생산되고 있는 '테슬라'라는 자동차가 있습니다. 미국에서 인기가 좋은 전기차로, 자동차에 스마트 기술을 융합한 신개념의 차라고 합니다. 소개에 따르면, 이 차는 목적지를 입력해 놓으면 알아서 차선을 따라가고, 신호를 지키며, 목적지를 찾아간다고 합니다. 그리스도인의 삶 역시 목적지가 입력되어 있습니다. 우리 삶의 목적지는 변하지 않고 항상 고정되어 있습니다. 이 길 곧 이 법도를 벗어나지 않고 목적지인 하늘나라를 향하여 가는 우리가 되기를 바랍니다.

첫째, 계명을 주의해야 부끄럽지 않게 살 수 있습니다

6절에는 "주의 모든 계명에 주의할 때에는 부끄럽지 아니하리이다"라고 합니다. '계명'이란 히브리어로 '미츠오트'인데, '율법'이란 히브리어 '미츠와'에서 온 말입니다. 계명은 율법입니다.

주의 모든 말씀을 주의하여 어기지 않으려고 애쓰는 저자의 모습을 볼 수 있습니다. 우리는 주님의 말씀을 주지하고 지키려고 애쓸 때에 부끄럽지 않게 살 수 있습니다. 부끄럽다는 말은 심리적 수치보다는 종말론적 심판을 의미합니다. 누가복음 9 : 26에는 "누구든지 나와 내 말을 부끄러워하면 인자도 자기와 아버지와 거룩한 천사들의 영광으로 올 때에 그 사람을 부끄러워하리라"고 합니다. 이는 마지막에 구원받지 못하고 낙오되는 것을 말합니다.

성경에는 부끄러움을 당할 자를 열거하고 있습니다. 우상을 만드는 자, 아버지를 구박하고 어머니를 쫓아내는 자, 높은 자리에 앉은 자, 죄의 종이 된 자, 예수님의 말씀을 반대하는 자들입니다. 부끄러움을 당할 자는 한결같이 주님의 계명, 말씀을 거부하는 자입니다.

로마서 10 : 11에는 "성경에 이르되 누구든지 그를 믿는 자는 부끄러움을 당하지 아니하리라 하니"라고 합니다. 하나님의 말씀을 따르고, 예수 그리스도를 믿는 자는 마지막 때에 부끄러운 심판을 당하지 않는다는 말씀입니다. 우리 구원받은 사람들은 이런 부끄러움을 당하지 않을 것입니다.

윌리엄스라는 이가 말했습니다. "보통 사람은 악행을 부끄러워하지만 뛰어난 분별력과 반성 능력이 있는 성도들은 악행을 저지르기 쉬운 죄성을 가지고 있는 것을 부끄러워해야 한다." 우리가 관심을 가지는 것은 행위가 아니라 행위를 만든 성품입니다. 죄가 아니라 죄성이 부끄러운 것입니다.

"인간은 수치심을 아는 유일한 존재다."라는 말이 있습니다. 그래서 인간만이 회개할 줄 알고, 인간만이 구원을 받습니다. 우리 마음에서 말씀이 무뎌지면 부끄러움을 당합니다. 요즘도 말씀이 무뎌진 사람들의 부끄러운 이야기가 얼마나 많습니까? 하나님의 말씀인 계명에 주의하여 부끄럽지 않은 삶을 사는 우리가 됩시다.

둘째, 주의 율례들을 지키지 않으면 아주 버리십니다

"주의 율례들을 지키오리니 나를 아주 버리지 마옵소서"(8절)라고 시인은 애절하게 하나님께 아룁니다. 인간에게는 하나님께 버림을 당할지도 모른다는 불안과 고통이 있습니다. 시인인 저자는 지금 하나님께서 버리실지 모른다는 심적 고통 상태에 있다고도 볼 수 있습니다. 계속해서 고통을 당하게 버려두지 마시고 눈을 돌리지 말아 달라고 간구하고 있습니다.

버림받는다는 것은 엄청난 고통입니다. 특히 유아기 때 버림받는 것은 인생의 가장 큰 고통입니다. 그 충격은 인간에 대한 신뢰감을 상실하게 하고, 세상을 살면서 아무도 믿지 못하는 극단적 성품을 가지게 합니다.

모세는 '건져 내다', '마솨'라는 말에서 유래된 이름을 가지고 있습니다. 그는 어릴 때 어머니로부터 버림을 받았습니다. 물론 그의 어머니 요게벳도 그를 버리고 싶어서 버린 것이 아니라 바로가 아들을 죽이려 하므로 어쩔 수 없이 버렸습니다. 그러나 모세는 어릴 때 버려졌다는 유기감 때문에 자신감을 상실하여 하나님께 "나는 못 갑니다. 입이 뻣뻣합니다."라고 하였다고 합니다. 동시에 모세는 바로의 딸, 공주에게 건짐을 받았습니다. 그래서 그에게는 회복감도 있었다고 합니다. 그는 버려지고, 건져지는 두 가지 경험을 동시에 하게 된 것입니다.

사람을 버리는 것은 가장 큰 아픔을 주는 것입니다. '베이비박스'라는 것이 있습니다. 어느 목사님이 하시는 사업으로, 부득이한 사정으로 아이를 키울 수 없게 된 부모가 아기를 이곳에 두고 가면 아기의 양육과 입양을 도와주는 것입니다. 그런데 이 일에도 찬반이 있습니다. 반대하는 쪽은 '베이비박스'가 오히려 영아 유기를 조장한다는 것입니다. 그런데 확실한 것은 '베이비박스'가 없어도 아기들이 버려진다는 것입니다. 우리나라에서 한 달 평균, 버려지는 아기가 25명이라고 합니다. 지난해는 285명의 아기가 버려졌습니다. 버려지는 것은 슬픈 일입니다.

어느 교수의 한 교육연구가 있습니다. 생후 18개월 동안 꾸준히 안아 주거나 반응해 주지 않은 아이들은 평생 남을 신뢰하는 데 애를 먹는다는 것입니다. 머리로는 사람을 신뢰해야 한다고 신호가 오지만 스트레스 상황이 닥치면 버림받은 감정을 떠올리고 마치 세상에 홀로 버려진 것 같은 경험을 한다는 것입니다.

시편 27 : 9에는 "주의 얼굴을 내게서 숨기지 마시고 주의 종을 노하여 버리지 마소서 주는 나의 도움이 되셨나이다 나의 구원의 하나님이시여 나를 버리지 마시고 떠나지 마소서"라고 합니다. 시편뿐만 아니라 성경 곳곳에는 하나님께 자신을 버리지 말라고 간절히 바라는 이들이 있습니다. 하나님을 향한 인간의 간구입니다.

창세기 6 : 4에는 "당시에 땅에는 네피림이 있었고"라고 합니다. 민수기 13 : 33에는 "거기서 네피림 후손인 아낙 자손의 거인들을 보았나니"라고 하여 '네피림'이 등장합니다. '네피림'은 타락한 자(faller)를 뜻하는 '나팔'(naphal)이란 말에서 파생되었습니다. 특히 이들은 부끄러운 일을 하다가 버림받은 자손들입니다. 하나님 앞에서 부끄러운 일을 하면 하나님으로부터 버림을 받습니다.

복음성가에는 참 좋은 가사가 있습니다. 하나님께서는 한 번도 나를 실망시킨 적이 없다는 내용의 찬양입니다. 그 가사에는 "내 너를 떠나지도 않으리라 내 너를 버리지도 않으리라"는 말이 있습니다. 하나님께서는 말씀 속에 사는 자를 절대로 떠나지 않으십니다. 무슨 일이 있어도 버리지 않으십니다. 이것이 우리를 향한 하나님의 약속입니다.

프랑스의 대표적 무신론 철학자인 볼테르는 "성경과 기독교는 백 년도 못 가서 없어질 것이다."라고 하였습니다. 그는 1778년에 죽었습니다. 그가 죽고 난 후, 그의 집은 성서공회의 성경 보관 창고가 되었다고 합니다. 성경이 반포되고 복음이 전파되는 일은 지금도 계속되고 있습니다. 그는 죽기 전에 자신의 주치의에게 이렇게 말했습니다. "나는 하나님과 사람에게 버림받았어요. 내 생명을 6개월 연장해 준다면 당신에게 내 재산의 절반을 주겠소. 나는 지옥에 가노라." 그는 자신이 버림받았다고 고백하였습니다. 그렇습니다. 말씀을 버리는 자는 하나님과 사람에게 버림을 받습니다.

말씀대로 사는 자는 영원히 부끄러움을 당하지 않습니다. 말씀대로 사는 자는 하나님께 버림을 받지 않고 하나님께서 그를 떠나시지 않는 은총을 입습니다. 우리 모두가 말씀대로 살아 이 귀한 은총을 누리며 살 수 있기를 바랍니다.

말씀대로 사는 자는 영원히 부끄러움을 당하지 않습니다. 하나님께서 그를 떠나시지 않는 은총을 입습니다.
우리 모두가 말씀대로 살아 이 귀한 은총을 누리며 살 수 있기를 바랍니다.
People who live by the Word will never be ashamed. The grace of God will never leave them.
I wish everyone will live in this priceless grace.

시편 119 : 9~11

주의 말씀을 마음에 둔 사람들

「대학」에는 "心不在焉(심부재언)이면 視而不見(시이불견)하고 聽而不聞(청이불문)하며 食而不知其味(식이부지기미)이니라."라는 말이 있습니다. 마음에 없으면 보아도 보이지 않고, 들어도 들리지 않고, 먹어보아도 맛을 모른다는 말입니다. 모든 것이 마음에 달려 있습니다. 사람은 마음으로 보고, 마음으로 듣고, 마음으로 먹습니다.

사람은 마음에 있는 말을 하고, 마음에 있는 것을 보고, 마음에 있는 소리를 듣고, 마음에 있는 행동을 하고, 마음에 있는 대로 삽니다. 각자의 마음에 채워진 것이 무엇이냐에 따라 그것대로 살아갑니다.

파스칼은 "인간의 마음은 어떤 피조물로도 채워질 수 없고 오직 창조주 하나님에 의해서만 채워질 수 있으며, 그리스도에 의해서 계시된 하나님의 형상을 한 빈 공간(God-shaped void)이 존재한다."고 하였습니다. 사람의 마음은 하나님의 형상으로 채워질 수 있습니다. 단지 채우지 않으려고 애쓰는 사람이 있을 따름입니다.

탈무드에는 "마음이 가득 차면 마음은 눈에서 넘쳐흐른다."라는 말이 있습니다. 마음이 청결하면 눈이 청결하게 되어 청결한 것들을 보게 될 것입니다. 그래서 성경은 마음이 청결한 자가 하나님을 볼 것이라고 합니다.

우리 마음에는 양과 사자가 함께 살고 있습니다. 곧 우리 마음에는 선과 악이 공존합니다. 그래서 어떤 때는 착하게 살기도 하고, 어떤 때는 악하게 살기도 합니다. 조반니노 과레스키의 「악마와 돈 카밀로」에는 착하게 살려는 신부의 한쪽 어깨에는 천사가, 다른 쪽 어깨에는 마귀가 앉아 어떤 일을 결정할 때면 언제나 다른 해결점을 내놓는다고 합니다. 이것이 인간이 일상에서 경험하는 것입니다.

누가복음 6 : 45에는 "선한 사람은 마음에 쌓은 선에서 선을 내고 악한 자는 그 쌓은 악에서 악을 내나니 이는 마음에 가득한 것을 입으로 말함이니라"고 합니다. 사람이 마음에 무엇을 두고, 무엇을 쌓고 사느냐가 중요합니다. 이에 따라 사람이 달라지고 그 삶이 달라집니다. 주의 말씀을 마음에 두고, 마음에 쌓고 살면 깨끗하게 살 수 있고, 범죄하지 않고 살 수 있습니다. 주의 말씀을 항상 마음에 두고, 마음에 쌓고 사는 우리 모두가 되기를 바랍니다.

첫째, 주의 말씀을 지키면 깨끗하게 살 수 있습니다

말씀 중 "청년이 무엇으로 그의 행실을 깨끗하게 하리이까"라는 질문에 "주의 말씀만 지킬 따름이니이다"라고 대답합니다(9절). 시인은 왜 갑자기 청년의 이야기를 합니까? 이 말씀은 청년기의 중요성을 부각시키고 있습니다.

청년기는 경험이 미숙합니다. 혈기가 왕성합니다. 회개의 시간이 많이 남아 있습니다. 청년기에는 행실이 깨끗하지 못할 충분한 이유가 있습니다. 그럼에도 불구하고 깨끗해야 할 것을 가르치고 있습니다.

청년의 때에 말씀으로 행실을 깨끗하게 해야 합니다. 전도서 12 : 1에는 "너는 청년의 때에 너의 창조주를 기억하라 곧 곤고한 날이 이르기 전에, 나는 아무 낙이 없다고 할 해들이 가깝기 전에" 그리하라고 합니다. 청년의 때에 하나님을 기억하고 믿어야 합니다.

요한계시록 14 : 4~5에는 구원을 받은 144,000명에 대하여 이렇게 말합니다. "이 사람들은 여자와 더불어 더럽히지 아니하고 순결한 자라 어린 양이 어디로 인도하든지 따라가는 자며 사람 가운데에서 속량함을 받아 처음 익은 열매로 하나님과 어린 양에게 속한 자들이니 그 입에 거짓말이 없고 흠이 없는 자들이더라" 구원받은 자들을 두고 '순결한 자들'이라고 합니다. 곧 자신을 더럽히지 않은 깨끗한 자들입니다. "주의 순결한 신부가 되리라"라는 복음성가의 가사처럼 구원받은 자는 순결하고 흠이 없는 그리스도의 신부입니다.

구약에는 청결의식이 있습니다. 이를 '결례'라고 합니다. 하나님께서는 더러운 것을 싫어하시므로 깨끗하게 하라고 권고하십니다. 그래서 구약에는 더러운 것은 "먹지 말라.", 더러운 것을 만지면 "부정하다."라는 등의 부정법이 있습니다.

디모데후서 2：21에는 큰 집에 있는 그릇 이야기를 하면서 "그러므로 누구든지 이런 것에서 자기를 깨끗하게 하면 귀히 쓰는 그릇이 되어 거룩하고 주인의 쓰심에 합당하며 모든 선한 일에 준비함이 되리라"고 합니다. 하나님께서 쓰시는 그릇은 비싼 그릇, 좋은 그릇이 아니라 깨끗한 그릇입니다. 우리는 하나님께 쓰임 받는 깨끗한 그릇이 되어야 합니다. 우리가 깨끗한 그릇이 되는 것은 하나님의 말씀으로 가능합니다. 말씀은 아무리 더러운 것이라도 다 깨끗하게 하는 도구입니다. 하나님의 말씀을 지키는 사람은 깨끗한 사람입니다.

둘째, 주의 말씀을 마음에 두면 범죄하지 않습니다

사람이 범죄하지 않기 위해서는 어떻게 해야 합니까? 11절 말씀은 "주의 말씀을 내 마음에 두었나이다"라고 합니다. 주의 말씀을 마음에 두면 됩니다. '두었다'라는 말은 히브리어로 '차판'이란 단어인데, '숨기다'라는 뜻입니다. 이는 돈이나 보석 등을 숨겨 두듯 귀중한 말씀을 마음에 고이 쌓아 둔다는 의미입니다. 하나님의 말씀을 보물처럼 마음에 쌓아 두었음을 의미합니다. 또한 말씀을 빼앗기지 않으려고 깊이 간직하는 것을 의미합니다. 빌립보서 2장에는 예수님의 마음을 '가지라'고 하지 않고 '품으라'고 합니다. 가지면 빼앗길 수 있지만 품으면 빼앗기지 않습니다. 하나님의 말씀을 버리거나 빼앗기지 말라는 뜻입니다.

'씨 뿌리는 자의 비유'에는 길가에 뿌려진 씨를 새들이 와서 먹었다는 말씀이 있습니다. 이 말씀의 해석은 "말씀을 들었을 때에 사탄이 즉시 와서 그들에게 뿌려진 말씀을 빼앗는 것이요"(막 4 : 15)라고 합니다. 아무리 씨앗을 잘 뿌려도 빼앗기면 아무 소용이 없습니다. 성경에서 '새'는 종종 사탄을 상징하는 것으로 등장합니다. 말씀을 잘 간직하지 않으면 사탄이 와서 빼앗아 갑니다. 말씀을 빼앗기게 되면 범죄하게 됩니다. 말씀을 빼앗기는 그 자체가 범죄입니다.

시편 19 : 13에는 "또 주의 종에게 고의로 죄를 짓지 말게 하사 그 죄가 나를 주장하지 못하게 하소서"라고 합니다. 시인은 죄를 짓지 말게 해 달라고 간구합니다. 요한1서 3 : 9에는 "하나님께로부터 난 자마다 죄를 짓지 아니하나니 이는 하나님의 씨가 그의 속에 거함이요"라고 합니다. 죄를 짓지 않기 위해서는 하나님께로부터 나야 합니다. 하나님의 씨가 우리 속에 있어야 합니다. 고린도전서 15 : 34에는 "깨어 의를 행하고 죄를 짓지 말라"고 합니다. 죄를 짓지 않기 위해서는 깨어 있어야 합니다. 죄를 짓지 않으려고 방어만 하지 말고 더 적극적으로 의를 행해야 합니다. 말씀에 깨어 있어야 죄를 짓지 않게 되는 것입니다. 우리 모두가 말씀에 깨어 있어 의를 행하고, 죄를 짓지 않고 사는 성도가 되기를 바랍니다.

우루과이의 한 성당에는 '주기도문'을 빗대어 이런 글을 써 놓았다고 합니다.

'하늘에 계신'이라고 하지 마라. 세상일에 빠져 살면서.
'우리'라고 하지 마라. 너 혼자만 사랑하고, 생각하고, 살아가면서.
'아버지'라고 하지 마라. 하나님의 아들딸로 살지 않으면서.
'아버지의 이름을 거룩하게 하시며'라고 하지 마라.
자기 이름을 빛내기 위해 안간힘을 쓰면서.
'아버지의 나라가 오게 하시며'라고 하지 마라.
세상의 돈과 물질만능의 나라를 원하면서.
'아버지의 뜻이 이루어지게 하소서.'라고 하지 마라.
내 뜻대로 되기를 기도하면서.
'오늘 우리에게 일용할 양식을 주시고'라고 하지 마라.
죽을 때까지와 자손 대대로 먹을 양식을 쌓아 두면서.
'우리에게 잘못한 사람을 용서하여 준 것같이, 우리 죄를 용서하여 주시고'라고 하지 마라. 누구에겐가 아직도 앙심을 품고 살면서.
'시험에 빠지지 않게 하시고, 악에서 구하소서.'라고 하지 마라.
악을 보고도 아무런 양심의 소리를 듣지 않으면서.
'아멘'이라고 하지 마라. 주님의 기도를 나의 기도로 바치면서.

루터는 의미 없이 외워지는 주기도문을 두고 '최대의 순교자'라고 하였습니다. 주기도문뿐만이 아닙니다. 모든 하나님의 말씀은 의미 없이 읽고 듣는 것이 아니라 마음에 새기는 말씀이 되어야 합니다. 우리 모두가 하나님의 말씀을 마음에 잘 새겨 말씀으로 깨끗한 삶을 살고, 말씀으로 범죄하지 않는 삶을 사는 그리스도인이 다 되기를 간절히 바랍니다.

시편 119 : 12~16

주의 법도를 읊조리는 사람들

"비 맞은 중처럼 중얼거리다."라는 말이 있습니다. 이 말은 옛날 탁발승들이 비가 오는 날 시주하러 동네에 들어가 나와 보지 않는 집 앞에서 비를 맞으며 중얼거리는 모습을 말한다고 합니다. 그러나 '중얼거리다'라는 말은 승려와는 관계없는 말입니다. 이 말은 의성어 '중얼중얼'에서 나온 말입니다. 이 말의 작은 말은 '종알종알'입니다.

지난 설날에 손자들이 왔다 갔습니다. 큰아이는 집에서 놀아도 조용합니다. 혼자서 휴대폰을 들여다보면서 무언가를 하고 있고, TV 만화영화를 보면서 놀았습니다. 그런데 작은 아이는 잠시도 쉴 새 없이 종일 무언가 '종알종알'합니다. 그 모습이 매우 건강해 보였습니다. 그러면서 그리스도인의 모습도 이와 같기를 바랐습니다. 우리도 하나님의 말씀을 '중얼중얼', '종알종알' 읊조리기를 바랍니다. 하나님의 말씀을 중얼대는 것은 영혼이 살아 있음을 의미합니다.

사막의 한 수도원에 갔을 때의 경험입니다. 수도사들이 종일 쉬지 않고 무엇인가 중얼중얼하는 것을 보았습니다. 깜깜한 밤에 사막을 산책하며 왔다 갔다 할 때도 중얼중얼합니다. 수도사들은 잡념을 없애기 위하여 잠시도 가만히 있지 않고 "주여 자비를 베푸소서."를 반복합니다.

구약의 예언자, 선지자는 히브리어로 '나비'라고 했습니다. '나비'의 뜻은 자세히 모르지만 입을 나불나불하며 계속해서 무엇인가 중얼거리며 다녔기 때문이라고 합니다. 하나님의 신탁을 받고 하나님과 이야기를 주고받는 선지자들의 삶에서 유래된 듯합니다.

영화 "쉰들러 리스트"나 다큐멘터리 "아우슈비츠" 등을 보면 유대인들이 수용소에 끌려가는 도중, 어머니와 아이들이 함께 무언가 중얼거리는 장면이 있습니다. 사형장에 끌려갈 때도 중얼거립니다. 그들이 중얼거리는 것은 율법, 즉 '토라'를 암송하는 것입니다. 죽음 앞에서도 율법을 읊조리는 것이 유대인의 삶입니다. 성경에도 율법을 읊조리라고 하였고, 또 그들은 조상 대대로 그렇게 배웠습니다. 이런 읊조림이 유대인이 유대인 되게 한 것입니다.

여기에 말씀을 묵상하는 법이 있습니다. 첫째는 중얼거리기입니다. 시편 119 : 48에는 "또 내가 사랑하는 주의 계명들을 향하여 내 손을 들고 주의 율례들을 작은 소리로 읊조리리이다"라고 합니다. 둘째는 말하기입니다. 입으로 크게 외치라고 합니다. 셋째는 깊이 생각하기입니다. 말씀을 주야로 묵상하는 것입니다. 그러할 때 말씀으로부터 모든 즐거움을 누릴 수 있습니다.

첫째, 말씀을 입술로 선포하며 즐거워합니다

13절은 "주의 입의 모든 규례들을 나의 입술로 선포하였으며"라고 합니다. '규례'라는 말은 성문화된 법전 혹은 율법 등을 말합니다. 시인은 하나님의 말씀을 입으로 선포하였다고 합니다. '선포하다'라는 말은 '낭송하다'라는 뜻인데, 율법이나 구체적인 조항들을 반복해서 낭송하여 가슴속 깊이 간직할 뿐만 아니라 입으로 말씀이 전달되도록 하였습니다.

신명기 4 : 8에는 "오늘 내가 너희에게 선포하는 이 율법과 같이 그 규례와 법도가 공의로운 큰 나라가 어디 있느냐"라고 합니다. 규례와 법도가 무엇입니까? 하나님의 말씀입니다. 하나님의 말씀을 따르는 나라가 큰 나라입니다. 하나님의 말씀을 따르지 않고 인간의 말에 따라 움직이는 나라는 아무리 커도 작은 나라입니다. 여호와의 말씀을 전적으로 따르는 것이 참 지혜입니다.

독일 에르푸르트에 가면 광장에 마르틴 루터의 동상이 있습니다. 이 동상에는 루터가 애송하던 시가 새겨져 있습니다. 시편 118 : 17입니다. "내가 죽지 않고 살아서 여호와께서 하시는 일을 선포하리로다" 루터는 하나님께서 하시는 일을 선포하는 것, 곧 말씀을 선포하는 것을 목적으로 하고 살았습니다.

교회의 본질적 사명으로 세 가지가 있습니다. 말씀 선포인 '케리그마'와 말씀의 외적 작용인 '디아코니아'와 말씀의 내적 기운인 '코이노니아'입니다. 말씀 선포가 가장 중요한 교회의 사명이며, 다른 사명들도 말씀이 없이는 안 됩니다.

'선포하다'라는 말은 헬라어로 '케뤼소'인데, 상인들이 "사세요!"라고 소리치는 것이라고 합니다. 물건을 파는 장사꾼의 소리입니다. 자기 물건에 자신이 없으면 절대로 큰 소리로 물건을 팔 수 없을 것입니다. 선포는 자신감과 확신이 있어야 가능합니다.

예수님이 오셔서 하신 사역을 성경은 이렇게 적고 있습니다. "하나님의 나라를 선포하시며 그 복음을 전하실새"(눅 8 : 1). 예수님이 하신 일은 하나님 나라를 선포하는 일이었습니다. 복음을 전파하는 일이었습니다.

월트 디즈니는 디즈니랜드를 만들면서 '친절, 볼거리, 능률, 안전', 이 네 가지를 그 가치에 두었습니다. 그런데 이 네 가지 가운데 '안전'을 최우선의 가치로 두었습니다. 친절해야 하고, 볼거리도 있어야 하고, 능률도 올라야 하지만 안전하지 못하면 다른 세 가지가 소용이 없기 때문입니다. 이것을 교회에 대입한다면 교회의 네 가지 가치는 무엇일까요? '은혜, 성장, 섬김, 선포'라고 봅니다. 그런데 이 네 가지 가운데 '선포'가 최우선의 가치입니다. 교회는 하나님 나라를 선포하는 것을 최우선의 가치로 두어야 합니다. 교회가 하나님 나라를 선포하는 것은 합당한 가치입니다.

"내가 모든 재물을 즐거워함같이"라는 말은 "모든 재물을 즐거워하

하나님의 말씀을 읊조리고 즐거워하며
잊지 않아야 합니다.
We should recite, remember,
and be glad in God's Words.

는 그 이상으로"라는 뜻입니다. 시인은 세상의 물질보다 입술로 하나님의 말씀을 선포하는 것이 더 즐겁다고 합니다. 하나님의 말씀에 대한 사랑이 극진한 것을 표현하고 있습니다. 세상의 어떤 것보다 하나님의 말씀을 선포하는 것이 더 즐겁다면 행복한 그리스도인입니다.

둘째, 말씀을 읊조리고 즐거워하며 잊지 않습니다

"주의 법도를 읊조리고, 주의 길을 주의하고, 주의 율례를 즐거워하고, 주의 말씀을 잊지 않겠다."고 시인은 말하며(15-16절), 하나님의 말씀에 대한 특별한 애정을 드러냅니다. '읊조리며'라는 말은 히브리어로 '아시하'라고 하는데, 그냥 읽고 낭송하는 수준을 넘어 의미를 깨달아 마음에서 흘러나오는 기쁨을 맛보는 경지에 이르렀음을 의미합니다.

말씀을 늘 읊조리는 것은 율법을 잊지 않으려는 의지적인 노력을 가지고 있음을 뜻합니다. 하나님과 하나님의 말씀을 망각한다는 것은 단순히 기억을 하지 못한다는 것이 아닙니다. 이것은 하나님께 대한 배은망덕이며 의도적인 범죄를 말합니다. 시편 106 : 21에는 "애굽에서 큰 일을 행하신 그의 구원자 하나님을 그들이 잊었나니"라고 합니다. 또한 하나님의 언약에 대한 불순종이며 우상숭배를 말합니다. 시편 44 : 20에는 "우리가 우리 하나님의 이름을 잊어버렸거나 우리 손을 이방 신에게 향하여 폈더면"이라고 합니다. 하나님과 그 말씀을 잊지 않게 늘 말씀을 읊조려야 합니다.

1968년 1월 23일 '프에블로'라는 미국의 정보수집함이 동해안 공해상에서 북한에 피랍되었습니다. 지금은 이 배를 대동강변에 묶어 놓고 인민학습장으로 사용하고 있습니다. 이 배가 묶여 있는 장소가 토머스 목사님이 순교한 바로 그 자리입니다. 그때 부커 선장과 6명의 장교, 수병 75명, 민간인 2명, 합계 83명이 납치되었습니다. 미국 해군함정이 공해상에서 납치된 것은 미국 해군사상 106년 만에 처음 있는 일이었습니다. 이때 가지고 있던 것들을 다 빼앗기면서 성경까지도 다 빼앗겼습니다. 그때 성경을 암송하고 있던 어느 병사가 암송하고 있는 성경말씀을 종이에 기록하여 다른 병사들과 함께 돌려 보았다고 합니다. 성경암송이 얼마나 유익한 일인지 모릅니다.

칭기즈칸의 군대가 세계를 정복할 수 있었던 비결은 신속한 기동력과 '보르츠'라고 합니다. 보르츠는 겨울에 소를 잡아 뼈와 내장을 다 제거하고 생육을 건조하여 육포로 만든 다음, 그것을 빻아서 가루로 만든 것입니다. 소 한 마리를 잡으면 3~4킬로그램의 가루가 되는데, 이것을 소의 오줌보에 넣어 가지고 다니면서 필요할 때마다 조금씩 뜨거운 물에 타서 먹었다고 합니다. 보르츠는 영양가와 열량이 충분한 비상식량으로, 날렵하고 막강한 군사를 만드는 필수적인 전투식량이었습니다.

그리스도인에게 입술로 말씀을 읊조리고 기억하는 것은 이와 같습니다. 성경암송은 보르츠와 같습니다. 성경말씀을 지니고 다니면서 필요할 때마다 꺼내 먹는 그리스도인의 양식입니다. 성경암송은 영적으로 강건한 군사를 길러 내는 전투식량입니다. 하나님의 말씀을 늘 읊조리며 말씀의 영양가를 충분히 섭취하고 말씀을 즐거워하며 잊지 않는 하나님의 힘 있는 군사들이 다 되시기를 바랍니다.

시편 119 : 17~20

주의

율법에서

놀라운 것을
보는 사람들

    손양원 목사님의 별명은 '삼경'(三驚)입니다. 세 번 놀란다는 뜻입니다. 손양원 목사님을 만나면 첫째는 키가 작아 놀라고, 둘째는 목소리가 커서 놀라고, 셋째는 설교를 듣고 감동을 받아 놀란다고 합니다. 목사님은 감옥에 갇혀 있었을 때, 항상 밥을 다른 죄수들에게 나누어 주었다고 합니다. "나는 몸이 작아 하나님께서 적게 먹도록 만드셨으니, 이것을 드세요."라고 하면서 나누었다고 합니다. 추운 밤, 키가 큰 사람들이 모포가 짧아 추위에 떠는 것을 본 목사님은 키 큰 사람들의 발을 자신의 가슴에 품고 잤다고 합니다. 또 애양원에 있었을 때는 한센병자의 고름 나는 발을 빨아 주었다고도 합니다.

이보다 더 주목할 것은 손양원 목사님 안에 있는 하나님의 말씀입니다. 목사님이 품고 있는 예수님의 사랑입니다. 목사님은 하나님의 말씀과 예수님의 사랑을 품고 그렇게 사셨기에 '사랑의 원자탄'이라는 별명을 얻었습니다. 목사님은 문자 그대로 사랑의 화신이셨습니다. 그 삶이 놀랍습니다.

아이작 뉴턴과 쌍벽을 이루던 천재 과학자 스베덴보리는 과학을 그만두고 천계를 왕래하는 일을 하였습니다. 그는 이렇게 말했습니다. "과학이 놀라운 기적을 인류에게 가져다줄 것입니다. 그러나 두 가지만은 절대로 못합니다. 첫째, 현미경으로 하나님을 볼 수 없고, 둘째, 싹트는 보리알 하나라도 생명을 가진 것은 창조하지 못합니다."

근래에 와서 스티브 잡스는 정말 놀라운 일을 해냈습니다. '스마트' 하면 그를 떠올릴 텐데, 그는 상상할 수 없는 놀라운 일을 해서 '외계인'이라고까지 불렸습니다. 그러나 이런 과학이나 기술을 가지고 세상을 놀라게 할 수는 있으나 정말 놀라운 일은 하지 못합니다. 미래학자 존 네이스비츠는 미래는 과학과 기술의 발달로 인간이 점점 편리하게 살게 될 것이지만 지구는 '유토피아'의 정반대 개념인 '디스토피아'로 가까이 가고 있다고 하였습니다.

성경에는 놀라운 일을 많이 기록하고 있습니다. 마리아가 예수님을 잉태할 것이라는 말을 들었을 때의 반응을 "처녀가 그 말을 듣고 놀라 이런 인사가 어찌함인가 생각하매"(눅 1 : 29)라고 기록하고 있습니다. 예수님께서 야이로의 딸을 살리셨을 때의 반응을 "사람들이 곧 크게 놀라고 놀라거늘"(막 5 : 42)이라고 기록하고 있습니다. 귀신 들려 눈멀고 말 못하는 사람을 고치셨을 때의 반응을 "무리가 다 놀라 이르되 이는 다윗의 자손이 아니냐"(마 12 : 23)라고 기록하고 있습니다. 예수님은 놀라운 분이십니다. 하나님의 말씀은 놀라운 것을 우리에게 보여 줍니다.

첫째, 내 눈을 열면 말씀에서 놀라운 것을 볼 수 있습니다

18절은 "내 눈을 열어서 주의 율법에서 놀라운 것을 보게 하소서"라고 합니다. 눈을 열면 놀라운 것을 볼 수 있습니다. '놀라운 것'은 시야로부터 숨겨진, 비밀스러운 것을 말합니다. 말씀의 신령한 의미를 알고 그것이 밝혀지면 놀라움과 경탄이 넘친다는 말입니다. 말씀의 놀라운 신비를 발견하고, 개심하고, 변화하고, 활력을 얻은 사람은 셀 수 없이 많습니다.

욥기 37 : 5에는 "하나님은 놀라운 음성을 내시며 우리가 헤아릴 수 없는 큰일을 행하시느니라"고 합니다. 하나님의 음성, 하나님의 말씀은 놀라운 것입니다. 마태복음 7 : 28~29에는 산상보훈의 결론을 이렇게 말합니다. "예수께서 이 말씀을 마치시매 무리들이 그의 가르치심에 놀라니 이는 그 가르치시는 것이 권위 있는 자와 같고 그들의 서기관들과 같지 아니함일러라" 예수님의 말씀은 그 내용이나 가르치는 법이 서기관이나 다른 사람이 흉내 낼 수 없는 놀라운 것입니다.

성경에 보면 하나님께서 "무엇을 보느냐?"라고 하신 질문이 여러 번 있습니다. 예레미야에게 "무엇을 보느냐?"라고 하십니다. 예레미야는 살구나무를 보고, 끓는 가마를 보고, 무화과를 보았습니다. 아모스에게

"무엇을 보느냐?"라고 하십니다. 아모스는 다림줄을 보고, 과일 한 광주리를 보았습니다. 스가랴에게 "무엇을 보느냐?"라고 하십니다. 스가랴는 순금 등잔대를 보고, 날아가는 두루마리를 보았습니다. 가장 확실한 하나님의 계시는 보는 것입니다. 하나님께서는 하나님의 뜻을 눈으로 보여 주십니다.

예수님은 벳새다에서 시각장애인을 고쳐 주셨습니다. 예수님은 안수하신 다음에 "무엇이 보이느냐?"라고 물으셨습니다. 시각장애인은 "예, 사람이 보이고 나무 같은 것이 걸어가는 것이 보입니다."라고 하였습니다. 희미하게 보던 시각장애인을 예수님은 다시 한번 안수하셔서 밝히 보게 하셨습니다. 예수님이 한 사람에게 두 번 안수하셔서 고치신 것은 단 한 번밖에 없습니다.

욥기 42 : 5에는 "내가 주께 대하여 귀로 듣기만 하였사오나 이제는 눈으로 주를 뵈옵나이다"라고 합니다. 욥은 모든 것을 다 잃고, 인간이 당할 수 있는 온갖 고난을 다 당한 다음에 하나님을 눈으로 본다고 하였습니다. 고난 가운데 하나님을 본 것입니다. 듣는 것은 가장 얕은 수준이지만 보는 것은 가장 높은 수준입니다.

누가복음 5 : 26에는 "모든 사람이 놀라 하나님께 영광을 돌리며 심히 두려워하여 이르되 오늘 우리가 놀라운 일을 보았다 하니라"라고 합니다. 네 친구의 도움으로 예수님께 와서 중풍병을 고침 받고 돌아간 이를 보고 사람들은 놀랐습니다. 제임스 패커는 "하나님을 안다는 것은 놀랄 준비가 되어 있는 것이다."라고 하였습니다. 하나님을 바르게 알면 놀랄 일밖에 없습니다.

눈을 감아 보십시오. 무엇이 보입니까? 눈을 떠 보십시오. 무엇이 보입니까? 눈을 감으면 보일 리가 없습니다. 눈을 뜰 때 보입니다. 우리의 영의 눈이 열려 하나님께서 하시는 놀라운 일을 볼 수 있기를 바랍니다.

둘째, 말씀을 사모함으로 마음이 상하게 됩니다

20절은 "주의 규례들을 항상 사모함으로 내 마음이 상하나이다"라고 합니다. 이 말씀에서 '상하다'라는 말은 '가르사'라는 히브리어인데, 이는 조각조각 부서진 것을 의미합니다. 기진하고 부서진 상태는 말씀을 사모하는 간절한 마음 때문입니다. 말씀을 사모하는 열정 때문에 자신의 몸을 돌보지 않은 것을 말합니다.

시편 84 : 2에는 "내 영혼이 여호와의 궁정을 사모하여 쇠약함이여 내 마음과 육체가 살아 계시는 하나님께 부르짖나이다"라고 합니다. 교회를 생각하고, 교회를 위해 기도하느라고 마음이 상하고 쇠약해진 경험이 있습니까? 하나님의 말씀을 사모하여 성경을 읽고 묵상하다가 밤을 지새워 본 경험이 있습니까? 그리스도인에게는 이런 경험이 있어야 합니다. 그래야 진정 하나님의 말씀을 사모하는 사람이라고 할 수 있을 것입니다.

'금식해야지.' 하고 작정하고 금식하는 것도 필요하지만, 기도하다 보니 밥 먹는 것도 잊어버릴 만큼 하는 것이 기도에 몰입한 모습입니다. '철야 기도해야지.' 하고 작정하고 철야 기도하는 것도 필요하지만,

기도를 깊이 하다 보니 밤이 지나가는 것도 모를 만큼 하는 것이 기도에 깊이 몰입한 모습입니다. 열심히 말씀을 읽고 사모하다가 몸이 상한 것이 말씀을 정말 사랑하는 것입니다.

시편 42 : 1에는 "하나님이여 사슴이 시냇물을 찾기에 갈급함같이 내 영혼이 주를 찾기에 갈급하니이다"라고 합니다. 2절에는 "내 영혼이 하나님 곧 살아 계시는 하나님을 갈망하나니"라고 합니다. 3절에는 "사람들이 종일 내게 하는 말이 네 하나님이 어디 있느뇨 하오니 내 눈물이 주야로 내 음식이 되었도다"라고 합니다. 하나님을 향한 이러한 갈망이 우리에게 필요합니다. 말씀을 향하여 몸이 상할 만큼 사모하는 마음이 필요합니다.

존 뉴턴은 11세 때 배의 선장이었던 아버지를 따라 배를 타기 시작하였습니다. 20대에는 아프리카 노예무역에 가담하여 21세에 노예선의 소유주가 되었습니다. 그의 생애를 바꾼 책은 토마스 아 켐피스의 「그리스도를 본받아」였습니다. 한번은 바다에서 엄청난 파도와 무려 9시간 동안 사투를 벌였습니다. 배가 가라앉는 것은 시간 문제였습니다. 그때 그는 "주여, 우리 모두에게 자비를 베푸소서."라고 기도하였습니다. 그리고 하나님께서는 그의 기도를 들어주셨습니다. 그가 영국에 돌아와 지은 찬송이 "나 같은 죄인 살리신 주 은혜 놀라워"(Amazing Grace)입니다. 세상에 가장 널리 알려지고 불리는 찬송입니다. 왜 이렇게 널리 불릴까요? 그리스도의 구원은 모두에게 놀라운 일이 아닐 수 없기 때문입니다.

「화술의 달인, 예수」라는 책에 보면 예수님의 이야기를 진실한 것으로 만드는 세 가지 특징이 있다고 합니다. 첫째, 예수님은 놀랄 만한 약점을 보여 주었다는 것입니다. 둘째, 예수님은 놀라운 솔직함으로 이야기를 하셨다는 것입니다. 셋째, 예수님은 놀라우리만큼 다가가기 쉬운 분이었다는 것입니다.

예수님은 참으로 놀라운 분입니다. 그분의 말씀에는 놀라운 지혜가 있습니다. 그 말씀을 대할 때마다 놀라운 깨달음을 얻습니다. 놀라운 은혜를 맛봅니다. 놀라운 기적을 체험합니다. 우리 모두가 날마다 하나님의 말씀을 대할 때마다 그 안에서 놀라운 것을 발견할 수 있기를 바랍니다.

예수님은 참으로 놀라운 분입니다. 그분의 말씀에는 놀라운 지혜가 있습니다. 그 말씀을 대할 때마다 놀라운 깨달음을 얻습니다. 놀라운 은혜를 맛봅니다. 놀라운 기적을 체험합니다.
Jesus is very amazing. In his Words, there lie astonishing wisdoms. Everytime we face the Words, we gain spectacular enlightenments. We experience his amazing grace and miracles.

시편 119 : 21~24

주의

증거들을

즐거움으로
따르는 사람들

　'리더십'에서 가장 중요한 요인은 '리더'와 '상황'과 '따르는 자'입니다. 좋은 '리더십'에는 반드시 좋은 '팔로워십'(followership)이 있습니다. 좋은 리더는 좋은 추종자를 만들고, 좋은 추종자가 좋은 리더를 만드는 법입니다. "사슴이 이끄는 사자 부대보다 사자가 이끄는 사슴 부대가 강하다."라는 말이 있습니다. 리더가 그만큼 중요하다는 말입니다.

　예수님의 리더십은 열두 제자를 세우신 것에 잘 나타나 있습니다. 예수님은 사람을 세우시는 데 탁월하셨습니다. 유능한 사람과 보통사람과 보통 이하의 사람들을 골고루 열두 제자에 포함시키셨습니다. 따르는 자인 제자들이 잘 따르므로 예수님의 리더십은 성공하신 것입니다.

예수님이 레위라는 마태에게 "나를 따르라."고 하시자 그가 일어나 따랐습니다. 예수님이 빌립을 만나 "나를 따르라."고 하시자 그는 예수님을 따를 뿐만 아니라 자신의 친구인 나다나엘을 데리고 왔습니다. 제자 중의 한 사람이 먼저 가서 아버지를 장사지내게 해 달라고 하자 예수님은 죽은 자들로 장사지내게 하고 "나를 따르라."고 하셨습니다. 젊은 관원이 예수님을 찾아와서 "어떻게 하면 영생을 얻습니까?"라고 묻자 재물을 팔아 가난한 자들에게 주고 "나를 따르라."고 하셨습니다. 부활하신 후에는 베드로에게 요한이 어떻게 될 것인지는 상관하지 말고 "나를 따르라."고 하셨습니다. 스승을 잘 따라야 제자가 됩니다. 스승을 잘 따라야 사명을 수행할 수 있습니다.

바흐의 "마태 수난곡"에는 예수님께서 십자가에 처형당하시기 직전의 베이스 아리아가 있습니다. "내가 말하노니 오라 달콤한 십자가여 / 나의 예수여 늘 제게 십자가를 주소서 / 어느 날 저의 고통이 너무 무거워지면 / 주께서 친히 도우시사 감당케 하시리이다" 우리가 십자가를 지는 것은 예수님을 따르기 때문입니다. 우리가 예수님을 사랑하는 마음으로 십자가를 질 때 그 십자가는 달콤해집니다.

첫째, 말씀을 지키면 비방과 멸시가 떠납니다

22절에는 "내가 주의 교훈들을 지켰사오니 비방과 멸시를 내게서 떠나게 하소서"라고 합니다. 이 말씀은 "내가 교훈들을 지켰습니다. 그러니 비방과 멸시를 거두어 주십시오."라는 뜻입니다. 이 말을 바꾸어 보면 주의 교훈을 지키지 않으므로 비방과 멸시를 당한다는 뜻이 됩니다. 세상에서 우리의 삶을 보십시오. 세상 사람들이 하나님의 사람들을 향해 주의 교훈과 성경대로 산다고 비방하고 멸시합니까? 절대 그렇지 않습니다. 하나님의 사람이라고 하면서 주의 교훈대로 살지 않기에 비방하고 멸시합니다.

우리나라의 종교별 신뢰도를 보면 천주교, 불교, 개신교, 원불교, 이슬람 순입니다. 개신교가 천주교나 불교에 뒤쳐져 있습니다. 사회가 한국교회를 불신하는 이유는 이렇습니다. 첫째는 개신교 이단이 많기 때문입니다. 둘째는 개신교가 이기주의 집단으로 비춰지기 때문입니다. 셋째는 개신교인들의 언행일치가 되지 않기 때문입니다. 넷째는 헌금 강요가 심하기 때문입니다. 다섯째는 목회자의 사리사욕이 심하기 때문입니다. 그런데 여러 이유 가운데 '성경이 엉터리라서'라는 말은 없습니다. 문제는 그리스도인의 삶의 태도입니다. 알고 믿는 대로 살지 않기 때문입니다. 그리스도인들이 언행일치만 된다면 다른 모든 문제는 사라집니다. 교회나 그리스도인에 대한 비방과 멸시도 사라지게 될 것입니다.

레위기 25 : 18에는 "너희는 내 규례를 행하며 내 법도를 지켜 행하라"고 합니다. 바울도 성경 여러 곳에서 배우라고 합니다. 그리고 배운 것을 행하라고 합니다. 많이 배우고 배운 대로 행해야 참 그리스도인이고, 비방과 멸시를 받지 않습니다.

한 율법교사가 예수님을 시험하였습니다. "내가 어떻게 해야 영생을 얻겠습니까?"라는 질문이었습니다. 예수님께서는 "율법에 무엇이라고 기록하고 있느냐?"라고 하셨고, 그 사람은 "마음을 다하고 목숨을 다하고 힘을 다하고 뜻을 다하여 하나님을 사랑하고 이웃을 사랑하라고 했습니다."라고 확실하게 대답을 했습니다. 예수님께서는 그의 대답에 "네 대답이 옳도다. 이를 행하라 그리하면 살리라."고 하셨습니다. 말씀대로 행해야 삽니다.

'떠나게 하소서'라는 말은 '갈'이라는 히브리어인데, 그 문자적 뜻은 '벗기소서'라는 말입니다. 이는 외투나 망토를 벗는 것을 의미합니다. 비방이나 멸시를 완전히 벗어버리고 홀가분한 마음을 가지고 사는 것을 의미합니다. 우리 모두가 몸과 마음이 무거운 짐을 벗은 듯 가벼운 삶을 살기를 바랍니다.

둘째, 말씀은 즐거움이며 충고자입니다

24절에는 "주의 증거들은 나의 즐거움이요 나의 충고자니이다"라고 합니다. 대적하는 자들의 음모나 비방이나 멸시를 벗어날 수 있는 길이 무엇입니까? 하나님의 말씀을 묵상하고 즐거워하는 것입니다. 말씀을 즐거워하면 우리에 대한 비방은 떠납니다.

데살로니가전서 1 : 6에는 "또 너희는 많은 환난 가운데서 성령의 기쁨으로 말씀을 받아 우리와 주를 본받은 자가 되었으니"라고 합니다. 하나님의 말씀을 기쁨으로 받아야 합니다. 말씀을 기쁨으로 받으면 주님을 본받는 자가 됩니다. 그리고 세상에서의 비방과 멸시는 더 이상 없습니다.

사도행전 17 : 11에는 베뢰아 사람들의 말씀에 대한 사랑이 표현되어 있습니다. 베뢰아 사람들은 데살로니가 사람들보다 마음이 더 너그러웠습니다. 그래서 "간절한 마음으로 말씀을 받고 이것이 그러한가 하여 날마다 성경을 상고하므로"라고 합니다. 사도행전 20장에는 바울이 드로아를 방문하여 말씀을 전하는 장면이 있습니다. "그들에게 강론할새 말을 밤중까지 계속하매"라고 합니다. 그들이 얼마나 말씀을 사모하였는가를 알 수 있습니다.

시인은 말씀을 즐거워합니다. 하나님의 말씀의 맛을 깨달으면 마음에 희열이 가득해집니다. 말씀으로 인한 감동이 오면 가만히 앉아 있지 못합니다. 말씀의 맛에 감격하면 어떤 즐거움보다 더한 즐거움을 느끼게 됩니다.

"나의 충고자니이다"라는 말은 '아차티'라는 단어인데, 이는 '조언자'를 뜻합니다. 즉, 말씀은 '상담자'(counselor)입니다. 하나님의 말씀은 우리의 충고자입니다. 하나님의 말씀인 성경은 교훈과 책망과 바르게 함과 의로 교육하기에 유익한 책입니다.

히브리서 4 : 12에는 "하나님의 말씀은 살아 있고 활력이 있어 좌우에 날선 어떤 검보다도 예리하여 혼과 영과 및 관절과 골수를 찔러 쪼개기까지 하며 또 마음의 생각과 뜻을 판단하나니"라고 합니다. 하나님의 말씀은 우리가 모든 것을 판단하는 기준이 되는 하나님의 지혜입니다. 하나님께서는 그 말씀이 나의 충고자요, 상담자요, 도우미가 되게 하십시오. 하나님의 말씀을 가지고 살면 곁길을 가지 않고 바른길을 가게 됩니다.

오래전 뉴욕대학교 부속병원 재활센터의 벽에 있던 글이 널리 알려졌습니다.

큰일을 이루기 위해 힘을 달라고 기도했더니 겸손을 배우라고 연약함을 주셨다. 많은 일을 하기 위해 건강을 구했더니 보다 가치 있는 일을 하라고 병을 주셨다. 행복해지고 싶어 부유함을 구했더니 지혜로워지라고 가난을 주셨다. 세상 사람들에게 칭찬을 듣는 성공을 구했더니 뽐내지 말라고 실패를 주셨다. 삶을 누릴 수 있는 모든 걸 갖게 해 달라고 기도했더니 모든 걸 누릴 수 있는 삶을 주셨다. 그 자체가 내게 주신 선물이었다. 구한 것 하나도 주시지 않았지만 내 소원을 모두 들어주셨다. 하나님의 뜻, 말씀을 따르지 못하는 삶을 살았지만 내 맘속에 표현하지 못한 기도를 모두 들어주셨다. 나는 가장 많은 복을 받은 사람이다.

이 글을 쓴 사람은 말씀을 따르지 못했다고 고백했지만 사실은 가장 말씀을 잘 따른 사람입니다. 우리도 말씀을 따르며 살아야 합니다. "위선자들은 감람산까지는 그리스도를 따라가겠지만 갈보리산까지는 따르지 않을 것이다."라는 말이 있습니다. 십자가까지 예수님을 따라가야 합니다. 말씀을 끝까지 따라야 합니다. 그 말씀을 따르고 지키면 세상이 교회를 비방하거나 멸시하지 못합니다. 하나님의 말씀을 잘 따르는 자가 되어 세상이 인정하는 교회와 그리스도인이 다 되기를 바랍니다.

시편 119 : 25~28

주의 말씀대로 살아난 사람들

스코틀랜드의 남극 탐험 대장이었던 베어드는 남극 극점을 찾기 위해 캠프를 떠났습니다. 얼마 쯤 갔을 때에 갑자기 강풍이 불어 그의 시야를 가리고 길을 잃고 말았습니다. 하늘도 구름으로 덮여 방향감각을 완전히 상실하였습니다. 무전기도 너무 추워 얼어 터졌습니다. 아무것도 할 수 없게 되었을 때 그는 '임마누엘'이란 단어를 떠올렸습니다. "내가 세상 끝 날까지 너희와 항상 함께 있으리라" 하신 말씀을 생각했습니다. 그는 '임마누엘'을 외치며 무턱대고 걸어갔습니다. 그러면서 "하나님께서 나와 함께 계신다!"라고 소리를 쳤습니다. 한참 눈길을 헤치고 걸어가고 있는데, 눈앞에 캠프가 나타났습니다. 하나님의 말씀이 베어드를 살게 하였습니다. 하나님의 말씀은 우리를 살아나게 합니다.

에스겔 37장에는 '명령대로', '말씀대로'라는 말이 많이 나옵니다. 하나님과 에스겔의 대화가 에스겔 37 : 9에 나옵니다. "주 여호와께서 이같이 말씀하시기를 생기야 사방에서부터 와서 이 죽음을 당한 자에게 불어서 살아나게 하라" 하나님께서 살아나라고 하신 말씀을 에스겔이 대언하자 그 말씀대로 마른 뼈들이 다시 살아났습니다.

하나님의 말씀은 생기를 불어넣고 힘이 없는 자에게 힘을 더하십니다. "일어나라.", "나오라."는 예수님의 한마디에 죽은 자들이 살아났습니다. 그렇습니다. 말씀은 살리는 힘을 가지고 있습니다. 하나님의 말씀은 죽은 사람을 살립니다.

코리 텐 붐은 제2차 세계대전 중에 복음을 전하던 부흥사였습니다. 그녀의 가족은 유대인을 도와줌으로 고발을 당해 수용소에서 고통을 당했고, 독일친위대의 고문으로 언니가 죽음을 맞이했습니다. 코리 텐 붐이 어느 곳에서 부흥회를 인도하고 있는데, 한 독일 남자가 들어왔습니다. 그 독일 남자는 언니를 죽게 한 독일친위대 출신이었습니다. "하나님, 어떻게 해야 합니까?" 그녀는 마음으로는 도저히 용서할 수 없었지만 하나님께서 "용서하라."는 응답을 주셔서 마음으로 용서하였습니다. 코리 텐 붐은 "당신이 어두운 터널을 통과하고 있다면 차표를 가지고 뛰어내릴 것이 아니라 조용히 기다려야 합니다. 끝나지 않는 터널을 없습니다."라고 하였습니다. 하나님께서는 고통 중에 있는 하나님의 사람이 말씀 가운데서 힘을 얻고 살아나게 하십니다.

시편 40 : 2에는 "나를 기가 막힐 웅덩이와 수렁에서 끌어올리시고 내 발을 반석 위에 두사 내 걸음을 견고하게 하셨도다"라고 합니다. 하나님께서는 우리를 수렁에서 끌어올리시고 살리십니다. 시편 119편을 꼼꼼히 읽어 보면 '말씀대로 살리소서', '건지소서', '세우소서'라는 말씀이 많습니다. 하나님께서 살리시고, 건지시고, 세우시는 분이기 때문에 그렇게 간구할 수 있는 것입니다. 하나님께서는 우리 모두를 어려움과 고통 속에서 살리시고 건지시고 세우시기를 원하십니다.

첫째, 주의 말씀은 고통 속에 있는 자를 살아나게 합니다

25절에는 "내 영혼이 진토에 붙었사오니 주의 말씀대로 나를 살아나게 하소서"라고 합니다. 이 말씀은 고통 중에, 인생의 바닥에서, 헤어날 수 없는 막다른 골목에 있는 시인을 말씀대로, 곧 주님께서 말씀하신 대로 살려 달라고 하는 호소입니다.

'진토'(塵土)란 지하세계, 저승, 지옥의 상징어입니다. 이것은 시인의 영혼이 죽음에 이를 정도로 고통 속에서 신음하고 있는 것을 의미합니다.

시편 44 : 25에는 "우리 영혼은 진토 속에 파묻히고 우리 몸은 땅에 붙었나이다"라고 합니다. 진토는 완전한 바닥을 의미합니다. 얼마나 큰 고통 속에 있기에 완전한 바닥에 묻혀 있다고 하겠습니까? 이것이 죄 지은 인간의 고백이며 우리의 고통입니다.

완전히 고통 속에 있을 때, 우리의 마음이 바닥을 쳤을 때, 말씀이 힘이 되고 피할 길을 제시해 주시며 살길을 주십니다. 죽음에 가까이

가 있을 때에는 사는 것 외에는 길이 없습니다. 그러므로 고통 속에 있을 때가 오히려 우리의 신앙이 성장하며 하나님께 가까이 갈 수 있는 때입니다.

"개구리는 멀리 뛰기 전에 움츠린다."는 말이 있습니다. 인생의 고통이 있을 때나, 견딜 수 없이 힘이 들 때가 내가 살아날 기회입니다. 다시 뛸 기회입니다. 열두 해를 혈루증으로 앓던 여인을 보십시오. 의사에게 갔지만 아무 소용이 없었습니다. 있던 돈도 다 허비하였습니다. 그런데 예수님이 지나가신다는 소문을 듣고 군중 속에 들어와 예수님의 옷자락에 손을 대었습니다. 예수님은 이 여인에게 "평안히 가라. 네 병에서 놓여 건강할지어다."라고 하셨습니다. 말씀이 그녀를 살게 한 것입니다.

오래전, 김춘근 장로님이 쓰신 「와이 미」라는 책이 있었습니다. 장로님은 미국 대학교의 교수였는데, 암에 걸려 산에 올라가 기도를 시작하였습니다. 그리고는 하나님께 투정하듯이 "왜 나입니까?"라고 소리쳤습니다. 이것이 「와이 미」라는 책의 제목입니다. 그런데 하나님께서 결사적으로 기도하는 가운데 "나았다."라는 음성을 들려주셨습니다. 다시 산에서 내려와 암을 진단했던 병원에 와서 검사해 보니 암세포가 다 죽고 말씀처럼 나았습니다. 말씀이 그를 살린 것입니다.

호세아 6 : 2에는 "여호와께서 이틀 후에 우리를 살리시며 셋째 날에 우리를 일으키시리니 우리가 그의 앞에서 살리라"고 합니다. 하나님의 관심은 우리가 사는 것에 있습니다. 하나님께서는 절대로 우리가 죽음을 당하거나, 아프거나, 고통당하는 것을 원하지 않으십니다.

신학에는 '언약신학'이란 주제가 있습니다. 삼위 하나님께서 세 가지 언약을 창조 이전에 이미 맺으셨다는 것입니다. '구속의 언약'과 '행위의 언약'과 '은혜의 언약'입니다. 이 중 '행위의 언약'이란 하나님께서 선악과를 만드시고 먹는 날에는 "반드시 죽으리라."고 하신 것이 언약이라는 말입니다. 하나님께서 반드시 죽이시려고 하신 것이 아니라, 이 언약은 먹지 않는 날에는 "반드시 살리라."는 하나님의 약속이라는 것입니다. 하나님께서는 우리가 죽는 것이 아니라 사는 것에 목적을 두시며, 그것이 하나님의 관심입니다.

둘째, 주의 말씀은 영혼이 눌린 자를 세웁니다

28절에는 "나의 영혼이 눌림으로 말미암아 녹사오니 주의 말씀대로 나를 세우소서"라고 합니다. 시인의 고통이 얼마나 깊은가를 알 수 있습니다.

'눌림'이란 히브리어로 '투가'라는 말인데, '비통', '슬픔', '고통'을 의미합니다. 이는 인생의 고통으로 인한 슬픔을 말합니다. 여러 가지 고통으로 말미암아 가슴이 눌려 온 것을 가리키는 말입니다.

'녹사오니'라는 말은 '달르파'라는 말입니다. 이 말은 지붕을 뚫고 떨어지는 빗방울을 연상하는 말이라고 합니다. '스며 나오다', '떨어지다'의 뜻을 가지고 있습니다. 시인은 가슴을 누르는 심한 고통, 지속되는 고통으로 오랫동안 마음의 눈물을 흘려왔음을 고백하고 있습니다.

'나를 세우소서'란 말은 '나를 다시 힘 있게 하소서'라는 뜻입니다.

이는 '살아나게 하소서'와 같은 의미를 가지고 있습니다. 시인이 얼마나 힘이 들었으면 다시 힘 있게 하셔서 살아나게 해 달라고 하겠습니까?

요셉은 하나님께서 보시기에 형통한 자였습니다. 그는 형들에게 밉게 보여 애굽에 팔려 가서 종살이를 하였습니다. 그 집 여주인의 모함으로 누명을 쓰고 옥살이를 하였습니다. 그러나 꿈 해석을 잘해서 마침내 애굽의 총리가 되었습니다. 하나님께서는 마침내 그를 높이 들어 세우셨습니다.

다니엘과 에스더는 다 같이 포로민으로 살았습니다. 바벨론과 바사에 눌려 살던 소수자였습니다. 그런데 하나님께서는 다니엘을 그를 잡아온 나라의 총리가 되게 하셨고, 에스더는 아하수에로 왕의 왕후가 되게 하심으로 그들을 높이 들어 세우셨습니다.

욥기 23 : 10에는 "그러나 내가 가는 길을 그가 아시나니 그가 나를 단련하신 후에는 내가 순금같이 되어 나오리라"고 합니다. 욥의 고난은 하나님께서 그를 높이 들어 세우시는 과정이었습니다. 대장장이가 풀무에서 빨갛게 단 쇠를 때려 명검을 만들듯이 하나님도 하나님의 사람을 단련하여 명품으로 높이 세우시는 것입니다.

"인생길 힘하고 마음 지쳐 살아갈 용기 없어질 때 너 홀로 앉아서 낙심치 말고 예수님 품으로 나아오시오" 이 찬양을 들을 때마다 은혜가 됩니다. 하나님께서는 우리의 영혼이 진토에서 헤맬 때, 영혼이 눌릴 때를 주십니다. 인생길에서는 이런 일이 필수 과정입니다. 그러나 그때마다 말씀으로 살아나게 하시고 높이 세우시는 분은 하나님이십니다.

"1년의 가치를 알려면 재수생에게 물어보라. 1개월의 가치를 알려면 미숙아를 낳은 어머니에게 물어보라. 1주일의 가치를 알려면 주간지 편집장에게 물어보라. 1일의 가치를 알려면 일용근로자에게 물어보라. 1시간의 가치를 알려면 만남을 기다리는 연인에게 물어보라. 1분의 가치를 알려면 기차를 놓친 사람에게 물어보라. 1초의 가치를 알려면 자동차 사고에서 극적으로 살아난 사람에게 물어보라. 0.1초의 가치를 알려면 올림픽에서 은메달을 딴 선수에게 물어보라."는 말이 있습니다. 다시 살아난 사람에게는 1초가 곧 생명입니다.

성경에는 죽을 뻔했던 사람이 있습니다. 예수님 곁에서 십자가에 못 박혔던 강도입니다. 그는 마지막 순간에 예수님께 자신을 내어놓고 의탁함으로 구원을 받았습니다. 우리 교회는 매년 기드온 순방예배를 드립니다. '기드온 성경'을 통하여 자살하려고 했던 사람, 좌절하여 절망 속에 헤매던 사람, 우울증에 빠져 있던 사람들이 죽음 직전에 살게 된 간증을 수없이 들어왔습니다. 말씀은 죽을 사람을 살게 합니다. 하나님의 말씀대로 다시 살아나서 살맛나는 삶을 사는 우리 모두가 되기를 바랍니다.

시편 119 : 29~32

주의
증거들에
매달린
사람들

　이탈리아 출신 심리학자인 미하이 칙센트미하이는 '플로우'(flow)라는 개념을 만들었습니다. 우리말로 번역하면 '몰입'이라는 뜻입니다. 이는 어린아이처럼 지금 하고 있는 행위에 몰입하는 것을 말하는데, 이것으로 인해 주변의 모든 것을 잊고 편안한 즐거움을 맛볼 수 있게 해주는 행복감을 강조합니다. 그는 '플로우'의 전형적 모습으로 암벽 등반가를 지목합니다. 오로지 장비에만 의지하고 암벽에 매달리는 한 가지 일에만 몰입하여 시간과 공간을 다 잊은 상태가 된다는 것이지요.

　암벽에 매달린 등반가는 자일, 앵커 등 장비에만 집중합니다. 암벽을 오르는 순간만큼은 어떤 것도 머릿속에 들어오면 안 되고 등반 외에 어떤 것에도 마음을 둘 수가 없을 것입니다. 이런 상태가 바로 '플로우'라는 것입니다.

오늘 말씀에는 시인이 "주의 증거들에 매달렸사오니"(31절)라고 합니다. '매달렸다'라는 말은 히브리어로 '다바크'라는 단어인데, 이는 아교를 발라 떨어지지 않게 붙여 놓은 상태를 말합니다. 나와 말씀이 마치 접착제로 떨어지지 않게 붙여 놓은 것같이 되었다는 말입니다.

'다바크'는 떨어질 수 없는 상태를 말합니다. 곧 하나 됨을 암시합니다. 성경에는 혼인을 두고 남자가 부모를 떠나 그 아내와 연합하여 둘이 한 몸이 되는 것이라고 합니다. 떨어질 수 없는 것이 혼인입니다. 나와 말씀도 떨어질 수 없습니다.

'야구의 철인'이라 불리는 칼 립켄 주니어라는 선수가 있었습니다. 그는 우리나라 김현수 선수가 입단하여 활동하고 있는 미국 메이저리그 '볼티모어 오리올스'에서 17년 동안 2,632게임에 연속 출장한 대단한 선수입니다. 그는 자신의 성장 원인을 일찍부터 한 우물을 판 단순성이라고 했습니다. 어릴 시절, 동네 다른 아이들이 모든 스포츠에 만능이 되려 할 때 칼은 야구에만 매달렸습니다. 이것이 그의 성공비결입니다. 하나에만 매달리는 것이 이처럼 중요합니다. 또한 한 사건에만 집중하는 법을 배워야 합니다. 베다니의 마리아와 마르다의 차이점을 살펴봅시다. 마르다는 여러 가지 일 때문에 분주하였고, 마리아는 한 가지, 예수님의 말씀에만 집중하였던 것입니다. 말씀에 매달려 사는 인생은 성공적인 삶입니다. 말씀이 생명줄이기 때문입니다.

"지금 너에게 있는 것을 누리되 거기에 매달리지는 마라."는 말이 있습니다. 세상의 어떤 것에도 매달리지 말아야 합니다. 오직 주의 말씀에 매달려야 합니다. 주의 말씀에 매달린 사람은 어떤 사람입니까? 시편의 말씀을 통하여 살펴보고 말씀에 꼭 매달린 사람이 되기를 바랍니다.

첫째, 말씀대로 사는 사람은 성실한 길을 택하고 말씀을 앞에 둡니다

30절에는 "내가 성실한 길을 택하고 주의 규례들을 내 앞에 두었나이다"라고 합니다. 좋은 길, 가야 할 길을 선택한 사람은 하나님의 말씀에 매달린 사람입니다. '성실한 길'이란 '신실의 길'이란 뜻입니다. 곧 하나님께서 행하라고 명하신 바른길을 선택한다는 말입니다.

성경에는 많은 길을 제시하고 있습니다. 첫째는 복의 길이 있습니다. 이를 두고 "의인들의 길은 여호와께서 인정하시나"(시 1 : 6)라고 합니다. 둘째는 의의 길이 있습니다. "의의 길로 인도하시는도다"(시 23 : 3)라고 합니다. 셋째는 생명의 길이 있습니다. "생명으로 인도하는 문은 좁고 길이 협착하여 찾는 자가 적음이라"(마 7 : 14)라고 합니다. 넷째는 바른길이 있습니다. "바른길로 행하는 자는 걸음이 평안하려니와 굽은 길로 행하는 자는 드러나리라"(잠 10 : 9)라고 합니다. 그 외에도 성경의 길은 다양합니다.

시인은 "주의 규례들을 내 앞에 두었나이다"라고 말합니다. 하나님의 말씀을 앞에 두었다는 것은 말씀을 따라간다는 뜻입니다. 하나님의 법인 말씀을 자신의 행동의 안내자로 삼는다는 뜻입니다. 말씀이 안내

자가 되면 안전하게 길을 가고, 그 삶이 평안할 것입니다.

출애굽기 13 : 22에는 "낮에는 구름 기둥, 밤에는 불 기둥이 백성 앞에서 떠나지 아니하니라"고 합니다. 신명기 1 : 33에는 "그는 너희보다 먼저 그 길을 가시며 장막 칠 곳을 찾으시고 밤에는 불로, 낮에는 구름으로 너희가 갈 길을 지시하신 자이시니라"고 합니다. 하나님께서는 항상 우리보다 앞서가십니다. 우리의 안내자 되신 하나님은 언제나 앞서 가십니다. 그래야 우리가 뒤에서 따라갈 수 있습니다.

요즘에는 내비게이션이 잘되어 있어서 걱정이 없습니다. 내비게이션에는 미리 가 보기 기능이 있습니다. 가기 전에 가는 길과 목적지를 알고 갑니다. 내비게이션이 앞서 달려 주니 모르고 가는 것보다 훨씬 안심이 되고, 편안하고, 소요시간까지 파악하고 갈 수 있습니다.

혹시 여러분은 하나님의 말씀을 뒤에 두고 있지는 않습니까? 앞에 두어야 합니다. 여러분이 말씀보다 앞서갈 것이 아니라 말씀을 따라가야 합니다. 말씀을 따라가야 안심이 되고, 편안하게 갈 수 있습니다. 길을 잘 선택하고, 말씀을 따라 사는 그리스도인이 되기를 바랍니다.

둘째, 말씀의 길로 달리는 사람은 마음이 넓은 사람입니다

32절에는 "주께서 내 마음을 넓히시면 내가 주의 계명들의 길로 달려가리이다"라고 합니다. "내 마음을 넓히시면"이란 말의 원문은 "내 마음을 넓히실 것이기 때문입니다."라는 뜻입니다. 이 말씀을 직역하면 "내 마음을 넓히실 것이기 때문에 내가 말씀의 길로 달리겠습니다."

하나님의 말씀을 앞에 두었다는 것은 말씀을 따라간다는 뜻입니다.
Putting God's Word in front of you means that you are following the Word.

라는 말입니다. 넓은 마음을 가지고 있으면 기쁨이 있고 행복합니다. 반면에 좁은 마음을 가지고 있으면 기쁨이 없고 항상 불행합니다.

하나님의 말씀의 길을 따르지 못하는 사람은 누구입니까? 마음이 좁은 사람입니다. 이런 사람은 자기 길, 자기 방식만을 고수하고 살아갑니다. 이런 마음을 가지고는 절대로 평안하게 잘살 수가 없습니다.

'달려간다'라는 말은 민첩하고, 활동적이고, 적극적으로 움직이는 것을 말합니다. 일반적으로 "계명의 길을 걷는다."라고 표현합니다. 길이 있는데, 그 길을 벗어나지 않는 것을 말합니다. 길이 아닌 곳을 가지 않는 것을 말합니다.

사도행전 17 : 11에는 "베뢰아에 있는 사람들은 데살로니가에 있는 사람들보다 더 너그러워서 간절한 마음으로 말씀을 받고 이것이 그러한가 하여 날마다 성경을 상고하므로"라고 합니다. 베뢰아 사람들은 너그러운 마음을 가졌습니다. 마음이 너그러워야 말씀도 잘 받아들입니다.

사막교부들의 특성은 이렇습니다. 첫째는 단순하고 소박한 생활을 합니다. 둘째는 적절한 금욕을 합니다. 셋째는 자신에 대해서는 엄격하고, 다른 사람에 대해서는 관용합니다. 넷째는 무소유의 삶을 삽니다. 다섯째는 자기부정의 겸손을 가지고 있습니다. 넓은 마음인 관용은 영적 미덕입니다.

아르헨티나의 골프 선수인 로베르토 드 빈센조는 마음이 너그러운 선수로 알려져 있습니다. 그가 경기에서 우승하여 상금을 탔을 때의 이야기입니다. 그가 탈의실에서 옷을 갈아입는 중, 어떤 여인이 들어왔습니다. 자신의 병든 아기가 죽어 가고 있는데, 병원에 갈 돈이 없다고 하였습니다. 그는 상금으로 받은 돈 가운데 일부를 주게 하였습니다. 이 일이 있은 다음 주 클럽에 PGA(미국 프로골프협회) 담당 직원이 왔습니다. 직원은 빈센조에게 속임수의 희생물이었다고 하였습니다. 그 여성은 결혼도 하지 않았고 아기도 물론 없다고 하였습니다. 빈센조는 "그럼 병든 아기가 없었단 말입니까?" 하고 물었습니다. 그렇다는 대답에 그는 "정말 다행이네요. 내가 올 한 해 동안 들었던 것 중 최고의 소식입니다."라고 말했습니다. 관용은 모든 것을 포용하는 것을 말합니다. 관용은 평안의 비결입니다.

바울은 말씀 중심의 삶을 살았습니다. 그의 관용은 성경에 잘 나타나 있습니다. 유대인에게는 유대인같이, 헬라인에게는 헬라인같이, 율법 있는 자에게는 율법 있는 자와 같이, 율법 없는 자에게는 율법 없는 자와 같이, 약한 자에게는 약한 자같이 한다고 하였습니다. 그는 참 마음이 넓은 사람이었습니다. 그리스도 때문에 포용력을 가지고 산 사람이었습니다. 우리 모두가 바울처럼 넓은 마음으로 모든 것을 포용할 수 있는 그리스도인이 다 되기를 바랍니다.

말씀보다 앞서갈 것이 아니라 말씀을 따라가야 합니다. 그래야 안심이 되고, 편안하게 갈 수 있습니다. 길을 잘 선택하고, 말씀을 따라 사는 그리스도인이 되기를 바랍니다.

We should not take the lead but follow the Word. That is more relaxing and comforting. Take the right path, and be a christian who lives by the Word.

여호와여 주의 율례들의 도를 내게 가르치소서 내가 끝까지 지키리이다 나로 하여금 깨닫게 하여 주소서 내가 주의 법을 준행하며 전심으로 지키리이다
나로 하여금 주의 계명들의 길로 행하게 하소서 내가 이를 즐거워함이니이다 내 마음을 주의 증거들에게 향하게 하시고 탐욕으로 향하지 말게 하소서

PSALMS 119

Teach me, O LORD, to follow your decrees ; then I will keep them to the end. Give me understanding, and I will keep your law and obey it with all my heart. Direct me in the path of your commands, for there I find delight. Turn my heart toward your statutes and not toward selfish gain.

시편 119 : 33~40

주의 법을 전심으로 지키는 사람들

요즘에는 '지킴이'라는 말을 많이 합니다. 환경지킴이, 학교지킴이, 안전지킴이, 하우스지킴이, 아동안전지킴이 등 그 종류도 갖가지입니다. '지킴이'의 사전적 의미는 '한 집이나 마을, 공동 구역을 지켜 주는 신'이지만, 요즘은 신이 아니라 사람을 두고 지킴이라고 명명합니다.

수호신 혹은 수호성인도 있습니다. 아일랜드의 수호성인은 성 패트릭이고, 스코틀랜드의 수호성인은 성 안드레입니다. 특히 성 안드레는 슬라브민의 수호성인이고, 가장 많은 나라들이 수호성인으로 추앙하고 있습니다. 그 외에도 성 안토니오, 성 가일 등이 수호성인이며, 예수님의 사도들, 또는 성자 칭호를 받은 이들이 도시와 국가의 수호성인입니다.

성경은 하나님을 가리켜 '지키시는 자'라고 합니다. 하나님께서 "너의 출입을 지금부터 영원까지 지키시리로다"(시 121 : 8)라고 말씀합니다. 하나님께서 우리를 지키심에 대해 우리가 지켜야 할 것이 분명히 있습니다. 우리가 주님의 말씀을 잘 지키는 것입니다. 우리의 반응과 그에 따른 책임은 "내가 여호와의 율법을 지키리이다."라고 약속하는 것입니다. 하나님께서는 우리를 지키시고 우리는 하나님의 것을 지켜야 합니다. 이렇게 상호 지킴이의 역할을 하는 것입니다.

법은 지키지 않으면 아무 소용이 없습니다. 법이 있으나 그것을 지키지 않으면 무질서해져서 사고가 나기 마련입니다. 무법천지가 되어 혼란과 약탈이 일어납니다. 하나님의 말씀도 지켜야만 하는 것입니다. 온 맘으로 하나님의 말씀을 잘 지키는 그리스도인이 되어야 합니다.

첫째, 주의 말씀을 끝까지 전심으로 지킵니다

33절에는 "여호와여 주의 율례들의 도를 내게 가르치소서 내가 끝까지 지키리이다"라고 합니다. 34절에는 "나로 하여금 깨닫게 하여 주소서 내가 주의 법을 준행하며 전심으로 지키리이다"라고 합니다. 전심으로 지키고자 하는 굳은 마음이 있어야 말씀대로 살 수 있습니다.

'내가 끝까지 지키리이다'라는 말의 히브리어 '에케브'는 두 가지 의미를 가지고 있습니다. 첫째로는 '종말'을 의미합니다. 인생의 종말을 맞을 때까지 말씀을 잘 지키겠다는 말입니다. 둘째로는 '상급'을 의미합니다. 상급으로서의 주의 법을 지키겠다는 고백입니다.

성경에는 하나님의 말씀을 준행한 사람들의 이야기가 나옵니다. 하나님께서 노아에게 방주를 짓게 하셨습니다. 노아는 자신의 생각대로 지은 것이 아니라 하나님의 말씀대로 하였습니다. 성경에는 "노아가 하나님께서 자기에게 명하신 대로 다 준행하였더라."라는 말이 반복됩니다(창 6 : 22, 7 : 5). 하나님께서 모세에게 성막을 짓게 하셨습니다. 성경은 "모세가 그같이 행하되 곧 여호와께서 자기에게 명령하신 대로 다 행하였더라"(출 40 : 16)라고 기록합니다.

신약성경에도 준행에 대한 예수님의 명령이 나옵니다. 예수님께 한 율법사가 와서 "어느 계명이 크니이까?"라고 질문하였습니다. 예수님은 크고 첫째 되는 계명은 "네 마음을 다하고 목숨을 다하고 뜻을 다하여 주 너의 하나님을 사랑하라"(마 22 : 37)는 것이고, 둘째 되는 계명은 "네 이웃을 네 자신같이 사랑하라"(마 22 : 39)는 것이라고 하셨습니다. 곧 예수님은 '준행'하는 것에 초점을 두셨습니다.

연동교회의 역사는 121년인데, 오래전 당회록이나 교인명부가 지금도 보관되어 있습니다. 1914년 교인명부를 보면 제일 뒤쪽에 '책벌부'가 있습니다. 그해에 두 사람이 당회로부터 벌을 받았는데, 그중 한 사람이 벌을 받은 이유가 이렇게 기록되어 있습니다. "집사로서 주일을 불수(不守)하므로 책벌함." 저는 어릴 때 선친께서 목회하시던 교회 장로님의 딸이 불신가정에 출가하여 벌을 받는 것을 보았습니다. 말씀을 전심으로 지키려는 교회의 노력이었을 것입니다. 그때나 지금이나 우리는 한 분 하나님을 믿고, 하나님의 말씀을 지켜야 한다고 말하면서 신앙적 자세가 너무 나태해진 것은 아닌지 생각해 봅니다. 말씀을 전심

하나님께서는 우리를 지키시고
우리는 하나님의 것을 지켜야 합니다.
God protects us, and
we should protect what God's is.

으로 지킬 마음이 없는 것은 아닌지 돌아봅니다. 우리 모두가 깊이 반성해야 할 대목입니다.

    시편 15 : 4에는 "그의 마음에 서원한 것은 해로울지라도 변하지 아니하며"라는 말씀이 있습니다. 이는 말씀을 지키려는 결심을 표현한 것입니다. 그리스도인에게는 이러한 결심이 있어야 합니다. 시편 119편에는 말씀을 '지키리이다'라는 말이 10번 나옵니다. 하나님의 말씀에 대한 시인의 굳은 결의를 반영하고 있습니다. 말씀이 곧 하나님이십니다. 말씀을 지키는 것이 중요합니다.

둘째, 주의 말씀을 지키는 자를 살아나게 하십니다

37절에는 "내 눈을 돌이켜 허탄한 것을 보지 말게 하시고 주의 길에서 나를 살아나게 하소서"라고 합니다. 40절에는 "내가 주의 법도들을 사모하였사오니 주의 의로 나를 살아나게 하소서"라고 합니다. 하나님의 말씀은 나의 영과 육을 살립니다. 주의 말씀을 지키는 것이 내가 사는 길입니다.

말씀을 온 맘으로 지키는 자의 유익은 무엇입니까? 36절에는 "경제적 탐욕을 향하지 않게" 한다고 합니다. 또한 37절에는 "허탄한 것(종교적 악)에 빠지지 않게" 한다고 합니다. 39절에는 "두려워하는 비방을 떠나게" 한다고 합니다. 이 말씀들은 한마디로, "살아나게 하소서."라는 말로 집약될 수 있습니다. 그렇습니다. 말씀을 잘 지키는 자는 반드시 살아나게 됩니다. 말씀이 생명이고, 길잡이며, 능력이기 때문입니다.

성경에는 히스기야 왕의 이야기를 통해 말씀을 지키며 살아난 사람의 이야기를 들려줍니다. 히스기야 왕은 하나님께 "네가 죽고 살지 못하리라."는 말씀을 전해 듣습니다. 그는 벽을 향하여 전심으로 통곡하며 기도하였습니다. 벽을 향했다는 말은 아무것도 바라보지 않고 전심으로 주님만을 바라보았다는 말입니다. 그의 전심의 기도를 하나님께서는 들으시고 "내가 너를 낫게 하리니"라고 하십니다. 하나님의 말씀을 믿고 드린 간절한 기도에 하나님도 마음을 바꾸셨습니다.

한 어머니가 아들을 데리고 간디에게 와서 도움을 청하였습니다. "간디 선생님, 저를 좀 도와주세요. 우리 아들이 설탕을 너무 좋아합니다. 건강에 나쁘다고 아무리 말을 해도 소용이 없고 선생님을 존경하기에 선생님께서 설탕을 끊으라고 하면 끊겠다고 하는군요." 간디는 그 말을 듣고 "보름 후에 데리고 오세요."라고 하였습니다. "저희들은 멀리서 왔어요. 아들에게 한마디만 해 주시면 아들이 설탕을 끊을 겁니다."라는 말에도 간디는 "보름 뒤에 봅시다."라고 하였습니다. 그들은 간디의 말에 할 수 없이 돌아갔다가 보름 뒤에 다시 왔습니다. 그제야 간디는 그 아들에게 "애야, 설탕을 너무 많이 먹으면 해롭단다. 좀 끊는 게 좋겠다."라고 하였습니다. 어머니는 간디에게 "궁금한 것이 있습니다. 왜 한마디만 하면 될 것을 보름 후에 다시 오라고 했습니까?"라고 물었습니다. 그때 간디는 "나도 설탕을 좋아했습니다. 보름 전에는 나도 설탕을 많이 먹고 있었습니다. 아이에게 먹지 말라고 하기 전에 내가 먼저 설탕을 좀 끊어야 했습니다."라고 하였습니다. 자신이 먼저 실천하고 남에게 권하는 것이 간디의 생각이었고 그의 삶이었습니다.

말씀을 전심으로 지키는 사람은 말과 삶이 일치하는 '언행일치'(言行一致)의 삶을 사는 사람입니다. 이런 사람의 삶이 타인에게 모범이 됩니다. 하나님의 말씀을 전심으로 지키면 그 말씀이 나를 지키고 살게 합니다. 우리 모두 말씀을 생명처럼 여기고 말씀을 잘 지켜 그로 인해 지킴 받는 삶을 살기를 바랍니다.

시편 119 : 41~44

주의
말씀을
의지하는
사람들

OECD가 발표한 2015년 "삶의 질(How is Life?) 보고서"를 보면 우리나라는 물질적 향상에도 불구하고 체감하는 삶의 질이 낮은 수준입니다. 사회관계망, 건강만족도, 안전 항목은 가장 낮은 순위를 기록하고 있습니다. '사회관계지원'이란 항목 역시 OECD 34개국 중 최하위였습니다. 또한 "어려울 때 의지할 친구나 친척이 있는가?"라는 질문에 대한 점수가 OECD 평균 88.02점인데 비해, 우리나라는 72.37점이었습니다. 나이대로 살펴보면, 15~29세는 93.29점으로 평균 93.16점보다 오히려 높습니다. 그런데 30~49세는 73.38점으로 급격하게 낮아집니다. 50세 이상은 67.58점밖에 되지 않습니다. 이 분야의 1위인

아일랜드(96.34점)보다 무려 30점가량 낮은 수치입니다. 우리나라 사람들은 나이가 들수록 의지할 사람이 없다는 말입니다. '의지하다'라는 말의 사전적 의미는 '사람이나 사물이 대상에 마음을 붙여 도움을 받다'라는 뜻입니다. 사람은 누구나 도움을 받아야 하고, 누구에게나 도움을 줄 수 있어야 합니다.

인드라닐 고시는 「인도인들의 행복처방전」이란 책에서 네 종류의 우정에 대해 말하고 있습니다. 첫째는 '전천후형 우정'으로, 의지할 수 있는 친구입니다. 둘째는 '좋을 때의 일시적 우정'입니다. 셋째는 '위기 때의 친구나 생존형 우정'입니다. 넷째는 '성취형 우정'입니다. 이런 우정은 의지하지 못할 친구, 친구라고 할 수 없는 사람을 가리킵니다. 인도에는 "태평 시기든, 혁명 시기든, 장례 시기든 당신과 한결같이 함께 하는 사람이 친구이다."라는 말이 있습니다. 그러므로 상황을 가리면서 함께할 수 있는 사람은 친구라고 할 수 없을 것입니다.

그러나 그리스도인에게는 친구나 다른 대상보다 더 의지할 분이 계십니다. 바로 한 분 하나님과 그분의 말씀입니다. 주의 말씀을 의지하는 사람들은 어떤 사람들일까요? 주의 말씀을 의지하는 사람들의 태도를 잘 알고, 우리의 인생에서 말씀에 의지하는 그리스도인이 되기를 바랍니다.

첫째, 비방하는 사람에게 대답할 말이 있습니다

42절에는 "그리하시면 내가 나를 비방하는 자들에게 대답할 말이 있사오리니 내가 주의 말씀을 의지함이니이다"라고 합니다. 주의 말씀에 의지하는 사람들은 비방하는 자들을 향해 말씀으로 대답합니다. 이 구절에서 하나님의 사람을 향한 비방에 대하여 사람의 말이 아닌 주의 말씀으로 대답하려는 시인의 자세를 엿볼 수 있습니다. '대답할 말'이란 질문에 대한 답이라는 뜻도 되지만, 하나님의 사람을 쉴 새 없이 힘들게 하는 대적들의 공격에 대한 반박을 말합니다. 하나님의 말씀은 최대의 무기입니다.

예수님은 공생애를 시작하시기 전, 마귀의 시험을 당하셨습니다. "돌이 떡이 되게 하라.", "성전에서 뛰어내리라.", "내게 절하라."는 시험이었습니다. 예수님이 마귀에게 대적한 대답은 모두 하나님의 말씀이었습니다.

신약은 모든 대답을 성경(구약)에서 찾습니다. 그래서 신약성경에는 "성경에 일렀으되", "선지자의 글을 이루려", "하신 말씀을 이루려" 등의 말씀들이 많이 있습니다. 예수님께서 구약을 인용하신 말씀도 많이 나옵니다. 예수님의 시험에서부터 십자가까지 구약을 20회 인용하고 있습니다. 이로써 예수님의 삶은 구약의 성취임을 보여 줍니다. 우리를 향한 시험과 비방이 있을 때 이성이나, 지성이나, 경험으로 대답하지 말고, 하나님의 말씀으로, 성경으로 대답해야 합니다. 그래야 바르게 대답할 수 있습니다.

'대답할 말을 잃었다'고 할 때가 있습니다. '어이가 없다', '졌다', '상대하기 싫다'는 뜻을 포함하고 있는 말입니다. 그러나 대답은 언제나 확실하고 당당하게 해야 합니다. 하나님의 사람들은 성경대로 말하고 살아야 함을 기억하십시오. 빌라도가 예수님을 심문할 때, 성경은 예수님이 "한마디도 대답하지 아니하시니"라고 합니다(마 27 : 14). 할 말이 없어서 못하는 것과 말을 안 하는 것은 다릅니다. 예수님은 할 말이 많으시지만 빌라도에게 일일이 대응하지 않으셨다는 말입니다.

베드로전서 3 : 15에는 "너희 마음에 그리스도를 주로 삼아 거룩하게 하고 너희 속에 있는 소망에 관한 이유를 묻는 자에게는 대답할 것을 항상 준비하되 온유와 두려움으로 하고"라고 합니다. 우리는 성경을 근간으로 대답할 말을 항상 준비해야 합니다. 하나님의 말씀으로 대답하는 것이 가장 확실한 것입니다.

하나님의 말씀을 의지하면 우리를 향한 비방이나 공격에 대해 얼마든지 대답할 말이 있습니다. 하나님의 말씀으로 세상의 비방을 이기며 사는 우리가 되기를 바랍니다.

둘째, 진리의 말씀이 입에서 떠나지 않습니다

43절에는 "진리의 말씀이 내 입에서 조금도 떠나지 말게 하소서 내가 주의 규례를 바랐음이니이다"라고 합니다. "진리의 말씀이 내 입에서 조금도 떠나지 말게 하소서"라는 말은 오직 하나님의 말씀에만 소망을 두었음을 표현한 말입니다.

본문의 말씀은 시인이 대적과 대치상황에 있음을 암시하고 있습니다. "내가 주의 규례를 바랐음이니이다"라는 말은 주의 판단만을 기다려 왔음을 말합니다. 자신을 대적하는 많은 무리가 있음에도 불구하고 자신은 하나님의 말씀을 바라고 있다는 말입니다.

여러분의 입에는 무엇이 가득합니까? 사람들은 자신의 입에 가득 머금은 것을 내뱉습니다. 말씀이 입에 가득하면 말씀을 중얼중얼할 것입니다. 입에 노래가 가득하면 노래를 부를 것입니다. 입에 욕설이 가득하면 자기도 모르게 욕설을 하게 될 것입니다. 우리 입에 하나님의 말씀과 좋은 노래를 담고, 늘 말씀을 읊조리고 노래를 부르는 것이 좋은 것입니다.

로마서 3 : 10에는 "의인은 없나니 하나도 없으며"라고 합니다. 13~14절에는 "그들의 목구멍은 열린 무덤이요 그 혀로는 속임을 일삼으며 그 입술에는 독사의 독이 있고 그 입에는 저주와 악독이 가득하고"라고 합니다. 죄를 지은 사람은 그 입에 저주와 악독이 가득할 수밖에 없습니다.

죄를 지은 인간의 입에서 어떤 독이나 저주나 악독이 나올지 모릅니다. 나도 내 자신의 입을 믿을 수 없습니다. 왜냐하면 내가 죄를 가지고 태어난 사람이기 때문입니다. 내가 아니라 내 속에 있는 죄가 나를 그렇게 만든 것입니다.

4세기 콘스탄티노플의 대주교였던 크리소스톰은 위대한 설교가였습니다. 그는 '황금 입'이라는 별명을 가지고 있었고, 그의 입에는 언제나 복음이 가득했습니다. 또한 오래전에 세상을 떠난 전영복(田永福) 목사님이란 일본인이 있었습니다. 그는 원래 '織田'(오다)란 일본 성을 가지고 있었지만, '재일한인교회' 소속으로 일본이 한국을 지배한 것을 사죄하는 마음을 가지고 한국으로 와서 부흥회를 많이 인도하였습니다. 그 목사님이 성을 '전'(田)으로 바꾼 이유는 입(口) 안에 십자가(十)를 가지고 있기 때문이라고 하였습니다. 그렇습니다. 입 안에 말씀이 가득하고 십자가를 늘 지니고 사는 것은 복된 삶입니다.

"나의 입술에 모든 말과 나의 마음의 묵상이 주께 열납되기를 원하네"라는 찬양이 있습니다. 늘 우리의 입술에 하나님의 말씀이 가득하기를 바랍니다.

이스라엘 왕 다윗은 하나님의 뜻에 합한 통치를 하였습니다. 그를 통해 이스라엘은 강국이 되었습니다. 다윗의 아들 솔로몬은 일천번제를 통하여 하나님께 의지하는 자세를 가졌습니다. 그러나 솔로몬은 말기에 하나님을 의지하는 마음이 약해지고, 말씀을 떠나 살았습니다. 그 결과 솔로몬의 말년은 비참하게 되었고, 그의 삶 역시 초라해졌습니다.

하나님을 의지하면 하나님의 힘이 내 힘이 됩니다. 하나님을 의지하지 않고 내 힘만 의지하면 내 힘도 초라하게 되고, 연약하게 되고, 비참하게 됩니다. 그리스도인이 주의 말씀을 늘 의지하고 살면서, 우리의 입에 하나님의 말씀을 가지고 살기를 바랍니다. 우리의 입에 하나님의 말씀, 성경이 말하는 선한 말을 가지고 살아갑시다. 그리하여 우리의 입을 열 때마다 하나님의 말씀, 선한 말씀, 다른 사람의 영혼을 살리고 용기를 주는 말씀이 전달되기를 바랍니다.

사람들은 자신의 입에 가득 머금은 것을 내뱉습니다.
우리 입에 하나님의 말씀과 좋은 노래를 담고, 늘 말씀을 읊조리고 노래를 부르는 것이 좋은 것입니다.
People spill out what they hold in their mouth.
It is better for us to fill our mouth with God's Words, psalms and recite the Words and his songs.

시편 119 : 45~48

주의 계명들을 즐거워하는 사람들

'희로애락애오욕'(喜怒哀樂愛惡慾)을 인간의 '칠정'이라고 합니다. 사람은 누구나 즐겁게 살고 싶어 합니다. "서면 앉고 싶고, 앉으면 눕고 싶고, 누우면 자고 싶다."라는 속담이 있습니다. 사람은 누구나 고통이 없고, 편안하고, 안전하고, 즐거운 인생을 원합니다.

「논어」 "옹야"(雍也) 편에는 '지지자불여호지자, 호지자불여락지자'(知之者不如好之者, 好之者不如樂之者)라는 말이 있습니다. "아는 자는 좋아하는 자만 못하고, 좋아하는 자는 즐거워하는 자만 못하다."라는 말입니다. 흔히 하는 서양 속담에는 "피할 수 없으면 즐겨라."라는 말도 있습니다. 무엇을 하든지 즐겨야 합니다. 즐겁게 해야 모든 것이 쉽고, 능률적으로 할 수 있습니다.

맹자는 '군자삼락'(君子三樂)을 말했습니다. 부모가 살아 계시고 형제가 무고한 것, 하늘과 사람에게 부끄러울 것이 없는 것, 영재(英才)를 얻어 가르치는 것, 이 세 가지가 군자가 추구하는 세 가지 즐거움이라는 것입니다. '군자삼락'은 지금도 모든 사람이 갈구하는 즐거움일 것입니다.

공자가 태산에 놀러가서 '영계기'라는 90세가 넘은 노인을 만났습니다. 영계기는 공자에게 '인생삼락'을 일러 주며, 사람으로 태어난 것, 사내로 태어난 것, 90세가 넘도록 오래 사는 것을 삼락이라고 하였습니다. 그런데 영계기의 삼락을 자세히 살펴보면, 이것이 진실한 즐거움인지에 대한 의문이 남습니다. 사람으로 태어난 것이 낙이기는 하지만 사람만 창조질서를 파괴하는 죄를 범하고 있습니다. 남자로 태어난 것이 낙이라고 하지만 남자가 여자보다 더 강하고 오래 산다는 보장은 없습니다. 오래 사는 것이 낙이라고 하지만 '수즉다욕'(壽則多辱)이란 말이 있듯이 오래 사는 것이 욕이 될 때가 있습니다.

무엇으로도 빼앗길 수 없는 즐거움이 진짜 즐거움입니다. 인간의 기호나 도구에 의존해서 즐거움을 가지는 것은 참된 즐거움이 될 수 없습니다. 왜냐하면 이런 즐거움은 쉽게 빼앗길 수 있기 때문입니다.

시편 1:2에는 "오직 여호와의 율법을 즐거워하여 그의 율법을 주야로 묵상하는도다"라고 합니다. 참된 즐거움은 말씀으로부터 옵니다. 말씀을 주야로 묵상하는 것이 즐거움입니다. 주의 말씀을 즐거워하고, 주의 말씀을 사랑하고, 주의 말씀을 늘 읊조리고, 주의 말씀을 묵상하는 말씀 중심의 그리스도인이 다 되기를 바랍니다.

첫째, 주의 법도대로 살면 자유롭게 걸어갈 수 있습니다

45절에는 "내가 주의 법도들을 구하였사오니 자유롭게 걸어갈 것이 오며"라고 합니다. 여기에서 '자유롭게'라는 말은 히브리어의 '바르하바'인데, 이는 '넓은 공간에서'라는 뜻입니다. '넓은 공간'은 행동을 억제하거나 자유를 방해하는 것이 없는 곳을 의미합니다. 시편 118 : 5에는 "내가 고통 중에 여호와께 부르짖었더니 여호와께서 응답하시고 나를 넓은 곳에 세우셨도다"라고 합니다. 하나님께 기도하면 우리를 위험하지 않은 곳에 세우시고, 평안하게 걸어가게 하십니다.

사람이 법대로 살면 자유롭습니다. 경찰을 만나거나 법 앞에 설 때에도 겁날 것이 없습니다.

인간이 타락한 것은 하나님께서 주신 자유를 잘못 사용했기 때문입니다. 하나님께서 주신 자유를 하나님처럼 되려고 하는 데 사용했기 때문입니다. 하나님께서는 인간에게 자유의지를 주셔서 선택하게 하셨는데, 인간은 "하나님과 같이 되어 선악을 알 줄" 알고 선악과를 따 먹었습니다. 하나님께서는 인간을 에덴 동산에서 내쫓으셨습니다. 또한 하나님께서는 인간에게 언어를 주셔서 서로 전달하게 하셨는데, 인간은 높은 바벨탑을 쌓아 "우리 이름을 내고 온 지면에 흩어짐을 면하자"라고 하였습니다. 하나님께서는 그들의 언어를 혼잡하게 하셔서 탑을 쌓지 못하게 하시고, 온 지면에 흩으셨습니다.

요한복음 8 : 31~32에는 "너희가 내 말에 거하면 참으로 내 제자가 되고 진리를 알지니 진리가 너희를 자유롭게 하리라"고 합니다. 예수님은 참 자유를 얻는 법을 우리에게 가르칩니다. 우리가 주님의 말씀 안에 거하고 제자가 되면, 진리를 알게 되고, 그 진리가 우리를 자유하게 합니다.

신학자 에밀 부르너는 "인간은 자유롭다. 그러나 그 자유로 하나님께 얽매일 때만 자유롭다."라고 하였습니다. 하나님을 떠나서는 참 자유가 없습니다. 하나님을 떠나게 되면 그때부터는 자유가 아니라 방종에 빠지게 되는 것입니다.

갈라디아서 5 : 1에는 "그리스도께서 우리를 자유롭게 하려고 자유를 주셨으니 그러므로 굳건하게 서서 다시는 종의 멍에를 메지 말라"고 합니다. 그리스도가 주신 자유를 절대로 잃지 말고 죄의 종의 멍에를 메지 않는 우리 모두가 되기를 바랍니다.

둘째, 계명들을 사랑하면 스스로 즐겁게 살 수 있습니다

47절에는 "내가 사랑하는 주의 계명들을 스스로 즐거워하며"라고 합니다. 또 48절에는 "또 내가 사랑하는 주의 계명들을 향하여 내 손을 들고 주의 율례들을 작은 소리로 읊조리리이다"라고 합니다. 시인은 주의 계명을 사랑한다고 합니다. 주의 말씀을 얼마나 사랑하기에 두 번이나 반복해서 "사랑하는 주의 계명"이라고 하겠습니까? 우리도 참으로 주의 계명을 이처럼 사랑한다고 말할 수 있습니까? 주의 말씀을 향해 나의 사랑을 고백해 본 적이 있습니까?

'사랑하다'라는 말은 '아하브'라는 히브리어입니다. 이 말은 인간에 대한 사랑뿐만 아니라 하나님에 대한 사랑에도 적용되는 단어입니다. 하나님에 대한 사랑으로 계명을 사랑한다고 합니다. 곧 하나님의 계명에 대한 신적 사랑, 큰 사랑을 표현한 것입니다. 예수님께서 베드로에게 "네가 나를 사랑하느냐?"라고 물으실 때에 예수님은 신적 사랑인 아가페의 사랑을 요구하셨습니다.

사랑하는 사람이 있으면 얼마나 즐겁습니까? 사랑하는 사람을 만나면 얼마나 즐겁습니까? 사랑하는 사람과 함께하면 얼마나 즐겁습니까? 사랑은 그 자체가 즐거움입니다. 사랑은 그 자체로서 삶의 힘이 됩니다. 신명기 27 : 7에는 "또 화목제를 드리고 거기에서 먹으며 네 하나님 여호와 앞에서 즐거워하라"고 합니다. 이스라엘 백성들은 광야에서 요단강을 건너가 가나안 땅에 큰 돌을 세우고 율법의 말씀들을 정확하게 기록하고 번제를 드렸습니다. 그리고 그들이 함께 즐거워하였습니다. 하나님의 말씀을 돌에 새겨 세우고 하나님의 말씀 때문에 즐거워한 것입니다.

이사야 9 : 3은 메시야 예언장의 한 부분으로, 다음과 같이 말합니다. "주께서 이 나라를 창성하게 하시며 그 즐거움을 더하게 하셨으므로 추수하는 즐거움과 탈취물을 나눌 때의 즐거움같이 그들이 주 앞에서 즐거워하오니" 말씀이신 예수님께서 육신이 되어 이 땅에 오시는 것이 세상의 재물을 얻는 것보다 더 즐겁다고 합니다. 말씀이 즐거움입니다.

예수님은 70인의 사도를 따로 세워 전파하게 하셨습니다. 그들이 전도를 마치고 돌아온 것을 성경은 "칠십 인이 기뻐하며 돌아와"라고 표현합니다(눅 10 : 17). 예수님이 말씀을 전하는 것도 믿지 않고 돌로 치려고 하였던 때에 말씀을 전하는 고난이 얼마나 컸겠습니까? 그럼에도 불구하고 말씀을 전하는 자의 기쁨이 있다고 합니다.

1950년 노벨위원회는 미국의 정치학자이며 외교관인 랠프 존슨 번치를 수상자로 결정하였습니다. 그는 역사상 첫 번째 흑인 노벨평화상 수상자였습니다. 그는 디트로이트의 찢어지게 가난한 가정에서 태어나 고아로 자랐습니다. 1950년대에 흑인으로 산다는 것은 큰 고통이었습니다. 그 가운데 그는 할머니로부터 신앙적 가르침을 받았습니다. "하나님께서는 너를 사랑하시고 너를 믿고 계시단다. 하나님께서 너를 믿으시듯 너도 자신을 믿어라." 그는 할머니의 말씀에 힘을 얻어 열심히 하나님을 믿고 공부하였습니다. 흑인으로서 그는 잃은 것이 많지만 하나님을 얻었습니다. 하버드 대학교에서 정치학 박사학위를 받았습니다. 1948년 첫 번째 중동전쟁이 일어났을 때, 그는 전쟁을 중재할 힘도 없었지만 모든 일에 하나님만 바라보고 일했습니다. 결국 그는 전쟁을 성공적으로 중재하여 노벨평화상을 받았습니다. 어려운 일을 당할 때는 하나님을 통해 즐거움을 얻었습니다. 힘든 문제를 만나더라도 즐거움으로 해결하였습니다.

하나님을 믿는 자에게는 다른 사람이 알지 못하는 즐거움이 있습니다. 하나님의 말씀을 가진 자에게는 내면의 즐거움이 있습니다. 인생을 살면서 고통도 있고, 육신적 아픔도 있고, 풀지 못할 만큼 힘이 드는 일도 있을 것입니다. 그럼에도 불구하고 하나님의 말씀이 주는 즐거움으로 살아가는 우리 모두가 되기를 바랍니다.

시편 119 : 49~56

주의 말씀으로 산 사람들

「사람은 무엇으로 사는가?」라는 톨스토이의 단편소설이 있습니다. 1885년 작품으로, '미하일'이라는 남자가 등장하는 이 단편은 기독교 정신으로 쓴 소설이라고 알려져 있습니다. 이 소설 안에는 "사람의 마음속에는 무엇이 있는가?", "사람이 할 수 있는 일이 무엇인가?", "사람은 무엇으로 사는가?"라는 세 가지 질문이 나옵니다. 첫 번째 질문의 답은 '사랑'이라고 합니다. 두 번째 질문의 답은 '사람은 앞으로 자신에게 일어날 일을 알 수 없다.'는 것입니다. 세 번째 답은 '사람은 사랑으로 살아간다.'는 것입니다.

이 질문을 그리스도인에게 적용해 봅시다. "그리스도인은 무엇으로 사는가?", "그리스도인의 삶의 규범이 무엇인가?"라는 질문은 중요한 질문입니다. 만일 누가 삶의 규범이 무엇인가라고 묻는다면 하나님의 말씀이 규범이라고 답할 수 있습니다.

예수님은 마귀로부터 돌이 떡이 되게 하라는 시험을 받습니다. 그때 예수님은 "사람이 떡으로만 살 것이 아니요 하나님의 입으로부터 나오는 모든 말씀으로 살 것이라"는 말씀으로 시험을 물리치셨습니다(마 4:4). 세상에는 떡으로 살려고 하는 사람이 너무 많습니다. 세상에는 돈만 있으면 무엇이든지 다 할 수 있다고 하는 사람이 많이 있습니다.

동물을 잘 관찰해 보면 그것들은 땅을 향해 살아가고 있음을 알 수 있습니다. 그리고 거의 모든 동물의 주둥이나 부리는 맨 앞에 있습니다. 이것은 동물은 땅을 향해 살아가는 존재이고, 곧 먹기 위해 존재한다는 것을 의미합니다. 사람은 동물과는 다르게 지어졌습니다. 사람은 하늘을 향해 지어져 있습니다. 사람은 '직립보행'하는 존재로, 입이 아니라 머리가 제일 위에 있습니다. 사람은 떡으로만 살지 못합니다.

하나님께서 사람을 만드셨을 때 코에 생기를 불어넣어 '생령'이 되게 하셨습니다. 하나님께서 사람을 살아 있는 영으로 만드신 것입니다. 사람은 영이 살아 있어야 진정 살아 있다고 말할 수 있는 것입니다.

"산 개가 죽은 정승보다 낫다."라는 말이 있고, "죽은 사또는 산 생쥐만도 못하다."라는 말도 있습니다. 사람은 모름지기 살아 있는 것이 가장 중요합니다. 사람이 사는 그 자체가 인생의 의미라고 합니다. 그렇다면 그 안에서 진정 가치 있는 삶은 무엇일까요? 바로 말씀으로 사는 삶입니다. 말씀을 통하여 이러한 자들이 갖는 복을 살펴보고 말씀으

진리의 말씀을 들은 사람은
하늘의 소망이 있는 사람입니다.
A person who has the ears to hear the Words of truth,
is a person who holds the hope of the heaven.

로 사는 우리 모두가 되기를 바랍니다.

첫째, 하나님의 말씀은 소망을 가지게 합니다

49절에는 "주의 종에게 하신 말씀을 기억하소서 주께서 내게 소망을 가지게 하셨나이다"라고 합니다. 하나님의 말씀은 고통 속에 사는 사람에게 소망을 줍니다. 하나님의 말씀 안에는 하나님의 약속이 있고, 그 약속은 반드시 이루어집니다.

하나님의 말씀은 생명입니다. 그래서 사람들로 하여금 살게 합니다. 그래서 하나님의 말씀 안에는 소망이 넘칩니다. 하나님의 말씀을 가진 자는 절대 절망하면 안 됩니다. 말씀을 품은 사람에게는 절망할 이유도 없습니다.

베드로전서의 주제는 '소망'입니다. 로마 네로 황제의 박해를 시작으로 조직적 핍박을 받게 된 교회에 소망을 주려고 기록한 서신입니다. 베드로전서 1 : 3에는 "우리를 거듭나게 하사 산 소망이 있게 하시며"라고 합니다. 1 : 21에는 "너희 믿음과 소망이 하나님께 있게 하셨느니라"라고 합니다. 3 : 15에는 "너희 속에 있는 소망"이라고 합니다. 소망을 잃지 말라고 권하는 것은 소망이 있다는 것을 확인해 주는 말입니다.

소망이 없는 사람이 있습니까? 분명히 있습니다. 왜 소망이 없습니까? 마음속에 말씀이 없으면 소망이 없습니다. 사람이 하나님의 말씀을 떠나면 소망도 떠나게 됩니다. 사람이 하나님의 말씀을 상실하면 소망도 상실하게 됩니다.

아버지와 아들이 사막 길을 지나가고 있었습니다. 날씨는 뜨겁고 길은 지루하였습니다. 아들이 "아버지, 힘이 다 빠지고 목이 타서 힘들어요."라고 말하자 아버지는 "아들아, 용기를 내라. 선조들이 이 고통의 길을 걸었다. 이제 곧 마을이 나타날 거다."라고 대답하였습니다. 두 사람은 계속 걸어갔습니다. 얼마쯤 가자 공동묘지가 나타났습니다. 아들은 그것을 보자 겁에 질려 "아버지, 저것 보세요. 선조들이 여기서 모두 죽었잖아요. 더 이상 못가겠어요."라고 하였습니다. 이때 아버지는 "아들아, 공동묘지가 있다는 것은 이 근방에 동네가 있다는 표시란다."라고 답하였습니다. 절망은 죽음만 봅니다. 그러나 소망은 동네를 봅니다.

사람을 향한 최대의 악담은 소망이 없다(hopeless)는 것입니다. 세상에 소망이 없는 사람은 하나도 없습니다. 왜냐하면 살아 있는 사람 가운데 인생이 끝난 사람은 없기 때문입니다. "삶이 있는 한 소망이 있다."(While there is life, there is hope)라는 말이 있습니다.

척 스윈돌은 "소망은 하나님의 놀라운 선물이며 인생의 가장 혹독한 시련 가운데서 만날 수 있는 힘과 용기의 원천이다."라고 하였습니다. 골로새서 1 : 5에는 "너희를 위하여 하늘에 쌓아 둔 소망으로 말미암음이니 곧 너희가 전에 복음 진리의 말씀을 들은 것이라"고 합니다. 진리의 말씀을 들은 사람은 하늘의 소망이 있는 사람입니다. 우리 모두가 진리의 말씀을 잘 듣고 소망 가운데 사는 그리스도인이 되기를 바랍니다.

둘째, 하나님의 말씀이 가장 큰 소유입니다

56절에는 "내 소유는 이것이니 곧 주의 법도들을 지킨 것이니이다"라고 합니다. 시인은 말씀이 자신의 소유라고 고백합니다. 곧 세상의 어떤 것과도 바꿀 수 없는 재산이 바로 말씀이라고 합니다. 말씀을 잘 지키는 것은 재산을 잘 쌓아 둔 것과 같습니다.

세상에서의 비난과 조롱과 분노와 고통 등 시인이 겪은 이 모든 것을 이길 수 있는 힘은 말씀을 지킨 데서 온 것입니다. 말씀을 잘 지키고 사는 사람은 세상에서의 어떤 비난과 조롱도 다 이길 수 있습니다. 말씀이 이길 수 있는 힘을 주십니다.

한 가지 질문을 던져 봅니다. 여러분의 가장 큰 소유가 무엇입니까? 아마 여러분의 대답은 모두 다를 것입니다. 어떤 이는 돈이라고 할 것입니다. 어떤 이는 자녀, 양심, 영혼 혹은 다른 무언가라고 할 것입니다. 우리에게 말씀이 가장 큰 소유가 되기를 바랍니다.

헬렌 켈러는 독서의 양이나 사상이 뛰어난 인물이었습니다. 그녀는 "나에게 잃어버린 세계를 되찾게 한 것은 책의 힘입니다. 그중에서도 내가 가장 애독하는 것은 성경입니다."라고 말했습니다. 헬렌 켈러가 얼마나 점자성경을 많이 읽었던지 손가락 끝에 점자가 다 닳았다고 합니다.

19세기 영국의 소설가이며 시인인 월터 스코트경은 임종이 가까웠음을 느끼고 하인을 불러 책을 가져오라고 하였습니다. 하인은 많은 책을 저술한 스코트경이 어느 책을 말하는지 알지 못했습니다. 그래서 "어느 책을 말하시는 것입니까?" 하고 물었습니다. 스코트경은 하인을 향해 말했습니다. "세상에 책은 하나밖에 없다." 그 말을 들은 하인은 아무 말 없이 성경을 가져다주었습니다. 우리 주위에 수없이 많은 책이 있지만 참된 의미의 책은 오직 성경밖에 없습니다. 우리 모두가 성경으로 삽시다. 하나님의 말씀이 우리의 가장 큰 소유가 되어 말씀으로 사는 하나님의 백성들이 다 되기를 바랍니다.

시편 119 : 57~60

주의
계명을
신속히 지킨
사람들

한국인은 조급증이 심한 민족입니다. 한국어 중 가장 발달되어 사용되는 말 중의 하나가 조급성을 드러내는 단어들입니다. '빨리빨리', '날쌔게', '얼른', '금세', '당장', '성큼', '선뜻', '후다닥', '속히', '즉시', '신속하게', '잽싸게' 등 단어만 들어도 마음이 분주해지는 말들이 많습니다.

'빨리빨리'는 우리 민족성을 대변하는 말입니다. 이런 민족성이 정보화에 앞장설 수 있는 요건이 된 것도 사실입니다. 그러나 이런 조급성 때문에 사고도 많이 있었습니다. 성수대교의 붕괴나 삼풍백화점 붕괴 사고 등이 대표적 예입니다.

반면 이 단어들은 시안의 긴급성을 말할 때 사용되기도 합니다. 마태복음 8 : 3에는 예수님께서 한센병자를 고치시면서 "내가 원하노니 깨끗함을 받으라 하시니 즉시 그의 나병이 깨끗하여진지라"라고 말씀하신 것이 기록되어 있습니다. 예수님은 치유를 지연하지 않으십니다. 한센병자뿐 아니라 한편 손 마른 자를 고치신 사건에서도 마찬가지였습니다. 손 마른 사람은 당장 죽음을 앞둔 사람이 아닙니다. 더구나 이 날은 안식일이었고, 회당에서 유대인들이 예수님을 주목하고 있던 터였지만 예수님은 손을 내밀게 하시고 고치셨습니다. 왜 예수님은 그가 당장 죽을 사람이 아님에도 신속하게 고쳐 주셨습니까? 그 사람에게는 고침받는 것이 가장 긴급한 일이기 때문입니다.

한편 사도행전 9 : 20에는 "즉시로 각 회당에서 예수가 하나님의 아들이심을 전파하니"라고 합니다. 사울이 다메섹으로 가는 도중에 예수님을 만납니다. 밝은 빛 때문에 그의 눈은 감겨졌고 다른 사람의 손에 이끌려 다메섹에 들어갔습니다. 아나니아를 통하여 눈을 뜬 사울은 눈을 뜬 다음, 머뭇거리지 않고 즉시 복음을 전하기 시작하였습니다.

오늘 본문의 시인도 말씀 앞에서 겸손하고, 진지하고, 조금도 지체하지 않고 신속하게 말씀을 지킨다고 고백합니다. 이런 시인의 고백이 하나님의 말씀에 대한 우리의 자세가 되기를 바랍니다.

첫째, 주의 말씀으로 발걸음을 돌이킨 사람입니다

59절에는 "내가 내 행위를 생각하고 주의 증거들을 향하여 내 발길을 돌이켰사오며"라고 합니다. 시인은 자신의 행위를 생각하고 말씀을 향하여 돌이킨다고 합니다. 자신의 행위를 말씀에 비춰 보는 것은 많은 도움이 될 것입니다. 나의 일을 말씀에 비춰 보고, 나의 말을 말씀에 비춰 보고, 나의 행동을 말씀에 비춰 보고, 나의 직업을 말씀에 비춰 보고, 나의 삶 전체를 하나님의 말씀에 비춰 보는 것은 신앙의 삶에 많은 유익을 줄 것입니다.

'돌이켰다'라는 말은 회개하고 돌아오는 것을 의미합니다. '돌이키다'라는 말은 이전에 지은 죄악을 전제로 하는 말입니다. 이전에 죄를 지은 것을 인정하는 말입니다. '행위를 생각하고'라는 말은 지적 능력을 말합니다. 회개에 필요한 첫 번째 요소는 행위를 생각하는 것입니다. 개혁주의에서는 신앙을 세 가지 단어로 해석합니다. 지식(notitia)과 동의(assensus)와 신뢰(fiducia)입니다. 지식은 신앙의 첫 단계로, 신앙의 기초입니다. 알지 못하고 믿는 것은 바른 믿음이 아닙니다. 회개의 첫걸음도 지식입니다. 베드로가 예수님을 세 번이나 모른다고 했습니다. 그리고 회개할 때 예수님께서 닭 울기 전에 자신이 예수님을 세 번 부인하리라고 하신 말씀을 떠올리고 밖으로 나와 통곡하였습니다. 행위를 생각하는 것은 회개의 가장 기본입니다.

성경은 예수님이 승천하신 다음에 '보혜사'를 보내신다고 하셨습니다. 보혜사는 성령 하나님의 다른 이름입니다. 보혜사께서 "내가 너희에게 말한 모든 것을 생각나게 하리라"고 하십니다. 성령 하나님께서는 "말할 수 없는 탄식으로" 우리를 위하여 간구하셔서 우리가 회개하게 하십니다.

사도행전 2장에는 베드로의 설교가 있습니다. 베드로가 설교하였을 때 설교를 듣던 사람들이 "형제들아 우리가 어찌할꼬"라고 하였습니다. 베드로는 "너희가 회개하여 각각 예수 그리스도의 이름으로 세례를 받고 죄 사함을 받으라"고 합니다. 설교, 즉 하나님의 말씀을 들으면 발걸음을 돌이키게 됩니다.

돌이킴이란 회개를 의미합니다. 히브리어로는 '테슈바'라고 하고, 헬라어로는 '메타노이아'라고 합니다. 이 두 말은 다 세상으로부터 돌아서서 하나님께로 향한다는 뜻을 가지고 있는 단어입니다.

예수님의 탕자의 비유를 보십시오. 둘째 아들이 집을 나간 것에는 자신의 유산을 준 아버지가 있었습니다. 아버지의 허락 없이는 나가지 못합니다. 그래서 신학적으로는 사람이 죄를 짓는 것은 하나님의 허용이 있어야 가능하다고 표현합니다. 다시 말하면 하나님께서는 인간에게 자유의지를 주셔서 하나님께서 허락하시는 한계 안에서 자유롭게 행동하게 한다는 말입니다. 둘째 아들이 돌아올 때를 보면 그 이유가 너무나 이기적입니다. 아들이 돌아온 이유는 "이러다가 굶어죽겠구나."라는 지극히 자신만을 위한 것이었습니다. 그의 아버지는 아들이 돌아온 이유를 묻지 않고 돌아온 자체를 보고 기뻐합니다. 아들이 나갈 때는 자신의 뜻대로 나갔지만 돌아와서는 아버지의 뜻대로 살았습니다.

"아우구스티누스는 두 번 회심했다. 한 번은 머리로, 다른 한 번은 가슴으로 했다."라는 말이 있습니다. 아우구스티누스가 젊은 시절의 방탕한 삶에서 회심한 이후, 뒷골목에서 한 여인을 만났습니다. 여인은 "아우구스티누스, 보세요. 저예요."라고 하였습니다. 아우구스티누스는 예전에 알고 지냈던 여인임을 금방 알아보았지만, "당신은 당신이지만 나는 더 이상 이전의 내가 아닙니다."라고 하면서 발걸음을 돌렸다고 합니다. 삶의 발걸음을 완전히 돌이키는 것이 회개입니다. 주의 말씀은 이전의 삶에서 발걸음을 돌이키게 하는 힘입니다.

둘째, 주의 말씀을 지체하지 않고 신속히 지키는 사람입니다

60절에는 "주의 계명들을 지키기에 신속히 하고 지체하지 아니하였나이다"라고 합니다. 시인은 하나님의 말씀에 지체 없이 순종하는 자세를 고백합니다. 하나님 말씀의 가치를 알고, 순종의 가치를 알기 때문에 이렇게 말할 수 있습니다. 말씀에 순종하는 자에게 주시는 실제적 복을 알기에 시인은 이렇게 말합니다.

말씀을 지키기에 신속히 한다고 합니다. 좋고 중요한 것은 신속히 해야 합니다. 중요한 일은 지체하지 말아야 합니다. 어차피 해야 할 일이라면 미루지 말고 신속히 하는 것이 중요합니다. 공부든 다른 일이든 해야 할 때에 미루지 말고 하는 것이 지혜로운 일입니다.

이사야 59 : 7에는 "그 발은 행악하기에 빠르고 무죄한 피를 흘리기에 신속하며 그 생각은 악한 생각이라 황폐와 파멸이 그 길에 있으며"라고 합니다. 악한 사람은 느려야 할 때에 빠르고, 빨라야 할 때에 느리고, 하지 말아야 할 일을 하고, 할 일을 하지 않습니다.

청교도 토머스 왓슨은 "기도에서 믿음은 화살에서 깃털과 같은 역할을 한다. 믿음의 기도는 화살이 더 신속하고 정확하게 하나님의 보좌를 관통하게 만든다."라고 하였습니다. 믿음은 하나님의 말씀에 순종하기를 신속하게 하는 역할을 합니다.

로마서 1:17에는 "복음에는 하나님의 의가 나타나서 믿음으로 믿음에 이르게 하나니"라고 합니다. '믿음'이라는 두 단어의 차이는 무엇입니까? 하나님의 의는 작은 믿음에서 큰 믿음으로 이르게 합니다. 작은 믿음은 하나님의 말씀을 믿게 합니다. 그리고 큰 믿음은 하나님의 말씀을 신속히 실천하게 합니다. 지체하지 않고 하나님의 말씀을 행하게 하는 것이 큰 믿음입니다. 큰 믿음을 가지고 있으면 말씀의 힘이 나타납니다. 우리 모두 큰 믿음의 사람이 되어 말씀의 힘이 삶에서 나타나게 되기를 바랍니다.

오래전 미국에서 공부할 때에 저의 가족들과 함께 샌프란시스코 학교에서 몇 주간을 지냈습니다. 그 후 집으로 돌아오는 길에 자동차로 미국 서부 해안도로인 '태평양 연안 고속도로'(Pacific Coast Highway)로 왔습니다. 한참 오다 보니 '돌아가는 길 없음'(No detour available)이란 사인이 나왔습니다. 저는 설마 다른 길이라도 있겠지 하면서 그 길을 계속 갔습니다. 그런데 '빅서'(Big Sur)라는 곳에 오니 정말 더 이상 가는 길이 없었습니다. 할 수 없이 그곳에서 잠시 쉬다가 다시 돌아와 집으로 갔습니다. 집에 와 보니 예정보다 4시간이나 늦게 도착하였습니다.

교통 사인을 믿어야 합니다. 믿지 않는 것은 어리석은 일입니다. 우리 인생에서 하나님의 말씀을 신속히 받고 믿어 지체 없이 발걸음을 하나님께로 돌이켜야 지혜로운 자입니다. 우리 모두가 말씀을 신속히 지키는 지혜로운 그리스도인이 되기를 바랍니다.

나의 삶 전체를 하나님의 말씀에 비춰 보는 것은 신앙에 유익을 줍니다.
주의 말씀은 이전의 삶에서 발걸음을 돌이키게 하는 힘입니다. 말씀의 힘이 삶에서 나타나게 되기를 바랍니

Reflecting my whole life in the Word of God is helpful for faith.
The Lord's Word is the power that helps us turn our footsteps from our life before.
I have longed that the power of the Word will be revealed in lives

시편 119 : 61~64

주의
의로운 규례들을
감사하는
사람들

우리가 하나님께 감사하기 위해서는 초점을 바르게 맞추어야 합니다. 어떤 초점일까요? 첫째, 하나님께 초점을 맞추어야 합니다(Focus on God). 하나님 편에서 내 일을 보면 감사할 수 있습니다. 내 편에서 하나님의 일을 보면 불평이 나옵니다. "원망은 망국 백성의 근성이다."라는 말이 있습니다. 출애굽한 이스라엘 백성을 보십시오. 끊임없이 불평하던 출애굽 1세대는 가나안에 들어가지 못했습니다. 둘째, 가진 것에 초점을 맞추어야 합니다(Focus on what we have). 사람이 남의 것에 관심을 가지게 되면 불평하기 마련입니다. 인간은 가진 것을 평생 써도 다 못 쓴다는 것을 기억해야 합니다. 셋째, 미래에 초점을 맞추어야 합니다

(Focus on future). 인간은 소망의 존재입니다. 이탈리아의 소설가이자 평론가인 파피니는 "세 가지만 있으면 원망할 자격이 없다. 한 끼의 음식, 건강, 그리고 소망이다."라고 하였습니다. 넷째, 약속에 초점을 맞추어야 합니다(Focus on the promise). 약속은 이루어지지 않은 실재입니다. 하나님의 약속은 언젠가 반드시 이루어집니다. 다섯째, 소유가 아닌 존재에 초점을 맞추어야 합니다(Focus on being not having). 인간은 존재 그 자체로 귀합니다. 특히 하나님의 자녀가 된 것만으로도 감사해야 합니다.

오래전에 제가 미국에서 잠시 목회를 할 때의 일입니다. 젊은 부부가 갈등이 있어 상담을 청해 왔습니다. 저는 부부에게 상대에 대한 감사거리와 원망거리를 적어 보라고 했습니다. 남편은 아내에 대한 감사거리를 많이 적었습니다. 그리고 원망거리는 두 개를 적었습니다. 그런데 아내는 남편에 대한 원망거리를 수두룩하게 적었습니다. 그리고 감사거리를 '없음'이라고 큼지막하게 적었습니다. 그때 저는 금방 알아챘습니다. 그 집은 아내가 문제였습니다.

감사거리를 찾는 것은 지혜입니다. 은혜입니다. 행복입니다. 특히 하나님의 말씀에서 감사거리를 찾는 것은 다른 어떤 중요한 것보다도 더 귀한 일입니다. 하나님의 말씀은 그 자체가 감사거리입니다. 성경에는 '감사'라는 단어가 많이 기록되어 있습니다. 기독교를 감사의 종교라고 하는 것은 이 때문입니다. 다른 어떤 것이 아니라 주의 말씀이 우리에게 감사입니다. 말씀 때문에 감사하는 우리가 되기를 바랍니다.

첫째, 우리를 둘러싸고 있는 악을 말씀으로 이깁니다

61절에는 "악인들의 줄이 내게 두루 얽혔을지라도 나는 주의 법을 잊지 아니하였나이다"라고 기록되어 있습니다. '악인들의 줄'이란 하나님의 사람을 멸망시키기 위하여 그를 둘러싼 무리들이 사용한 온갖 수단을 말합니다. 또한 하나님의 사람을 잡으려고 덫을 설치하는 악한 사냥꾼을 말합니다. 사냥꾼의 올무가 사방에 얽혀 있습니다. 그러나 하나님의 말씀은 이 악인들의 줄을 넉넉히 이깁니다.

시편 91 : 3에는 "이는 그가 너를 새 사냥꾼의 올무에서와 심한 전염병에서 건지실 것임이로다"라고 기록되어 있습니다. 하나님의 말씀은 사냥꾼을 쓰러뜨리는 힘입니다. 사냥꾼의 올무를 끊는 칼입니다. 사방에 나를 잡으려는 올무가 있을 때에라도 하나님의 말씀을 잊지 말아야 합니다.

시편 27 : 3에는 "군대가 나를 대적하여 진 칠지라도 내 마음이 두렵지 아니하며 전쟁이 일어나 나를 치려 할지라도 나는 여전히 태연하리로다"라고 기록되어 있습니다. 고린도후서 4 : 8~9은 "우리가 사방으로 욱여쌈을 당하여도 싸이지 아니하며 답답한 일을 당하여도 낙심하지 아니하며 박해를 받아도 버린 바 되지 아니하며 거꾸러뜨림을 당하여도 망하지 아니하고"라고 말합니다. 하나님의 사람은 세상이 압박하고 힘들게 할 때라도 놀라지 않습니다. 하나님의 말씀이 함께하기 때문입니다.

한국전쟁이 한참일 때 저희 선친께서 경북 의성에 부흥회를 인도하러 가셨답니다. 그런데 가는 도중 의성 부근에서 빨치산을 만나게 되었습니다. 그들이 선친을 버스에서 내리게 한 다음 신분을 물어보았습니다. 선친께서 "나는 목사인데 의성에 부흥회 인도하러 갑니다."라고 했더니 가방과 모든 걸 다 빼앗았습니다. 그리고 사람들을 한 줄로 세워 총을 겨누었습니다. 그런데 그때, 망을 보던 보초병이 "국군 온다!" 하고 소리를 쳤습니다. 그러자 총을 겨누고 있던 사람이 총을 내리고 도망쳤습니다. 저희 선친은 죽음의 목전에 있었지만 신분을 숨기지도 않았고, 두렵지도 않았다고 하셨습니다. 하나님의 사람을 지키시는 하나님의 방법은 참 기묘합니다.

둘째, 말씀은 말씀을 지키는 자들이 친구가 되게 합니다

63절에서 시인은 "나는 주를 경외하는 모든 자들과 주의 법도들을 지키는 자들의 친구라"고 말합니다. 말씀을 지키면 말씀을 지키는 친구가 생깁니다. 말씀을 지키는 자들이 서로 친구가 되는 것입니다.

'친구'라는 말은 히브리어로 '하베르'인데, 후기 이스라엘의 바리새인 공동체에서 사용하던 단어입니다. 주로 그 공동체의 회합을 가리킬 때 사용되었습니다. 시인은 말씀을 잘 따르는 자들과 자신을 동질화하여 하나로 표현하고 있습니다. 이는 말씀을 지키는 자들이 하나가 됨을 의미합니다.

말씀은 하나님의 사람들이 하나가 되게 합니다. 요한복음 15 : 14에는 "너희는 내가 명하는 대로 행하면 곧 나의 친구라"고 기록되어 있습니다. 예수님의 친구가 되는 방법은 예수님의 말씀대로 행하는 것입니다. 그러면 예수님께서 우리의 친구가 되어 주십니다.

고대 이집트인은 진정한 친구를 '아킵'(akib)이라고 불렀습니다. 이 말은 '내 가슴 가장 깊은 곳에 들어와도 되는 사람'이란 뜻이라고 합니다. 하나님의 말씀은 가장 가까운 친구가 되게 합니다. 말씀으로 하나가 되면 가슴 가장 깊은 곳의 친구가 되는 것입니다.

인류학 이론 중에는 '마을이론'(Village Theory)이란 것이 있습니다. 사람은 각자 머릿속에 하나의 마을을 갖고 있다는 이론입니다. 머릿속의 마을에 정원이 채워지면 그 이상으로는 마을 사람을 늘릴 수 없게 된다는 것입니다. 사람은 누구나 친구들로 구성된 마을을 가지고 있습니다. 우리에게는 친구가 필요하되, 특히 말씀의 친구가 반드시 필요합니다.

장수하기 위해서는 '3다 2소 1무'를 지켜야 한다고 합니다. 3다는 '다동'(多動), 많이 움직이고, '다휴'(多休), 많이 쉬고, '다접'(多接), 친구를 많이 만나는 것입니다. 2소는 '소식'(小食), 밥을 적게 먹고, '소량'(小量), 술을 적게 마시는 것입니다. 1무는 '무연'(無煙), 즉 담배를 피우지 않는 것입니다. 특히 '다접'은 많이 접촉하라는 말인데, 이는 친구를 많이 사귀라는 뜻입니다. 어떤 이는 말합니다. "친구는 가장 좋은 보약이다. 건실한 우정은 우리의 생명을 연장시킨다."

요한복음 11 : 11에는 "우리 친구 나사로가 잠들었도다 그러나 내가 깨우러 가노라"라고 기록되어 있습니다. 예수님은 나사로를 '친구'라고 하십니다. 이 예수님이 내게도 찾아오셔서 나를 친구라고 불러 주십니다. 그래서 내가 예수님을 친구라고 할 수 있습니다. 우리가 예수님을 친구로 삼으면 예수님의 말씀을 따르는 사람들이 나의 친구가 될 것입니다.

존 템플턴의 「열정」이란 책에는 감사 생활을 실천하는 세 가지 방법이 소개되어 있습니다. 첫째는 감사할 대상을 찾아 칭찬하고 마음을 전하는 것입니다. 둘째는 자신이 열망하는 좋은 일이 실제로 일어나기 전에 미리 감사하는 것입니다. "마음속에서 일어난 생각은 그 속성상 밖으로 드러나게 마련이다."라고 합니다. 셋째는 우리에게 닥친 문제와 도전 과제에 감사하는 것입니다. 이것은 가장 어려운 만큼 효과도 가장 강력합니다.

감사는 하나님의 말씀을 지키는 자의 특권입니다. 우리가 살면서 좋은 책을 만나도 감사한데, 하물며 하나님의 말씀인 성경을 만났으니 얼마나 감사합니까? 성경을 통하여 하나님도 만나고, 예수님도 믿고, 구원도 얻고, 하늘나라도 가니 감사무지입니다. 하나님의 말씀이 우리를 악인의 위협으로부터 지켜 주심에 감사하고, 말씀을 지킴으로 얻은 내 곁의 말씀을 지키는 친구를 만나게 하신 것을 감사하기 바랍니다.

시편 119 : 65~68

주의

말씀을

지키는
사람들

    고구려 평원왕의 사위이며 평강공주의 남편이었던 온달은 장군이 되어 출정하게 되었습니다. 그는 한강 가운데서 신라군과 대치하면서 계립현의 죽립 서쪽을 수복하지 못하면 돌아오지 않겠다고 맹세했습니다. 그러나 결국 온달은 한강을 지키지 못하고 이 전쟁에서 전사하였습니다. 한강을 지키지 못한 고구려의 국운은 기울기 시작하였습니다. 어느 한 도시나 강이나 산을 지키지 못하여 국운이 기운 예는 이 외에도 셀 수 없이 많습니다. 한국전쟁 때에는 낙동강 방호선을 지킴으로 다시 서울을 수복할 수 있는 기회를 얻게 되었습니다.

    강이나 산을 지키는 것이 한 나라의 존속을 좌우했듯, 우리의 생명을 좌우하는 것이 있습니다. 바로 하나님의 말씀입니다. 말씀을 지키면 생명을 보존하게 될 것입니다. 그러므로 우리는 하나님의 말씀을 생명처럼 지켜야 합니다. 말씀이 무너지면 산성을 함락당하는 것과 같습니다.

시편 127 : 1에서 시인은 "여호와께서 집을 세우지 아니하시면 세우는 자의 수고가 헛되며 여호와께서 성을 지키지 아니하시면 파수꾼의 깨어 있음이 헛되도다"라고 합니다. 하나님께서 세우시고 보호하셔야 우리는 말씀을 지킬 수가 있습니다.

말씀은 명철과 지식이며, 고난을 이기게 하기에 중요합니다. 우리도 말씀을 잘 지키어 명철과 지식이 풍성한 그리스도인이 되기를 바랍니다.

첫째, 말씀은 좋은 명철과 지식을 가르칩니다

66절에는 "내가 주의 계명들을 믿었사오니 좋은 명철과 지식을 내게 가르치소서"라고 기록되어 있습니다. 하나님의 말씀에는 명철과 지식이 있습니다. 하나님의 말씀을 아는 사람은 명철해지고, 지식으로 똑똑해집니다. 제가 어릴 적에는 학교에 가 보지 못한 분들 중 예수님을 믿고 성경을 읽다가 한글을 깨우친 분들이 많았습니다. 저의 할머님도 그랬습니다. 성경을 보시려는 열심으로 글을 깨우치고, 성경을 보시다가 돌아가셨습니다.

'명철'이란 히브리어로 '타암'인데, 이는 단맛, 쓴맛, 신맛, 매운맛 등 온갖 맛을 분별하는 미각을 의미합니다. 또한 분별력이나 이해력을 뜻하기도 합니다.

잠언 3 : 13에는 "지혜를 얻은 자와 명철을 얻은 자는 복이 있나니"라고 기록되어 있습니다. '명철'이란 신약에는 등장하지 않으나 야고보서 3 : 13에는 "너희 중에 지혜와 총명이 있는 자가 누구냐"라고 합니다.

'지식'은 사람들이나 사물들 사이의 관계에 대해서 아는 것을 말합니다. 또한 지식이란 단순한 정보를 얻는 것이 아니라 앎에 대한 책임을 지는 것을 말합니다. 특히 하나님께 대한 지식이란 하나님을 아는 것에 그치지 않고 하나님과 깊은 관계를 맺는 것입니다. 즉, 하나님과의 교제, 책임, 그리고 전인적인 반응을 의미하는 말입니다.

예레미야 9 : 24에는 "자랑하는 자는 이것으로 자랑할지니 곧 명철하여 나를 아는 것과 나 여호와는 사랑과 정의와 공의를 땅에 행하는 자인 줄 깨닫는 것이라"고 기록되어 있습니다. 이것이 말씀이 주는 명철과 지식입니다. 욥기 28 : 28에는 "보라 주를 경외함이 지혜요 악을 떠남이 명철이니라"라고 기록되어 있습니다. 우리 모두가 말씀으로 명철과 지식을 가진 자들이 되기를 바랍니다.

둘째, 고난을 통하여 말씀을 지키게 하십니다

67절에서 시인은 "고난당하기 전에는 내가 그릇 행하였더니 이제는 주의 말씀을 지키나이다"라고 합니다. 고난은 결코 불행이 아닙니다. 하나님께서 주신 고난은 신앙의 진보를 가져오며 말씀을 지키게 합니다.

'그릇 행하였더니'란 말은 히브리어로 '쇼게그'인데, '실수하다', '범죄하다'라는 뜻입니다. 이 단어는 의도성이 없는 죄를 가리킵니다. 죄성을 가지고 있는 인간은 의도하지 않아도 죄를 짓게 되어 있습니다. 하나님의 말씀을 알지 못하면 바르게 사는 것 같지만 사실은 그릇되게 사는 것입니다. 어떤 사람에게 '법 없이도 살 사람'이라고 할 때가 있는데, 과연 그럴까요? 하나님의 말씀이 없는데도 바르게 살 수 있습니까? 하나님의 말씀이 규범이고 법인데도 그 말씀이 없이 바르게 살 수 있습니까? 그럴 수는 없습니다.

이사야 53 : 6에는 "우리는 다 양 같아서 그릇 행하여 각기 제 길로 갔거늘 여호와께서는 우리 모두의 죄악을 그에게 담당시키셨도다"라고 기록되어 있습니다. 그릇 행한다는 말은 자기 마음대로 하나님의 길이 아닌 자기의 길로 가는 것을 말합니다. 사람은 누구나 말씀이 없으면 자기 법대로, 다른 길로 가기 마련입니다.

잠언 23 : 19에는 "내 아들아 너는 듣고 지혜를 얻어 네 마음을 바른 길로 인도할지니라"라고 기록되어 있습니다. 역대하 27 : 6은 "요담이 그의 하나님 여호와 앞에서 바른길을 걸었으므로 점점 강하여졌더라"라고 합니다. 바른길은 하나님의 길입니다. 하나님의 길로 가야 하나님의 뜻대로 잘되는 것입니다.

영성가 마이클 몰리노스는 "고난은 영혼을 깨끗하게 한다. 고난을 통한 영혼의 정화는 인내를 낳는다."라고 말했습니다. 고난은 사람으로 하여금 바른길을 가게 합니다. 살다 보면 하나님께서 허락하시는 고난이 있습니다. 동방의 의인 욥을 보십시오. 욥의 고난은 하나님께서 허락하신 고난입니다. 그는 고난을 통하여 하나님을 바로 알게 되었습니다. 그는 의인이지만 "티끌과 재 가운데에서 회개하나이다."라고 합

말씀은 명철과 지식이며,
고난을 이기게 합니다.
The Word is wisdom and intelligence.
It helps us pass through our hardships.

니다. 귀로 듣기만 하던 하나님을 "눈으로 봅니다."라고 고백합니다. 이처럼 고난은 우리에게 유익을 주시는 하나님의 복입니다.

우리 몸에는 수백만 개의 '고통 감지기망'(pain sensor network)이 있다고 합니다. 이 망은 사람의 보호욕구에 정확히 맞추어져 있다고 합니다. 하나님께서는 사람들이 고통을 감지하게 하시고, 고통 중에도 견딜 수 있게 해 주시는 것입니다.

모든 생물이 살기 위해서는 햇빛이 반드시 필요합니다. 그러나 햇빛만 있는 곳에서는 생명이 살 수 없습니다. 지구상에도 햇빛만 있는 곳은 사막이 됩니다. 모든 생물은 어둠도 필요로 합니다. 어둠이 있어야 단련을 받습니다. 식물은 낮에는 탄소동화작용 등을 통하여 영양분을 만들고 밤에 자랍니다. 그래서 아침에 일어나 보면 식물의 줄기나 잎, 꽃이 자라 있는 것을 볼 수 있습니다.

나무를 심을 때 물이 너무 많으면 뿌리를 내리지 못합니다. 오히려 물이 조금 적어야 뿌리를 길게 뻗어 견고하게 자랍니다. 이와 같이 인생길에서의 고난도 인간을 견고하게 하고, 말씀에 깊이 뿌리를 내리게 하고, 말씀으로 돌이켜 그것을 지키게 합니다.

리나 샌델(캐롤리나 윌헬미나 샌델-베르그)은 스웨덴 프로데리드 지방의 루터교회 목사 요나스 샌델의 딸이었습니다. 그녀는 26세 때 아버지를 따라 고텐부르크에 가서 보트를 탔습니다. 그런데 그녀의 눈앞에서 아버지가 탄 보트가 뒤집혀 아버지가 익사하고 말았습니다. 이 비극은 리나에게 깊은 영향을 주었습니다. 리나는 이때 영감을 받아 찬송을 지었습니다. "날마다 숨 쉬는 순간마다 내 앞에 어려운 일 보네 / 주님 앞에 이 몸을 맡길 때 슬픔 없네 두려움 없네 / 주님의 그 자비로운 손길 항상 좋은 것 주시도다 / 사랑스레 아픔과 기쁨을 수고와 평화와 안식을" 비극적 사건과 고난이 그녀를 말씀으로 돌아서게 한 것입니다.

우리 인생의 고난은 우리로 하여금 하나님의 말씀으로 돌아가게 하는 하나님의 은총입니다. 고난을 당할 때마다 하나님의 말씀으로 돌아가는 우리 모두가 되기를 바랍니다.

시편 119 : 69~72

주의

입의 법이

금은보다
좋은 사람들

에리히 프롬은 「소유냐 존재냐」라는 그의 저서를 통하여 인간을 존재 지향 인간과 소유 지향 인간으로 나누었습니다. 존재 지향 인간은 어떤 것이 있다는 사실만으로 만족하고 놀라움을 느끼고 행복해합니다. 그러나 소유 지향 인간은 있다는 것에 만족하지 못하고 이것이 내 것이라야 만족합니다. 그러한 인간은 모든 것을 소유하고 지배하고 군림해야 합니다. 무엇인가 소유하지 않는 삶을 견디지 못하게 하는 것이 소유 지향 인간의 모습입니다.

1930년대 '석유왕'이라 불리며 세계 최고의 부자가 된 록펠러에게 기자가 물었습니다. "얼마나 더 많이 있으면 만족하겠습니까?" 그는

"조금만 더 많다면."이라고 대답하였다고 합니다. 만족하지 못하는 삶은 진정한 부요함이 아닙니다. 부요함이란 만족함입니다.

'글로벌 리치 리스트'에 따르면 연 2만 달러의 소유를 가지고 있는 사람은 전 세계에서 11.16% 안에 드는 부자입니다. 연 3만 달러의 소유를 가지고 있다면 전 세계에서 7.16% 안에 드는 부자입니다. 세계 인구 70억 명 가운데 14억 명이 1.25달러로 하루를 살아갑니다. 소유 지향 인간은 자신에게만 관심을 가지고 있고, 만족이 없고, 이웃을 상실하고, 욕심을 가지고 살아갑니다.

물질주의자들이 제일 먼저 범하는 죄는 자신의 소유를 자신만의 것이라고 여기는 죄입니다. 독일 베를린 시 프리드리히 가의 전광판에는 이런 글이 있습니다. "자본주의는 사랑을 죽인다."(Capitalism kills Love)라는 문구입니다. 성경적 진리를 떠난 자본주의는 절대로 성공할 수 없습니다.

72절에서 시인은 "주의 입의 법이 내게는 천천 금은보다 좋으니이다"라고 합니다. 주의 말씀이 얼마나 좋기에 천천 금은보다 좋다고 하겠습니까? 이런 시인의 자세가 부럽습니다. 우리도 말씀에 대한 사랑을 갖게 되기를 바랍니다.

첫째, 말씀이 없는 마음은 살져서 기름덩이 같습니다

70절에는 "그들의 마음은 살져서 기름덩이 같으나 나는 주의 법을 즐거워하나이다"라고 기록되어 있습니다. 주의 법을 즐거워하면 어떻게 됩니까? 말씀을 사모하면 어떻게 됩니까? 말씀을 사모하면 마음이 가난해집니다. 마음이 살지면 교만하게 되고, 자기 마음대로 모든 일을 하게 됩니다.

세상의 것으로 마음이 살지면 하나님의 뜻이나 말씀에 대해 무감각해집니다. 세상의 것에 살졌다는 것이 무슨 말입니까? 돈이나, 명예나, 쾌락이나, 욕망, 이런 것에 시간을 보내고, 에너지를 다 소모하는 것을 말합니다.

"신이 죽고 돈이 태어나고, 신이 죽고 지식이 태어났다."라는 말이 있습니다. 신이 환생해 돈과 지식이 되었다고 합니다. 현대인들은 돈이나 지식이나 그 밖의 세상의 것에 마음을 다 빼앗겨 이런 것들을 신으로 삼고 살아갑니다.

누가복음 12 : 21은 "자기를 위하여 재물을 쌓아 두고 하나님께 대하여 부요하지 못한 자가 이와 같으니라"라고 말합니다. 마음이 가난해야 하는데 도리어 마음이 부자인 사람의 모습이 이렇습니다. 그래서 예수님은 "심령이 가난한 자는 복이 있나니"라고 하셨습니다.

세계에서 가장 부유한 62명은 하위 50%보다 더 많은 부를 소유하고 있습니다. 세계 상위 1%의 부자는 나머지 99%보다 재산의 합이 더 많아지고 있습니다. 부의 편중이 심해지고 있다는 말입니다. 그래서 현대 자본주의 경제를 두고 '1%를 위한 경제'라고 합니다. 우리가 사는 세계가 1%의 마음이 살진 자들을 위한 세계가 되고 말았습니다.

디모데전서 6 : 9에는 "부하려 하는 자들은 시험과 올무와 여러 가지 어리석고 해로운 욕심에 떨어지나니 곧 사람으로 파멸과 멸망에 빠지게 하는 것이라"고 기록되어 있습니다. 부하려 하는 자가 누구입니까? 마음이 살진 자입니다. 우리 모두가 마음이 가난한 자가 되어 말씀을 사랑하는 자들이 되기를 바랍니다.

둘째, 고난을 통하여 말씀을 배우게 됩니다

71절에서 시인은 "고난당한 것이 내게 유익이라 이로 말미암아 내가 주의 율례들을 배우게 되었나이다"라고 합니다. 고난이 유익이라고 합니다. '유익'이라는 말은 히브리어로 '토브'인데, 이는 '선하다'라는 뜻입니다. 시편 94 : 12에는 "여호와여 주로부터 징벌을 받으며 주의 법으로 교훈하심을 받는 자가 복이 있나니"라고 기록되어 있습니다. 고난이 유익이고, 징벌이 복이라고 합니다.

폴 브랜드 박사는 한센병의 권위자로 루이지애나 카빌 한센환자 재활원의 원장이었습니다. 한번은 그가 영국에 출장을 가게 되었습니다. 그는 여러 병원에서 환자들을 진료하고 런던에 도착하여 호텔에 짐을 풀었습니다. 그런데 잠자리에 들려고 양말을 벗었을 때 발뒤꿈치가 무감각하였습니다. 한센환자와 접촉을 많이 할 수밖에 없었던 박사는 순간적으로 심각한 의심을 하지 않을 수 없었습니다. 핀으로 자신의 발을 찔러 봤지만 감각이 없었습니다. 밤새 잠을 이루지 못한 그는 남은 생을 상상해 보았습니다. 이제 의사생활도 끝이 난 듯했습니다. 가족과는 격리되어야 할지도 모른다고 생각하며 두려움의 밤을 눈물로 지내고 나니 동이 트기 시작하였습니다. 실낱같은 희망으로 다시 자신의 발을 찔러 보았습니다. 순간 기절할 듯한 아픔을 느꼈습니다. 어제 저녁에는 너무 발이 피곤했던 나머지 신경이 잠시 마비되었던 것입니다. 그는 "하나님, 나의 고통에 대하여 감사합니다!"라고 기도하였습니다. 그 순간 그에게는 고통이야말로 최대의 축복이었습니다.

욥은 고난의 종이었습니다. 고통 끝에 하나님을 듣고 보는 복을 받았습니다. 요나는 큰 물고기의 배 속에서 하나님의 말씀을 들었습니다. 바울은 세 번씩이나 자신의 병을 위하여 하나님께 간구하였습니다. 그러자 하나님께서 "내 은혜가 네게 족하다."라는 음성을 들려주셨습니다.

잠언 3 : 12은 "여호와께서 그 사랑하시는 자를 징계하시기를 마치 아비가 그 기뻐하는 아들을 징계함같이 하시느니라"라고 합니다. 하나님의 사람에게 고난과 징계는 하나님의 말씀을 배우고, 하나님의 사랑을 느끼는 계기입니다.

히브리서 12 : 8에는 "징계는 다 받는 것이거늘 너희에게 없으면 사생자요 친아들이 아니니라"라고 기록되어 있습니다. 하나님의 자녀는 고난을 통하여 자녀 됨을 알게 됩니다. 그리고 현재의 고난은 장차 올 영광과도 비교할 수 없습니다. 고난을 보지 말고 영광을 보기를 바랍니다.

베드로와 요한이 기도하는 시간에 성전에 올라가다가 미문에 앉은 장애인을 만났습니다. 이 장애인은 태어나서 한 번도 걸어 본 적이 없는 사람이었습니다. 이 장애인은 돈을 좀 얻을까 하여 베드로와 요한에게 구했습니다. 그때 베드로는 "은과 금은 내게 없거니와 내게 있는 이

것을 네게 주노니 나사렛 예수 그리스도의 이름으로 일어나 걸으라"(행 3 : 6)라고 하였습니다. 베드로가 한 말은 "돈을 기대하지 마라. 더 큰 것을 기대하라."는 뜻입니다.

베드로와 요한에게 은과 금은 실제로 없었습니다. 있는 것이라고는 예수 그리스도뿐이었습니다. 우리에게는 없어야 얻는 것이 있습니다. 물질이 없어야 예수 그리스도를 얻을 수 있습니다.

우리 모두가 소유 지향이 아니라 존재 지향의 삶을 살기를 바랍니다. 존재 지향을 넘어서 신앙 지향의 그리스도인이 되기를 바랍니다. 은과 금보다 말씀이 더 좋은, 말씀을 사랑하는 우리 모두가 되기를 바랍니다.

주를 경외하는 자들이 나를 보고 기뻐하는 것은 내가 주의 말씀을 바라는 까닭이니이다
여호와여 내가 알거니와 주의 심판은 의로우시고 주께서 나를 괴롭게 하심은 성실하심 때문이니이다
구하오니 주의 종에게 하신 말씀대로 주의 인자하심이 나의 위안이 되게 하시며 주의 긍휼히 여기심이 내게 임하사 내가 살게 하소서 주의 법은 나의 즐거움이니이다

PSALMS 119

May those who fear you rejoice when they see me, for I have put my hope in your word. I know, O LORD, that your laws are righteous, and in faithfulness you have afflicted me. May your unfailing love be my comfort, according to your promise to your servant. Let your compassion come to me that I may live, for your law is my delight.

시편 119 : 73~80

주의 율례들을 완전하게 하는 사람들

'완전주의'(Perfectionism)라는 신학의 한 주제가 있습니다. 인간은 하나님의 은혜로 현세에서 죄로부터 해방되어 완전한 덕을 성취할 수 있다는 사상입니다. 완전주의는 중생한 사람이 현세의 율법을 완전히 지켜서 완전한 성화의 단계에 이를 수 있다고 주장합니다. 성자 아우구스티누스의 논쟁 상대였던 펠라기우스와 천주교, 아르메니안, 그리고 웨슬리언들이 완전주의 교리를 수용하고 있습니다. 그런데 과연 죄를 지은 인간이 완전하게 될 수 있겠습니까?

마태복음 5 : 48에는 "하늘에 계신 너희 아버지의 온전하심과 같이 너희도 온전하라"라고 기록되어 있습니다. 이 말씀은 우리가 완벽해야 한다는 뜻이 아닙니다. '완벽함'이란 말의 히브리어 번역은 '인정이 많은'이란 뜻입니다. 헬라어로는 '텔레이오스'라는 말인데, '성숙한' 혹은 '성인의'라는 뜻입니다.

영성가 로널드 롤하이저는 "인생에서 완성교향곡이란 없다."라고 하였습니다. 이 세상의 모든 것은 미완성입니다. 인간의 삶은 이 세상에서 끝나지 않습니다. 인간의 삶은 이 세상에서 완성되는 것이 아니라 하나님의 거룩한 나라에 들어가게 될 때 비로소 완성되는 것입니다. 흔히 "철들자 죽는다."라고 하는데, 신학적으로 말하면 죽어야 철들고 완성되는 것입니다.

불완전한 인간이 완전해지기 위해서는 완전한 대상을 만나야 합니다. 불완전한 인간은 완전한 대상으로 채워져야 비로소 완전한 삶을 살 수 있습니다.

시계가 약간 느리게 가면 하루에 한 번도 시간이 안 맞습니다. 그런데 아예 멈춘 시계는 하루 두 번은 정확하게 시간이 맞습니다. 그렇다면 여러분은 이 두 시계 가운데 어떤 시계를 가지겠습니까? 하루에 한 번도 안 맞는다고 하여 느리게 가는 시계를 포기하고 하루에 두 번 맞는 멈춘 시계를 가지겠습니까? 아마 그 누구도 멈춘 시계를 원하지 않을 것입니다. 약간 느리지만, 그래도 작동하는 시계를 원할 것입니다. 불완전하지만 계속 가고 있는 것이 중요합니다. 우리의 삶이 그렇습니다. 항상 불완전하지만 그래도 계속 가고 있습니다. 무엇인가 서툴지만 일하고 있습니다. 이런 삶이 고귀하고, 하나님께서 귀하게 보시는 삶입니다.

성경이 가르치는 '완전' 혹은 '온전'이란 말은 '완벽하게 된다'는 것이 아니라 '완성되어 가는 것'입니다. 완성을 향하여 진행하고 있고, 완전을 향하여 가고 있는 것입니다.

오늘 본문 말씀에 "주의 말씀에 완전하게 하사"라는 말은 온전을 향해 나아가는 것을 말합니다. 하나님의 말씀에 충실한 사람은 어떤 사람입니까? 오늘 말씀을 통하여 하나님의 말씀에 완전한 사람이 되도록 자신을 돌아보고 노력하게 되기를 바랍니다.

첫째, 말씀을 바라는 자를 보고 주를 경외하는 자들이 기뻐합니다

74절에는 "주를 경외하는 자들이 나를 보고 기뻐하는 것은 내가 주의 말씀을 바라는 까닭이니이다"라고 합니다. 여호와를 경외하는 사람들이 말씀을 사모하는 시인을 보고 친구처럼 맞이하고 환영한다는 의미입니다.

비행기나 기차를 탔을 때 옆자리의 누군가가 성경을 읽고 묵상노트를 쓰고 있으면 그렇게 반가울 수가 없습니다. 말을 걸고 싶고, 커피라도 한 잔 나누고 싶은 마음이 듭니다. 예수님을 믿는 사람을 만나면 금방 친구가 되는 것도 이 까닭입니다.

말씀을 바라는 자는 주님을 경외하는 자들의 기쁨입니다. 말씀을 사모하는 사람을 만나면 기쁘고 참 좋은 까닭은 주님을 경외하는 자가 할 수 있는 일이기 때문입니다. 하나님의 말씀을 바라고 사모하는 것은 참 착한 일입니다. 참 잘하는 일입니다.

사람이 무엇을 바라는가 하는 것은 그 사람의 인격을 드러냅니다. 하나님께서 일천 번제를 드린 솔로몬에게 무엇을 원하느냐고 물으셨습니다. 솔로몬은 다른 어떤 것도 바라지 않고 지혜를 구했습니다. 바리새인들과 사두개인들은 예수님을 통하여 말씀이 아니라 표적을 보기를 청하였습니다. 예수님을 만났던 한 시각장애인은 "무엇을 원하느냐?"라는 주님의 물음에 "주여, 보기를 원하나이다."라고 하였습니다. 이처럼 사람들의 바라는 바는 다양합니다. 그러나 세상의 어떤 바람보다도 말씀을 바라는 것이 진정한 기쁨이며 하나님께서 좋아하실 일입니다.

시편 130 : 5에서 시인은 "나 곧 내 영혼은 여호와를 기다리며 나는 주의 말씀을 바라는도다"라고 합니다. 여호와를 기다리며 주님의 말씀을 바라는 사람은 하나님을 극진히 사랑하는 사람이며 하나님께서는 이런 사람을 사랑하십니다.

바리새인들은 원래 말씀을 사모하던 사람들이었습니다. 길을 갈 때에도 말씀을 묵상하며 다녔습니다. 말씀을 너무 깊이 묵상하다 기둥에도 걸리고, 나무에 이마를 찧어 피가 나곤 했습니다. 그래서 이마에 피가 흐르는 것을 보면 경건한 바리새인이라고 생각했습니다. 이 칭찬을 듣고 싶은 바리새인들은 집에서 나올 때 벽에 자신의 이마를 찧어 피를 흘리며 다녔습니다. 이런 이유로 후에는 '이마에 피가 흐르는 바리새인'이란 말이 생겼습니다. '외식하는 자'의 대명사로 불리던 말입니다. 이들은 말씀을 간절히 바라고 묵상하고자 했으나 갈수록 형식만 남고 그 내용은 사라지게 된 것입니다. 진정으로 말씀을 사모하는 사람의 태도에 대해 돌아봅시다. 말씀을 잘 지키려고 하는 자는 주님을 경외하며 기뻐하고 하나님의 기쁨이 됩니다.

    미국에서 공부할 때의 일입니다. 제가 잠시 목회를 하게 되었을 때 섬기던 교회에 한 장로님이 계셨는데 참 신실하신 분이었습니다. 이분이 주일을 성수하기 위한 작은 비즈니스를 구하고 있었습니다. 그런데 주일을 온전히 지킬 수 있는 일을 찾을 수 없어 이태 동안을 사업을 하지 않은 채로 가지고 있던 돈을 계속 쓰기만 했습니다. 가족들은 안타까워했지만, 주일을 지킬 수 없는 일은 아무리 돈을 많이 벌어도 하지 않겠다는 장로님의 생각을 굽힐 수는 없었습니다. 저는 그 장로님에게 가족을 부양하는 것도 장로님의 책임이니 주일에 일하는 것이라도 구하시고, 대신 주일에 번 수입을 전부 헌금하시는 것이 어떻겠느냐고 제안했습니다. 장로님은 그 말에 동의하셨고, 샌드위치 가게를 얻었습니다. 그리고 약속대로 장로님은 주일의 모든 수입을 헌금하였습니다. 누군가는 이 장로님이 미련하고, 고지식하다고 말할지도 모릅니다. 그러나 이런 사람이 하나님 앞에서 참 귀합니다. 우리도 말씀대로 행하고자 하는 의지를 가지고 사는 그리스도인이 되기를 바랍니다.

둘째, 말씀을 완전하게 지키면 수치를 당하지 않습니다

    80절에서 시인은 "내 마음으로 주의 율례들에 완전하게 하사 내가 수치를 당하지 아니하게 하소서"라고 합니다. 하나님은 말씀을 잘 지키는 자가 수치를 당하지 않게 보호하십니다. '완전하게'라는 말의 히브리어는 '타밈'이란 단어입니다. 문자적 뜻은 '순전한', '갈라지지 않은'

인데, 마음이 나눠지지 않고 일심으로 율법만 바라보고 말씀대로 살기를 원하는 자세를 의미합니다. 하나님께서는 이런 자를 수치를 당하게 내버려 두지 않으십니다.

시편 25 : 3은 "주를 바라는 자들은 수치를 당하지 아니하려니와 까닭 없이 속이는 자들은 수치를 당하리이다"라고 말합니다. 이사야 49 : 23에는 "나를 바라는 자는 수치를 당하지 아니하리라"라고 기록되어 있습니다. 말씀대로 살면 수치를 당하지 않는다는 것은 하나님의 약속입니다.

나의 가까운 친구가 어느 날 난데없이 "너도 교회 다니냐?"라고 하면 안 되지요. 오래전 제가 섬기던 교회에 찬송을 열심히 부르는 여 집사님이 있었습니다. 이분이 찬송 부르는 것을 보면 절로 신이 날 정도로 열정적입니다. 그런데 하루는 한 시장에 심방을 갔는데, 어디선가 고래고래 소리치며 싸우는 소리가 들려서 보니 바로 그분이었습니다. 시장에서는 그 여 집사님이 '호랑이 아주머니'로 통한다고 했습니다. 예수님을 믿는 사람이 바르지 못한 성품이나 인격으로 수치를 당하는 것은 하나님의 영광을 가리는 일입니다.

78절에서 시인은 "교만한 자들이 거짓으로 나를 엎드러뜨렸으니 그들이 수치를 당하게 하소서"라고 합니다. 시인은 말씀대로 살지 않고, 죄를 짓고 사는 사람들이 수치를 당하게 해 달라고 합니다. 말씀대로 살지 않는 이런 자가 수치를 당한다는 뜻입니다.

누가복음 9 : 26은 "누구든지 나와 내 말을 부끄러워하면 인자도 자기와 아버지와 거룩한 천사들의 영광으로 올 때에 그 사람을 부끄러워하리라"라고 경고합니다. 주님의 말씀을 부끄러워하면 마지막 때에 하나님의 심판 앞에서 부끄러움을 당하게 될 것입니다.

성경이 가르치는 가장 큰 수치가 무엇입니까? 마태복음 22 : 12은 "어찌하여 예복을 입지 않고 여기 들어왔느냐"라고 합니다. 잔칫집에 갈 때에 예복을 입지 않고 가는 것은 큰 결례입니다. 예복이란 하나님 앞에 설 만한 우리의 행실이며 믿음의 자세입니다. 13절에서는 "손발을 묶어 바깥 어두운 데에 내던지라 거기서 슬피 울며 이를 갈게 되리라"라고 합니다. 예복을 입지 않은 자는 잔치에서 쫓겨납니다. 잔치에서 쫓겨나는 것은 가장 큰 수치입니다. 우리 가운데 잔치에서 쫓겨나고, 하나님 앞에서 수치를 당하는 사람이 한 사람도 없기를 바랍니다.

영국의 시인 윌리엄 어니스트 헨리의 "인빅투스"(Invictus)라는 대표적인 시가 있습니다. '정복불능'이란 뜻입니다. 이 시의 마지막 구절은 이렇습니다. "좁은 문이 아니어도 좋다 / 심판 날의 벌도 상관없다 / 내 운명의 주인은 나다 / 내 영혼의 선장도 나다" 이 시를 보면 그 삶의 태도가 시편의 기자와 얼마나 다른가를 알 수 있습니다. 이 시인은 하나님을 알지 못합니다. 그는 그 삶의 주인이 자신이라고 말하지만 정말로 그럴까요? 자신의 삶을 조금이라도 자기 마음대로 할 수 있습니까? 자신의 생명을 1초라도 스스로 연장할 수 있습니까? 자신의 운명을 한 치라도 자기 마음대로 할 수 있습니까? 그럴 수 없습니다. 교만한 자는 하나님 앞에서 수치를 당하게 됩니다.

주님의 말씀을 순전하게 따릅시다. 성경이 하라면 하고, 하지 말라면 하지 않으면 됩니다. 이것이 성경을 대하는 가장 쉬운 방법입니다. 내 짧은 생각으로 하나님의 말씀을 판단하고 자기 마음대로 고쳐서 해석하지 말고 있는 대로 믿고 따르면 됩니다. 이런 자가 수치를 당하지 않고, 마지막 날에 마침내 어린양의 혼인잔치에 참여할 것입니다. 우리 모두가 이 잔치에서 함께 만나기를 기대합니다.

시편 119 : 81~84

주의

말씀을

바라는
사람들

해바라기는 해만 바라보고 서 있다고 합니다. 아주 오래전, 제가 주일학교를 담당하던 교육전도사 시절의 이야기입니다. 한 해의 주제를 제시하고 주제에 맞는 노래를 만들어 주일학교에서 그해 동안 부르게 하였습니다. 어느 해는 주제가 "예수님을 바라보자"였습니다. 그해에는 이런 노래를 만들어 주었습니다. "키다리 해바라기 동그라미 얼굴은 언제나 해님만 바라보고 서 있죠 / 함박꽃 웃음 짓는 하늘나라 어린이들 언제나 예수님만 바라보고 살래요"

아드리아 해변 어부들의 아내들은, 남편이 고기를 잡으러 바다로 나가면 바닷가에서 부드러운 목소리로 찬송가의 첫 절을 노래하는 관습을 가지고 있었다고 합니다. 아내들은 노래를 부른 후 귀를 기울여, 둘째 절을 부르는 남편의 목소리가 바다 저편에서 파도에 실려 오기를 바라며 기다렸습니다. 서로의 목소리를 들으며 마음의 안정을 찾은 것입니다. 우리가 무엇을 바라고 기다리는 것은 참 좋은 일입니다. 바란다는 것에는 간절함이 담겨 있습니다.

'망부석'이란 말이 있습니다. 아내가 멀리 떠난 남편을 기다리다 죽어서 돌기둥이 되었다는 전설입니다. 신라 눌지왕 시절, 박제상은 볼모로 잡혀간 왕자를 구출하기 위하여 일본에 갔습니다. 그는 일본에서 왕자를 구출하여 신라로 보냈으나 자신은 체포되어 죽음을 당했습니다. 박제상의 아내는 고개에 올라 왜국을 바라보며 통곡하다 돌기둥이 되었다고 합니다.

기다림의 이야기는 또 있습니다. 조선의 혜경궁 홍 씨는 사도세자의 부인이며 정조의 생모였습니다. 홍 씨는 「한중록」을 기록하였는데, 아들인 정조보다 오래 살았습니다. 그녀는 81세의 한 많은 세월을 살면서 항상 남편을 그리워하고 기다렸다고 합니다.

시편 62:5에는 "나의 영혼아 잠잠히 하나님만 바라라 무릇 나의 소망이 그로부터 나오는도다"라고 기록되어 있습니다. 하나님만 바라는 시인의 간절함을 엿볼 수 있는 시입니다. 오늘의 본문에도 하나님의 말씀만 바라는 시인의 모습을 발견할 수 있습니다. 하나님의 말씀을 바라고, 사모하고, 놓치지 않는 삶을 사는 사람이 어떤 사람인가를 보고 우리가 그런 사람이 되기를 바랍니다.

첫째, 영혼이 피곤할 때는 말씀을 바라야 합니다

81절에서 시인은 "나의 영혼이 주의 구원을 사모하기에 피곤하오나 나는 주의 말씀을 바라나이다"라고 합니다. 이 말씀을 직역하면 "나의 영혼은 당신의 구원을 사모하기 때문에 약해졌습니다."라는 뜻입니다. 영혼 구원의 간절함 때문에 약해졌다고 합니다. 영혼의 구원을 바라는 마음으로 쇠잔해졌다는 것입니다.

'피곤하다'라는 말은 약해졌다는 의미입니다. 지금 시인은 힘이 들어 쓰러질 지경입니다. 그런데 그는 힘들고 피곤하고 약할 때 하나님의 말씀을 바란다고 합니다. 여러분은 힘들고 아플 때 누가 생각이 납니까? 생각이 나는 그 사람이 가장 의지하는 사람입니다. 하나님의 말씀을 사모하는 사람은 지치고 힘들 때마다 말씀을 생각할 것입니다. 시인은 하나님의 말씀을 가까이 사모하고자 하는 열망을 여기에 적고 있습니다.

많은 사람이 예수님을 따랐습니다. 앓는 자, 병자, 귀신 들린 자, 간질하는 자, 중풍병자 등이었습니다. 이들은 예수님께서 고쳐 주심을 바라고 왔다고 합니다. 마태복음 19 : 13에는 "사람들이 예수께서 안수하고 기도해 주심을 바라고 어린아이들을 데리고 오매"라고 기록되어 있습니다. 사람들이 무엇을 바라고 아이들을 데리고 왔습니까? 예수님께서 아이들에게 안수하고, 기도하고, 만져 주기를 바랐기 때문이었습니다. 하루는 예수님께서 보리떡 다섯 개와 물고기 두 마리를 가지고 오천 명을 먹이신 다음, 먹은 사람들이 다 떠나자 제자들에게 말씀하셨

말씀을 간절하게 바라는 사람은 말씀의 사람이 됩니다.
A person who earnestly seeks the Word, becomes a person of the Word.

습니다. "너희들도 가겠느냐?" 당시에 군중들이 무엇을 바라고 예수님께 왔습니까? 예수님이 아닙니다. 말씀이 아닙니다. 그들은 단지 먹을 것 때문에 왔던 것입니다.

마태복음 11 : 28에는 "수고하고 무거운 짐 진 자들아 다 내게로 오라 내가 너희를 쉬게 하리라"고 기록되어 있습니다. 정말 피곤하고 쉬고 싶을 때에는 하나님의 말씀을 바라야 합니다. 성경을 보고 묵상해야 합니다. 예배해야 합니다. 예배시간에 교회에 나오지 않고 집에 있다고 해서 쉬어지겠습니까?

움직이기 싫을 때가 움직여야 할 때입니다. 피곤할 때가 성경을 봐야 할 때입니다. 기도가 안 될 때가 기도할 때입니다. "사람은 누구나 바라는 것을 얻게 된다."라는 말이 있습니다. 이 말은 요행을 바라라는 말이 아닙니다. 히브리서 11 : 1에는 "믿음은 바라는 것들의 실상이요"라고 기록되어 있습니다. 믿음으로 바라면 이미 얻은 것입니다. 말씀을 바라는 사람은 말씀의 사람이 됩니다. 우리도 말씀을 간절히 바라고 말씀의 사람이 되기를 바랍니다.

둘째, 속이 까맣게 탈 때에도 말씀을 잊지 않아야 합니다

83절에는 "내가 연기 속의 가죽 부대같이 되었으나 주의 율례들을 잊지 아니하나이다"라고 기록되어 있습니다. '연기 속의 가죽 부대'란 표현은 팔레스타인 유목민의 삶에서 나온 말입니다. 그들의 텐트 안에는 음료인 포도주를 담은 가죽 부대가 늘 걸려 있다고 합니다. 텐트 안에 불을 지필 경우에는 연기가 빠져 나가지 못하여 매달려 있는 가죽 부대가 까맣게 그을리게 됩니다. 이렇게 그을려진 가죽 부대는 역경으로 인한 고통이나 슬픔 등을 상징하였습니다. 시인은 오랜 고통으로 검게 그을린 자기 영육의 형편을 연기에 찌든 가죽 부대에 비유하고 있습니다.

시편 55 : 4에서 시인은 원수의 압제로 인하여 비통한 심경을 이렇게 말합니다. "내 마음이 내 속에서 심히 아파하며 사망의 위험이 내게 이르렀도다" 예레미야애가 1 : 20에는 "여호와여 보시옵소서 내가 환난을 당하여 나의 애를 다 태우고 나의 마음이 상하오니 나의 반역이 심히 큼이니이다 밖에서는 칼이 내 아들을 빼앗아 가고 집 안에서는 죽음 같은 것이 있나이다"라고 기록되어 있습니다. 흔히 말하는 '단장의 애환'과 같은 아픔을 하나님께 호소하는 것입니다. 예수님도 겟세마네 동산에서 기도하실 때 "내 마음이 심히 고민하여 죽게 되었으니"라고 하십니다. 때때로 하나님의 사람에게도 이런 아픔이 찾아옵니다.

마귀의 시험은 약한 자를 넘어지게 할 수 있습니다. 그러나 시험을 견디는 자를 오히려 더 강해지게 합니다. 시험을 이기는 사람은 속이 까맣게 되어도 절대로 하나님께 대한 사랑과 믿음이 변질되지 않습니다.

로마서 8 : 38~39은 "내가 확신하노니 사망이나 생명이나 천사들이나 권세자들이나 현재 일이나 장래 일이나 능력이나 높음이나 깊음이나 다른 어떤 피조물이라도 우리를 우리 주 그리스도 예수 안에 있는 하나님의 사랑에서 끊을 수 없으리라"고 선언합니다. 육체적으로나 영적으로나 어떤 고통이 온다고 하더라도 하나님을 향한 확고한 믿음은 절대로 변하지 않는 것을 말합니다.

어느 목사님이 너무 마음이 상해서 산에 올라 숲을 거닐고 있었습니다. 그런데 한 나무가 썩어서 속이 새까맣게 변한 채로 비어 있는 것을 보았습니다. 목사님은 그 나무를 보고 "나무야 나무야, 너는 어떻게 목사도 아닌데 속이 새까맣게 다 탔냐?"라고 물었습니다. 새까맣게 타 버린 그 목사님의 마음이 느껴집니다. 그런데 사실은 속이 다 타야 목회가 되고, 하나님의 사랑을 알게 됩니다.

미국의 고전 소설 중 하나인 존 스타인벡의 「분노의 포도」라는 작품에는 이런 장면이 있습니다. 오클라호마의 한 농가에 여러 가족이 모여 있습니다. 그들은 멀리서 폭풍이 먼지를 일으키는 광경을 바라보고 있습니다. 집 앞에 가족들이 서 있고, 어른들은 멀리 지평선을 보며 재앙이 자신들을 피해서 가 주기를 말없이 기대하고 있습니다. 아이들은 부모들의 다리에 매달려 지평선을 내다보고 있습니다. 여자들은 남자들의 얼굴만을 바라보며 남자들이 뭔가 해 주기를 바라고 있습니다.

우리가 사는 이 세상에는 큰 폭풍이 있고, 알지 못하는 두려움도 항상 있습니다. 이런 때에 우리는 하나님을 바라보고 그 말씀을 바라야 합니다. 우리의 속이 새까맣게 타 들어갈 때도 하나님의 말씀만 바라야 합니다. 항상 하나님의 말씀을 바라고, 말씀을 통하여 바라는 것을 이루는 우리 모두가 되기를 바랍니다.

시편 119 : 85~88

주의 입의 교훈을 지키는 사람들

교회성장학계의 유명한 교수인 피터 와그너가 강의 시간에 한 이야기입니다. 한번은 그가 외국에서 있을 강의를 위해서 비행기를 타게 되었습니다. 비행기에 올라 자리에 앉았는데 옆 좌석에 앉은 사람이 기도를 하였습니다. 그래서 기도가 끝나기를 기다렸다가 "반갑습니다. 옆자리에 크리스천을 만나서 너무 좋습니다."라고 하였습니다. 그런데 그 사람은 "나는 크리스천이 아닙니다."라고 대답했습니다. "크리스천이 아닙니까? 방금 기도하지 않았습니까?" 하고 물었더니, 자신은 사탄숭배자이고, 마을의 사탄숭배자 10명과 함께 마을의 모든 크리스천과 교회가 망하게 해 달라고 기도하는 중이라고 답했다고 합니다. 그러면서 피터 와그너는 "사탄숭배자도 이렇게 열심히 기도하는데 우리가 기도하지 않으면 되겠습니까?"라고 강의실에 앉은 사람들에게 말했습니다.

현재 우리나라 인터넷상에만 안티기독교 사이트가 50개 이상 됩니다. 안티기독교 사이트의 논객들의 목적은 자기의 유익이 아닙니다. 그들의 목적은 하나님의 교회를 해롭게 하는 것이고, 이를 위해 온갖 수단을 다 쓰고 있습니다. '이슬람국가'(IS)는 왜 기독교인만 골라서 참수하고 죽입니까? 하나님의 사람을 싫어하기 때문입니다. 동성애 문제를 비롯한 첨예한 주제에 대하여 천주교나 불교, 천도교, 대종교 등 다른 종교는 모두 입을 다물고 있습니다. 그러나 개신교는 입을 열어 이를 비판하고 있습니다. 침묵은 동의하는 것입니다. 개신교만은 동의하지 않습니다. 그래서 세상에서 고난을 당하는 것입니다.

저는 고등학교 시절에 담임선생님이 저를 두고 목사의 아들이라고 괜히 싫어하여 뺨도 맞고 억울한 일을 많이 당했습니다. 한번은 저에게 욕설을 하면서 뺨을 때린 적도 있습니다. 그때는 얼마나 억울했는지 모릅니다. 지금도 그 선생님이 싫은 생각이 듭니다. 말씀에 불순종하는 자들은 말씀에 순종하는 자를 싫어합니다. 그래서 박해도 하고, 심지어 죽이기까지 하는 것입니다.

창세기 3 : 15에서 하나님은 뱀에게 "내가 너로 여자와 원수가 되게 하고 네 후손도 여자의 후손과 원수가 되게 하리니 여자의 후손은 네 머리를 상하게 할 것이요"라고 합니다. 뱀은 사탄의 상징입니다. 사탄은 여자의 후손인 예수님과 원수가 됩니다. 그래서 사탄은 예수님을 시도 때도 없이 멸하려고 하였고, 예수님은 사탄을 멸하신 것입니다.

마가복음 1 : 24에는 귀신 들린 자가 예수님께 "나사렛 예수여 우리가 당신과 무슨 상관이 있나이까 우리를 멸하러 왔나이까"라고 외치는 장면이 있습니다. 사탄은 예수님을 너무 잘 알고 있습니다. 예수님이 사탄을 멸하러 오셨습니다. 그래서 사탄은 예수님을 믿는 자를 멸하려 합니다.

세상은 하나님의 말씀대로 사는 자를 핍박합니다. 웅덩이를 파고, 올무를 놓고, 끝없이 해하려 합니다. 세상의 악한 자들은 그들의 계략이 실패해도 끊임없이 반복해서 핍박합니다. 그러나 하나님께서는 말씀대로 사는 사람을 세상의 반복되는 핍박 속에서도 승리하게 하십니다.

첫째, 말씀을 따르지 않는 자들은 나를 이유 없이 핍박합니다

85절에서 시인은 "주의 법을 따르지 아니하는 교만한 자들이 나를 해하려고 웅덩이를 팠나이다"라고 합니다. 86절에서는 "주의 모든 계명들은 신실하니이다 그들이 이유 없이 나를 핍박하오니 나를 도우소서"라고 합니다. 시인은 말씀대로 사는 사람이 세상에서 당하는 고난이 얼마나 심한지를 토로하는 것입니다.

'교만한 자'는 히브리어로 '제딤'인데, 이는 하나님의 법을 무시하고, 하나님의 사람을 모해하고, 핍박하고, 죽이는 상류 계급 사람을 일컫습니다. 하나님의 사람을 죽이려고 웅덩이를 파고, 올무를 놓고, 모해하는 사람은 자신의 높은 지위와 힘을 이용하여 불법을 행합니다. 이런 자의 행태는 외관상으로는 합법적으로 보이지만 속으로는 음모를 꾸미고 있습니다.

요셉은 형들에 의하여 웅덩이에 빠졌습니다. 형들은 그를 다시 웅덩이에서 끄집어내어 이스마엘 족속의 상인에게 팔았습니다. 형들은 요셉의 채색옷에 짐승의 피를 발라 아버지 야곱에게 보여 주고, 요셉이 짐승에 물려 죽었다고 속였습니다. 형들은 철저하게 아버지를 속였고, 요셉을 제거하여 자기들의 욕망을 이루었습니다. 그런데 형들의 음모가 성공하였습니까? 아닙니다. 먼 훗날 요셉은 이집트의 총리가 되었고, 형들은 동생 요셉의 꿈대로 그에게 큰절을 하게 됩니다. 악한 자들이 아무리 머리를 짜내도 하나님의 사람을 이길 수 없습니다. 하나님의 말씀의 사람을 꺾을 수 없습니다.

시인은 하나님의 사람에 대한 핍박이 '이유 없이' 행해진다고 합니다. 핍박의 근거는 거짓입니다. 속임수에 지나지 않습니다. 있지도 않은 일을 꾸며 하나님의 사람을 비방하고 모함하는 것입니다. 이것이 세상 사람들의 살아가는 방식입니다.

하나님을 믿지 않고 싫어하는데 하나님의 자녀가 좋겠습니까? 나에게 원수 같은 사람이라면 그 자녀도 보기 싫을 터입니다. 마찬가지로 하나님을 싫어하는 세상 사람들은 하나님의 자녀인 우리를 아무 이유 없이 싫어하고 박해를 일삼게 되는 것입니다.

바울의 경우도 마찬가지입니다. 대제사장 아나니아는 천부장에게 바울을 고소하였습니다. 바울을 박해하는 이들 가운데는 "바울을 죽이기 전에는 먹지도 마시지도 않겠다."고 맹세한 사람이 사십여 명이었습니다. 이들은 길에 매복하고 있다가 바울이 지나갈 때에 죽이려고 하였습니다. 천부장은 백부장 둘과 가이사랴까지 갈 보병 200명, 기병 70명, 창병 200명을 미리 준비하고 바울을 호위하여 벨릭스에게 보냈습니다. 당연히 바울은 죽임을 당하지 않았습니다. 그렇다면 바울을 죽이기 전에는 먹지도 마시지도 않겠다고 하던 사십여 명은 어떻게 되었을까요? 바울을 죽이지 못했으면 당연히 굶어죽었어야 하는데 성경에는 죽었다는 말이 없습니다. 악한 자들은 이렇게 스스로 지키지도 못할 맹세를 하고 말을 뒤집기를 예사로 합니다. 이유 없이 핍박하는 자들의 모습이 이렇습니다. 악한 자는 자기 악으로 스스로 망하는 법입니다.

둘째, 내가 거의 죽게 되었지만 말씀을 버리지 않습니다

87절에서 시인은 "그들이 나를 세상에서 거의 멸하였으나 나는 주의 법도들을 버리지 아니하였사오니"라고 합니다. "거의 멸하였으나"라고 하는 말은 원수의 핍박이 너무 가혹하고 오래 지속되어 기력이 고갈되고 기진하여 죽게 되었다는 고백입니다. 그러나 그렇게 모진 핍박에도 하나님의 말씀을 버리지 않고, 더 열심히 간직하고 지켰다고 합니다. 하나님의 말씀의 절대적 가치를 잃지 않는 모습입니다.

전에 어느 병원에 부원장으로 계시던 분의 이야기입니다. 그분은 자신을 스스로 '위악자'라고 했습니다. 만나 보면 전혀 예수님을 믿는 사람 같지 않고, 교회를 거친 말로 비판하기도 하는 분이었습니다. 그분은 아마추어 등반가이기도 했습니다. 어느 날 그가 히말라야를 등반하다 고산증으로 쓰러졌습니다. 그런데 갑자기 닥쳐 온 죽음 앞에서, 그는 끊임없이 '주기도문'을 암송하다가 숨을 거두었다고 합니다. 이 말을 전해 준 다른 등반대원의 말을 듣고 많은 사람이 감동을 받았습니다. 죽을 때 하나님을 기억하고, 말씀을 묵상하고, 기도하는 것은 큰 복입니다.

다니엘 12:10에는 "많은 사람이 연단을 받아 스스로 정결하게 하며 희게 할 것이나"라고 기록되어 있습니다. 사람은 연단을 통하여 말씀 중심의 삶을 살게 됩니다. 세상에서 죽을 만큼 고통을 당하고, 정말 죽게 되어도 하나님의 영은 우리로 말씀을 버리지 않게 하십니다.

로마서 5:4은 "인내는 연단을, 연단은 소망을 이루는 줄 앎이로다"라고 말합니다. 인내는 성령의 열매입니다. 성령의 열매인 인내가 결국 연단을 이룹니다. 말씀을 묵상하고 말씀대로 살면 세상의 환경에 대한 내성이 생깁니다. 신앙적 내성이 필요할 때 하나님께서 이런 내성을 주십니다.

미국 존스홉킨스대학병원 재활의학과에는 이승복 박사가 있습니다. 이분은 「기적은 당신 안에 있습니다」라는 책을 써서 잘 알려졌습니다. 그는 8세에 미국으로 이민을 갔습니다. 이민생활은 어려웠지만 그는 체조를 열심히 하였습니다. 그는 체조를 잘해서 올림픽 금메달을 따는 꿈을 가지고 있었습니다. 그는 미국 국가대표보다 한국 국가대표가 되어 아시안 게임과 올림픽에 출전하려는 꿈을 가지고 있었습니다. 그러나 연습 도중에 추락사고로 척추를 다쳐 전신마비의 장애인이 되었습니다.

그는 이런 절망 가운데서 살아 계신 하나님을 만났습니다. 그는 절망 중에 있는 환자에게 희망을 주는 의사가 되리라고 결심하여 의학을 공부한 후, 휠체어에 의지하여 행복에 대한 강의와 신앙 간증을 하고 있습니다. 그는 간증에서 이렇게 말합니다. "저는 체조 연습 도중 공중에서 540도 회전하는 기술을 익히다가 거꾸로 떨어져 의식을 잃었습니다. 깨어나서 신경이 끊어진 것을 알았지요. 그런데 이상한 일이 일어났습니다. 눈앞에 'G-O-D'라는 세 글자가 나타난 것입니다. 그 순간 하나님의 말씀이 떠올라 하나님을 새롭게 믿게 되었고, 이렇게 의사가 되어 복음을 전하고 있습니다."

하나님의 말씀인 복음을 우리가 버리지 않을 때 그 말씀이 우리를 살게 합니다. 우리를 살게 하는 말씀은 우리의 영혼뿐만 아니라 우리의 육체까지 살게 하는 힘입니다. 말씀을 버리지 말고 의지하여 우리의 영혼도, 육체도 새롭게 사는 놀라운 은혜가 함께하기를 바랍니다.

세상은 하나님의 말씀대로 하는 자를 핍박합니다. 웅덩이를 파고, 올무를 놓고, 끝없이 해하려 합니다. 그러나 하나님은 말씀대로 사는 사람을 세상의 반복되는 핍박 속에서도 승리하게 하십니다.

The world persecutes the people who live by the Scriptures. They dig a puddle, put a trap and continuously seek to harm them. But God lets the people who live by the Scriptures win, even from the repeated persecutions.

시편 119 : 89~96

주의 법도들만 찾는 사람들

아인슈타인 박사가 뉴욕에서 기차를 타고 가던 중 승무원이 승차권을 조사하기 시작했습니다. 그는 호주머니에서 기차표를 찾았지만 찾을 수가 없었습니다. 승무원은 "아인슈타인 박사님, 저는 당신을 잘 압니다. 속이고 타실 분이 아니니, 표를 못 찾으셔도 있는 줄 알고 그냥 갑니다."라고 말한 뒤 자리를 떠났습니다. 잠시 후에 검표를 마치고 돌아온 승무원은 아직도 승차권을 찾고 있는 박사를 보고 "걱정 말고 표를 찾지 마십시오."라고 했습니다. 그러자 아인슈타인 박사는 "그게 아닙니다. 내가 내릴 역이 표에 기록이 되어 있는데, 어느 역에 내리는지 알 수 없어서 표를 찾고 있습니다."라고 하였습니다. 아인슈타인이 표를 찾는 이유는 따로 있었습니다. 표를 찾아야 목적지를 알 수 있기 때문이었습니다. 세상에는 이처럼 자신이 가는 목적지를 알지 못하는 사람들이 많이 있습니다. 성경을 찾으면 목적지가 기록되어 있습니다. 말씀을 찾아야 인생의 목적지를 알 수 있습니다.

말씀을 찾는 것은 인생을 찾는 것입니다. 말씀을 찾는 것은 인생의 목적지를 찾는 것입니다. 말씀을 찾는 것은 인생의 목적지의 방향을 잃지 않고 바르게 갈 수 있는 방법입니다. 말씀을 찾아야 인생에서 가장 소중한 진리를 알 수 있습니다.

동방박사의 전설 가운데 제4의 박사 알타반의 이야기가 있습니다. 알타반은 세 명의 박사와 함께 별을 따라 예수님이 탄생하신 곳으로 갔습니다. 얼마쯤 가다가 한 동네에 들어갔는데 아픈 사람들과 가난한 사람들이 있었습니다. 알타반은 그들을 돕느라 늦어지게 되었습니다. 세 명의 박사는 빨리 가야 한다고 재촉하였지만, 알타반은 먼저 가면 곧 따라가겠다고 하였습니다. 결국 알타반은 그 동네에서 자신의 도움이 필요한 사람을 돕다가, 세 명의 박사와 함께 가지 못했습니다. 예수님을 만나는 길은 베들레헴에도 있지만, 가난한 사람들의 동네에도 있습니다. 알타반은 예수님을 찾는 길을 잃은 것이 아니라 제대로 찾은 것입니다. 하나님의 말씀을 제대로 찾는 법을 아는 자는 섬기는 자이며, 진실하게 말씀에 순종하는 자입니다.

예수님은 "구하라 그리하면 너희에게 주실 것이요 찾으라 그리하면 찾아낼 것이요 문을 두드리라 그리하면 너희에게 열릴 것이니"(마 7 : 7)라고 하십니다. 이 말씀에는 기도의 세 가지 명령이 있습니다. 첫째로 '구하라'는 명령은 간구하라는 뜻입니다. 둘째로 '찾으라'는 것은 하나님을 찾으라는 뜻입니다. 셋째로 '두드리라'는 것은 진지하게 행동하라는 뜻입니다.

북미 대초원 인디언들은 '비전 찾기'(vision-seeking)라는 의식을 통하여 성인이 됩니다. 그들은 무더운 오두막 안에서 혼자 긴 시간을 금식하며 기도합니다. 이 시간을 통하여 자신과 부족의 비전을 찾고, 진정한 삶의 의미와 인생의 목적, 그리고 부족을 위해 해야 할 일이 무엇인가를 찾고 깨닫게 됩니다. 참 의미 있는 시간이라고 봅니다.

우리 모두에게는 말씀을 찾는 시간이 필요합니다. 홀로 금식하며 말씀을 묵상하여 삶의 의미를 찾고, 인생의 목적을 찾고, 그리스도인으로서 하나님을 위해 무엇을 할 것인가를 찾는 시간이 필요할 것입니다.

첫째, 만물은 주의 종으로, 말씀대로 운행되고 있습니다

91절에서 시인은 "천지가 주의 규례들대로 오늘까지 있음은 만물이 주의 종이 된 까닭이니이다"라고 합니다. 이 말씀은 "당신의 규례들로 인해 그것들은 이날 굳건히 서 있습니다."라는 뜻입니다. 하나님께서 지으신 세계가 말씀 위에 굳게 서서 운행되고 있음을 깨닫고 인정하는 말입니다.

"만물이 주의 종이 된 까닭이니이다"라는 말은, 만물이 견고하게 서고 지속되는 까닭이 하나님의 명령에 순종하기 때문이라는 의미입니다. 만물이 말씀으로 만드신 하나님의 창조의 질서에 순종하며 견고하게 서 있다는 말입니다.

하나님의 말씀에 순종하지 않는 피조물이 있습니까? 사람이 바로 그러한 존재입니다. 하나님께 불순종한 사람이 죄로 말미암아 죽음에 이르게 되었습니다. 사람은 지금도 타락한 존재의 본성과 습관대로 살고 있습니다.

복음서에 기록된 예수님의 기적은 35가지입니다. 예수님의 기적은 '자연 기적'과 '치유 기적'으로 나눕니다. '자연 기적'의 목적은 예수님이 천지를 창조하신 하나님이신 것을 증명하는 것입니다. 그래서 말씀으로 지은 피조물들이 창조자이신 예수님의 말씀을 알아듣습니다. 바람이 예수님의 말씀을 알아듣고 잔잔하게 됩니다. 자연은 지금도 하나님의 말씀을 알아들으니 견고히 서 있습니다. '치유 기적'의 목적은 예수님이 이 땅에 오신 인간의 구원자이심을 증명하는 것입니다. 사탄의 권세로 피조물인 사람이 병들고, 귀신 들리고, 죽습니다. 예수님은 사탄의 권세를 이기시어, 사람이 예수님의 말씀을 알아듣고 낫고 일어나게 하십니다. 지금도 모든 피조물은 창조자이신 하나님, 그리고 예수님의 말씀대로 운행되고 있습니다.

엘리야는 열왕기상 18 : 36에서 "아브라함과 이삭과 이스라엘의 하나님 여호와여 주께서 이스라엘 중에서 하나님이신 것과 내가 주의 종인 것과 내가 주의 말씀대로 이 모든 일을 행하는 것을 오늘 알게 하옵소서"라고 합니다. 엘리야는 주의 말씀대로 행하고 있다고 자신 있게 말합니다. 하나님의 말씀대로 살고 일하면 하나님께서 능력을 주시고, 승리하게 하시고, 복을 주십니다.

둘째, 구원받은 사람들은 주의 말씀만 찾습니다

94절에서 시인은 "나는 주의 것이오니 나를 구원하소서 내가 주의 법도들만을 찾았나이다"라고 합니다. 이 말씀은 "나를 보십시오. 내가 주님의 것입니다. 나를 구원하소서. 주의 말씀들만 찾았습니다."라는 뜻입니다. 하나님의 말씀만 찾고 말씀을 추구하는 시인의 마음이 나타나 있습니다.

주님의 말씀만 찾는 자는 주님이 보시기에 얼마나 대견하겠습니까? 예수님은 천국 비유 가운데 '진주 장사의 비유'를 말씀하셨습니다. 좋은 진주를 구하기 위하여 나선 사람이 그것을 찾으면, 자신의 모든 것을 팔아서라도 가장 귀한 진주를 살 것입니다. 이것이 천국이라고 하십니다. 이와 같이 말씀을 찾는 자들은 반드시 말씀을 찾습니다. 말씀에 대한 열정을 가진 자가 그 말씀을 찾게 되어 있습니다.

'야마시타 보물선'의 이야기를 들어 본 적이 있습니까? 태평양 전쟁 당시 관동군 방위 사령관이었던 야마시타가 남겼다고 전해지는 어마어마한 양의 보물을 찾으려는 사람들이 있습니다. 그러나 보물을 찾는 영화를 보십시오. "레이더스", "캐리비안의 해적", "내셔널 트레져", "미이라" 등의 영화를 보면 보물을 찾는 데 거의 실패합니다. 쓸데없는 것을 찾아 나서지 말고, 성실히 일해야 합니다. 헛된 꿈을 깨고 영혼을 살찌우기 위한 말씀만을 열심히 찾으면, 그 안에 어떤 것과도 바꿀 수 없는 보물이 있습니다.

성배를 찾아 나서기로 한 충성된 기사 영 퍼시발의 이야기가 있습니다. 그는 길을 떠나기 전에 왕이 베푼 잔치에 초대를 받았습니다. 잔치가 끝나자 왕은 그를 감옥에 처넣었습니다. "제가 무슨 죄를 지었습니까?" 하고 그가 묻자, 왕은 "지난밤에 성배가 세 번씩이나 자네 앞을 지나갔지만 자네는 그것을 알아보지 못했네."라고 대답했습니다. 퍼시발은 코앞에 있는 보물을 알아채지 못한 탓에 뼈저린 아픔을 겪어야 했습니다. 그런데 말씀을 옆에 두고도 알지 못하고, 따르지 못하는 어리석은 이들이 수없이 많습니다. 이런 자들은 언젠가 뼈저린 아픔을 겪게 될 것입니다. 마테를링크의 「파랑새」가 말하는 메시지도 마찬가지입니다. 파랑새를 찾으러 사방을 다니다 찾지 못하고 지친 몸으로 집으로 돌아오는데, 집 처마에 파랑새가 앉아 있었다는 것입니다. 진리는 언제나 가까이 있습니다. 하나님의 말씀은 항상 우리 곁에 있습니다.

역대하 35 : 6에는 요시야 왕이 제사를 드리기 위하여 백성들에게 하는 말이 있습니다. "스스로 성결하게 하고 유월절 어린 양을 잡아 너희 형제들을 위하여 준비하되 여호와께서 모세를 통하여 전하신 말씀을 따라 행할지니라" 말씀만 따라 제사를 행하라는 말입니다. 우리의 모든 삶이 말씀을 따라 행해지는 삶이 되면 실패하지 않고, 복이 넘칠 것입니다.

얼마 전에 '내셔널지오그래픽 채널'에서 동물의 세계를 보았습니다. 아프리카 사바나의 버팔로, 사자, 얼룩말, 원숭이 등 동물들의 활동과 이동을 보여 주었습니다. 비가 오지 않는 건기가 되면 모든 동물들이 물을 찾아 사투를 벌입니다. 그때 덩치가 큰 버팔로도 무리에서 떨어져 있으면 사자의 밥이 되기 십상입니다. 그런데 그날의 결론은 이러했습니다. "사바나의 제왕은 물이다." 참 심오한 말로 그날의 방송이 끝났습니다. 물이 없으면 아무것도 할 수 없고 살 수도 없습니다. 우리도 그렇습니다. 하나님의 말씀이 없으면 세상의 서로 물고 뜯는 치열한 생존 경쟁이 아무 의미가 없습니다. 말씀은 우리 영혼의 물입니다. 우리 모두가 하나님의 말씀을 잘 찾고, 말씀대로 삶을 운행하고, 말씀대로 영혼의 삶을 사는 그리스도인이 되기를 바랍니다.

시편 119 : 97~100

주의

법을

사랑하는
사람들

    헬라어에서 '사랑'을 표현하는 단어는 네 가지입니다. 첫째는 '스톨게'로 가족관계, 혈육의 사랑입니다. 둘째는 '필로스'로 친구 사이에 나누는 우정의 사랑입니다. 셋째는 '에로스'로 사랑하는 사람과의 육적인 사랑입니다. 넷째는 '아가페'로 하나님과의 관계에서 드러나는 희생적 사랑입니다.

    '아가페'는 말로 표현될 수 있는 것이 아닙니다. 직접 몸으로 겪어야 하는 사랑이 바로 '아가페'입니다. 또한 '아가페'는 소멸시키는 사랑입니다. 하나님께서 독생자 예수님을 세상에 보내시고 십자가에 달려 죽게 하신 사랑이 '아가페'입니다.

우리는 하나님을 사랑하되 마음(흠모)을 다하고, 목숨(의지)을 다하고, 뜻(신념)을 다하고, 힘(몸)을 다하여 사랑해야 합니다. 사랑은 머리로 하는 것이 아닙니다. 사람에 대한 사랑도 마찬가지로 머리나 말로 하는 것이 아닙니다.

최근 우리나라에서는 '사랑'이란 단어를 너무 옳지 않게 쓰고 있습니다. 특히 'love hotel'이란 말은 듣기 싫은 말입니다. 그 좋은 사랑이란 말을 제대로 쓰지 못하는 것입니다. 또 길을 가다 보면 '단란주점'이란 것도 있습니다. '단란'이란 말은 가정에서 쓰는 단어입니다. 주점이 단란하면 가정은 단란하지 못하게 됩니다.

구약성경의 '아가'는 정경화 과정에서 문제가 되었던 책입니다. 너무 노골적인 사랑을 표현하므로 경건한 사람들이 반대한 것입니다. 그런데 사실 아가는 하나님과 우리와의 사랑의 관계를 설명하는 것입니다. 우리에 대한 하나님의 사랑이 이렇게 진하다는 것을 말합니다.

시인은 "내가 주의 법을 어찌 그리 사랑하는지요"라고 고백합니다. 말씀에 대한 사랑의 강도에 스스로 놀란 감탄문입니다. 하나님의 말씀을 사랑한다는 것은 그 말씀의 주인인 하나님을 사랑하는 것입니다. 하나님을 사랑하면 그분의 말씀을 따르고 그 말씀을 사랑하게 될 수밖에 없는 것입니다.

시편 119편에는 주의 말씀을 "사랑하나이다"라는 말이 6번 나옵니다. 얼마나 말씀을 사랑했으면 이렇게 여러 번 사랑한다고 고백하겠습니까? 사랑은 고백하면 할수록 더 깊어집니다. 마찬가지로 말씀에 대한 사랑도 고백하면 할수록 더 깊어지게 마련입니다.

교육학자 롤로 메이는 "사랑의 반대는 증오나 분노가 아니라 무관심이다."라고 하였습니다. 말씀을 사랑한다는 말의 반대말은 말씀에 대한 무관심입니다. 아우구스티누스는 "하나님을 사랑하라. 그리고 하고 싶은 대로 하라."고 하였습니다. 진정 사랑하면 길을 벗어나지 않기에 이렇게 말한 것입니다. 하나님을 사랑하면 하나님의 말씀을 절대로 벗어나지 못할 것입니다.

첫째, 말씀과 함께하면 원수보다 지혜롭게 됩니다

98절에서 시인은 "주의 계명들이 항상 나와 함께하므로 그것들이 나를 원수보다 지혜롭게 하나이다"라고 합니다. 참 지혜는 여호와를 경외하는 것입니다. 하나님을 아는 것입니다. 그것은 악을 피하게 합니다. 악한 자는 그 악 자체가 지혜롭지 못한 것이므로 지혜롭게 살지 못합니다. 세상에서 악한 자가 잠시 잘되는 것 같지만 악한 자는 절대 하나님을 이기지 못합니다. 왜냐하면 지혜가 없기 때문입니다.

바로 왕은 지혜롭지 못했습니다. 하나님과 싸워 이기려고 하는 것이 어리석음입니다. 또한 하만은 모르드개를 죽이려는 음모를 꾸미고 높은 장대를 세웠지만 자기가 그 장대에 매달려 죽었습니다. 다니엘을 참소하던 신하들은 다니엘을 사자굴 속에 빠뜨렸지만, 다니엘은 죽지 않았고 오히려 그들이 사자의 밥이 되었습니다.

히브리어로 '지혜'란 말의 뜻은 '살아가는 기술'입니다. 그래서 악한 자는 지혜, 즉 살아가는 기술이 없습니다. 살아가는 기술이 없기에 결과가 좋지 못한 일을 아무 생각 없이 하는 것입니다. 그래서 궁극적으로 악은 절대로 선을 이기지 못합니다.

지혜의 반대는 '우매', 즉 '어리석음'이라고 할 수 있습니다. '어리석다'(absurd)라는 말은 청각장애인이라는 뜻의 라틴어 단어 'surdus'에서 나왔습니다. 귀를 막고 사는 것은 어리석은 일입니다. 귀를 열고 하늘의 음성을 들어야 지혜를 얻을 수 있습니다. 듣지 않으려고 하는 사람보다 더 어리석은 사람은 없습니다.

야고보서 1 : 5은 "너희 중에 누구든지 지혜가 부족하거든 모든 사람에게 후히 주시고 꾸짖지 아니하시는 하나님께 구하라 그리하면 주시리라"고 말합니다. 지혜는 침대를 흔들어 깨워야 하는 사람들을 방문하지 않는다고 합니다.

고린도전서 1 : 22~23에는 "유대인은 표적을 구하고 헬라인은 지혜를 찾으나 우리는 십자가에 못 박힌 그리스도를 전하니"라고 기록되어 있습니다. 헬라인은 지혜를 구하는 민족입니다. 그래서 철학이 발달하였습니다. 철학은 지혜(sophia)를 사랑한다(philos)는 말입니다. 헬라인의 4대 미덕은 지혜, 용기, 절제, 정의라고 합니다. 그런데 지혜가 지식에서 나옵니까? 지식에서 나오지 않고 하나님께로부터 나옵니다.

하나님의 말씀은 온갖 지혜를 가지고 있습니다. 어떻게 그럴 수 있습니까? "하나님의 어리석음이 사람보다 지혜롭고" 풍성하기 때문입니다(고전 1 : 25). "하나님께서는 그가 기뻐하시는 자에게는 지혜와 지식과 희락을 주신다."고 하였습니다(전 2 : 26). 지혜의 공급자는 하나님이십니다. 하나님께로부터 이 세상과 하나님 나라의 지혜를 풍성히 얻기를

하나님의 말씀은 온갖 지혜를 가지고 있습니다.
God's Word is the wisdom of all kinds.

바랍니다.

둘째, 말씀을 읊조리고 지키면 명철해집니다

99절에서 시인은 "내가 주의 증거들을 늘 읊조리므로 나의 명철함이 나의 모든 스승보다 나으며"라고 합니다. 100절에서는 "주의 법도들을 지키므로 나의 명철함이 노인보다 나으니이다"라고 합니다. 하나님의 말씀으로 말미암은 명철을 스승, 노인과 비교합니다.

지혜의 두 근원이 있습니다. 하나는 스승이고 다른 하나는 노인입니다. 스승은 지혜와 경륜으로 제자를 가르칩니다. 옛말에 "스승만 한 제자가 없다."라는 말도 있습니다. 스승에게는 경륜과 명철이 있습니다. 극작가 버나드 쇼는 "나는 선생이 아니다. 다만 당신들이 길을 묻는 길동무일 뿐이다. 나는 갈 길을 가리킨다. 당신들의 갈 길과 나 자신의 갈 길까지도."라고 하였습니다. 사상가인 에머슨은 "누구에게나 배울 만한 요소가 있다. 그러므로 나는 그들의 제자이다."라고 하였습니다. 다른 사람을 스승으로 삼는 사람은 지혜 있는 사람입니다. 제자는 스승보다 더 배워야 스승만큼 될 수 있습니다.

노인은 인생의 연륜과 경험을 가지고 지혜를 쌓은 사람을 말합니다. 오랜 인생의 경험에서 지혜가 나오며, 말씀에 순종하여 얻은 경험에서 지혜를 찾습니다. 이런 말이 있습니다. "사냥할 때는 늙은 개가 제일이다." 우리나라 속담에도 "늙은 말이 길을 안다."라는 말이 있습니다. 어르신들의 인생 경륜을 무시하지 말아야 합니다.

그러나 인생의 경험이란 하나님의 말씀이 주는 지혜 앞에서는 아무것도 아닙니다. 왜 그렇습니까? 그것은 인간에게 주어진 한계 때문입니다. 인간이 한평생을 산다 하더라도 이 광활한 우주를 얼마나 경험할 수 있습니까? 아마 눈곱만큼도 경험할 수 없을 것입니다.

제가 신학대학원에 다닐 때 동기생 중의 한 사람이 매일 성경암송만 하는 것을 보았습니다. 그때 저는 그분에게 "웬 성경암송만 그렇게 하고 신학 공부는 하지 않느냐?"라고 핀잔을 주었습니다. 그런데 그분이

신대원을 졸업하고 목회를 하는데, 목회현장에서는 목회를 아주 잘했습니다. 말씀과 기도는 목회에 있어서 최고의 도구입니다.

순자(荀子)의 「권학편」(勸學篇)에는 '청출어람'(青出於藍)이라는 말이 나옵니다. 푸른색은 남빛에서 나왔지만 남빛보다 더 푸르다는 뜻입니다. 흔히 이 말은 제자가 스승보다 더 나을 때 씁니다. '빙수위지이한어수'(氷水爲之而寒於水)라는 말도 있습니다. 얼음은 물에서 나왔지만 물보다 더 차다는 말입니다. 우리들도 이처럼 하나님의 말씀으로 세상의 어떤 스승보다 더 나은 지혜자가 되기를 바랍니다.

하나님의 말씀을 참으로 사랑하기를 바랍니다. 베르나르두스는 하나님에 대한 인간의 4단계 사랑을 말했습니다. 첫째 단계는 자신을 위하여 자신을 사랑하는 단계입니다. 둘째 단계는 자신을 위하여 하나님을 사랑하는 단계입니다. 셋째 단계는 하나님을 위하여 하나님을 사랑하는 단계입니다. 넷째 단계는 하나님을 위하여 나를 사랑하는 단계입니다. 말씀을 사랑하고 그것에 깊이 빠지는 것이 최고의 사랑입니다.

하나님의 말씀을 참 사랑으로 사랑하여 원수보다 더 큰 지혜로 승리하는 우리가 되기를 바랍니다. 하나님의 말씀으로 스승과 노인보다 더 명철하게 되어 세상을 슬기롭게 살기를 바랍니다. 그럼으로 주님께 영광 돌리는 성도가 되기를 바랍니다.

시편 119 : 101~104

주의 말씀의 맛이 단 사람들

요즘 사용되는 말은 같은 한국말이지만 이전과는 상당히 다릅니다. 이전에는 '엄청나게 춥다'라고 했지만 요즘에는 '엄청 춥다'라고 합니다. 이전에는 '완전히 좋다'고 했지만 요즘에는 '완전 좋다'라고 합니다. 맛을 나타내는 말도 그렇습니다. 이전 같으면 '달다' 혹은 '달콤하다'라고 했을 텐데 요즘에는 '달달하다'라고 합니다. 그런데 참 묘한 것은 '달달하다'라고 하면 식감이 더 좋은 것같이 느껴진다는 것입니다.

맛은 크게 세 가지로 구분할 수 있습니다. 첫째는 화학적 맛입니다. 신맛, 짠맛, 단맛, 쓴맛 등으로 구분하는 것이 화학적 맛입니다. 둘째는 물리적 맛입니다. 아삭아삭한 식감과 같은 것을 가리킵니다. 셋째는 사회적 맛입니다. 이 맛은 어떤 환경에서 먹느냐, 누구와 먹느냐 등 대상에 관련된 맛입니다. 이 맛이 가장 중요한 맛입니다. 아무리 맛있는 음식이라도 싫은 사람과 먹으면 맛이 없게 마련입니다.

요즘에는 '꿀사과'라는 말을 많이 합니다. 모두 자기네 사과를 '꿀사과'라고 자랑하고 선전합니다. 사과가 달고 맛있다는 표현을 '꿀'이라는 단어로 한 것입니다. 사람들은 왜 단맛을 좋아합니까? 왜 아기들도 신맛이나 쓴맛을 접하면 찡그리고 싫어합니까? 반면에 왜 단맛은 좋아합니까? 왜냐하면 하나님께서 우리의 입맛을 그렇게 만들어 놓으셨기 때문입니다.

냉면을 먹을 때 달걀을 먼저 먹는 이유를 아십니까? 달걀이 입안의 냄새를 제거하여 냉면의 맛을 돋워 주기 때문입니다. 이와 같이 세상의 맛을 먼저 제거해야 하나님의 맛이 납니다. 내 삶에서 세상의 소리, 세상의 말을 제거하면 꿀맛 같은 하나님의 말씀의 맛을 느낄 수 있습니다. 그 두 가지가 섞여 있을 때는 그 단맛을 알 수 없지만, 성경말씀의 맛을 알면 도리어 세상의 소리와 세상의 말이 주는 맛이 없어지게 됩니다.

맛집 기행을 하는 사람을 본 적이 있습니다. 그는 맛집만 찾아다니는 여행을 다녀와서 자랑을 하였습니다. 맛있다고 소문난 식당은 낮 시간에 설렁탕 한 그릇을 먹으려고 해도 30분을 기다려 10분 만에 먹고 가야 합니다. 하지만 그런 음식은 기다림만으로도 가치가 있다고 합니다. 마치 데이트할 때 사랑하는 사람을 기다리는 것은 즐겁고 의미가 있는 것과 같습니다. 그러나 그것에 가치를 두지 않은 사람은 기다림을 이기지 못하고 자리를 떠나 버립니다. 하나님의 말씀을 기다리는 것이 즐겁고 가치 있는 일입니다.

시인은 얼마나 말씀을 사랑하는지 그 말씀이 꿀보다 더 달다고 합니다. 말씀을 간절히 사모하고 기다리는 사람의 모습을 잘 보여 줍니다. 우리도 하나님의 말씀을 사랑합시다. 그러면 하나님의 말씀은 세상의 어떤 것보다 더 단 말씀이 될 것입니다.

첫째, 주의 말씀이 악한 길로 가지 않게 하십니다

101절에는 "내가 주의 말씀을 지키려고 발을 금하여 모든 악한 길로 가지 아니하였사오며"라고 합니다. '발을 금하여'라는 말에는 바른 신앙의 길을 가려는 시인의 강한 의지가 담겨 있습니다. 악의 길을 피하고, 죄악의 유혹에 굴복하지 않는 신앙을 볼 수 있습니다. '길'은 히브리어로 '오라흐'인데, 성문서에 자주 사용되는 용어입니다. 이는 의인의 길, 악인의 길을 함께 표현할 때 사용되는 단어입니다. 시인은 자신의 발을 조심하여 악한 길로 가지 않는다는 굳은 결의를 표현합니다.

잠언 4 : 18에는 "의인의 길은 돋는 햇살 같아서 크게 빛나 한낮의 광명에 이르거니와"라고 기록되어 있습니다. 4 : 19에서는 "악인의 길은 어둠 같아서 그가 걸려 넘어져도 그것이 무엇인지 깨닫지 못하느니라"라고 합니다. 의인의 길과 악인의 길은 확연하게 나누어지고, 그 결과도 환하게 드러납니다.

최근에는 내비게이션이 발달하여 길을 찾는 데 아주 편리합니다. 그러나 휴대폰이 없으면 전화번호를 몰라 전화를 못하고, 내비게이션이 없으면 길을 못 찾는 '디지털 치매' 현상이 나타난다고 합니다. 그래서 현대인은 길을 찾는 데 점점 둔해지고 있습니다. 길을 잘 선택한다는 것은 목적지로 향하는 빠르고 안전한 길을 찾는 것입니다. 좋은 길을 찾기 위해서는 나쁜 길을 가려낼 수 있는 지혜가 필요합니다. 하나님의 말씀은 우리에게 악한 길을 가지 않게 하는 지혜를 줍니다.

'윤형방황'이란 용어를 아십니까? 똑같은 자리만 맴도는 것을 말합니다. 오래전에 알프스에서 조난을 당했다가 13일 만에 구출된 사람이 있었습니다. 그는 길을 잃고 매일 12시간씩 걸었습니다. 그런데 구출된 다음에 자신의 자리를 봤더니 같은 자리만 맴돌며 방황하고 있었고, 그 거리가 6km 안이었다는 것입니다.

눈을 가리고 20m를 걸으면 경로에서 4m가량을 이탈하게 됩니다. 100m를 가면 원을 그리면서 제자리를 돌게 됩니다. 이것을 '윤형방황'이라고 합니다. 우리가 눈을 가리고 세상을 살게 되면 같은 자리만 맴돌게 되고 바르게 갈 수가 없습니다. 눈을 뜨고 말씀을 보며 걸어야 비로소 바른길을 갈 수 있게 됩니다.

시편 1 : 1에는 "복 있는 사람은 악인들의 꾀를 따르지 아니하며 죄인들의 길에 서지 아니하며 오만한 자들의 자리에 앉지 아니하고"라고 합니다. 우리는 무엇을 따릅니까? 어디에 섭니까? 어디에 앉습니까? 항상 따를 만한 것을 따르고, 설 만한 데 서고, 앉을 만한 데 앉아야 지혜로운 사람이고 하나님의 사람입니다.

겨울이 지날 무렵 추위가 풀릴 때 얼음 위를 걷는 것은 위험합니다.

얼마 전에는 홍천강의 얼음 위에서 사륜 오토바이를 타던 젊은이들이 얼음이 깨지면서 물에 빠졌고, 한 사람이 생명을 잃었습니다. 요즘 사람들은 일부러 험한 곳을 다니고, 길이 없는 곳도 사륜구동 자동차나 오토바이를 타고 다닙니다. 좋은 길보다 나쁜 길을 택합니다. 일부러 위험한 길을 갑니다. 물론 레저에서는 이렇게 하는 것이 재미있을지 모르지만 인생길은 전혀 그렇지 않습니다.

잠언 4 : 14에는 "사악한 자의 길에 들어가지 말며 악인의 길로 다니지 말지어다"라고 합니다. 항상 좋은 길로 가야 합니다. 악인의 길로 가면 악한 자가 됩니다. 말씀은 좋은 길을 제시하고, 좋은 길을 갈 수 있는 힘을 줍니다. 말씀이 주시는 좋은 길을 따라가는 우리가 되기를 바랍니다.

둘째, 주의 말씀은 꿀보다 더 답니다

103절에서 시인은 "주의 말씀의 맛이 내게 어찌 그리 단지요 내 입에 꿀보다 더 다니이다"라고 고백합니다. 시인은 말씀의 맛을 알고 있습니다. 말씀의 맛은 어떤 맛보다 더 달다고 합니다. 말씀의 맛은 말씀을 사랑하는 사람이 느낄 수 있습니다.

'꿀'이란 히브리어로 '데바쉬'인데, 일반적으로 들에서 난 꿀이나 양봉을 통한 꿀을 함께 가리키는 말입니다. 이는 가장 단것을 가리키며, 가장 맛있는 것을 가리킬 때 사용하는 단어입니다. 그래서 보통 꿀이란 단어를 사용할 때 맛없는 것이나 좋지 못한 것을 가리키는 데 사용하지는 않습니다.

말씀이 얼마나 맛있었기에 꿀맛이라고 하겠습니까? 말씀의 맛을 보지 않은 사람이라면 결코 알 수 없습니다. 찬송 "저 장미꽃 위에 이슬"에는 "우리 서로 받은 그 기쁨을 알 사람이 없도다"라는 가사가 있습니다. 예수님과의 친밀한 관계는 예수님을 사랑하지 않으면 알 사람이 없다는 말입니다. 하나님의 말씀도 마찬가지입니다. 말씀을 사랑하지 않는 사람은 그 맛을 알지 못합니다.

꿀맛을 어떻게 설명할 수 있습니까? 쓰고, 달고, 짜고, 매운 맛을 어떻게 설명할 수 있습니까? 맛은 경험해 보지 않으면 모릅니다. 맛을 알지 못하는 사람은 아무리 설명을 들어도 그 맛을 이해하지 못합니다. 말씀의 맛도 그렇습니다. 맛보지 않은 사람에게 아무리 설명해도 그는 말씀의 맛을 모를 수밖에 없습니다. 직접 말씀의 맛을 경험한 성도들은 하나님의 말씀을 읽고 묵상하면서 나눕니다. 나누는 그 말씀의 맛을 알기에 달고 은혜가 되는 것입니다.

그런데 말씀의 맛은 달기만 한 것이 아니라 때로는 씁니다. "입에 쓴 약이 몸에 좋다."라고 하지 않습니까? 말씀을 통하여 애통하고, 가슴을 찢게 될 때에 우리 영혼에 많은 유익이 되고, 영혼이 구원받고, 영혼이 살지게 되는 것입니다.

오래전에는 아프리카 사람들이 콜라를 마시지 않았습니다. 그들의 입맛에 맞지 않았기 때문입니다. 그래서 콜라 회사에서는 2년 동안 그들에게 무료로 차가운 콜라를 제공했습니다. 그러자 그들의 입에 콜라가 차차 습관이 되어, 나중에는 안 마실 수 없게 되었습니다. 그때부터 아프리카에 본격적으로 콜라가 팔리기 시작했습니다. 맛이 몸에 배게 된 것입니다.

미국에서는 콜라 회사가 정기적으로 유치원 아이들을 초청하여 콜라를 실컷 맛보게 합니다. 그리고 아이들에게 예쁜 선물을 줍니다. 이렇게 콜라를 마시고 선물을 받은 아이들은 평생 고객이 될 가능성이 높다고 합니다. 콜라를 마신 어린이들 중에 80%가 평생 고객이 된다고 합니다.

욥기 12 : 11에는 "입이 음식의 맛을 구별함같이 귀가 말을 분간하지 아니하느냐"라고 기록되어 있습니다. 입은 맛을 구별할 줄 압니다. 이처럼 우리의 영혼도 말씀의 맛을 구별할 줄 알아야 합니다. 말씀을 분간하고, 분별력을 가지고, 지혜가 생기면 그 맛을 아는 것입니다. 우리 모두에게 말씀의 맛을 아는 지혜가 있기를 바랍니다.

「청소부 밥」이란 책에는 새겨 둘 만한 말이 많이 있습니다. 그중에 "인생이란 오래 담가 둘수록 깊은 맛이 우러나는 차와 같다."라는 말이 있습니다. "우리의 만남도 당장 눈앞에 보이는 효과를 기대하기보다 천천히 깊은 맛을 우려내기를 바란다."라는 말도 있습니다. 이 말처럼 우리도 맛깔나는 삶을 살기를 바랍니다.

성경말씀을 보면 잠이 온다는 사람이 있습니다. 성경의 참맛을 모르니까 그렇습니다. 성경은 잠이 오는 책이 아니라 잠이 깨는 책입니다.

21세기에는 제3의 맛이 세계를 지배한다고 합니다. 제3의 맛은 발효음식의 맛입니다. 우리 민족은 발효음식이 가장 발달한 민족입니다.

발효음식의 특징은 입맛에 길들여지게 되면 안 먹을 수 없게 된다는 것입니다. 우리의 인생이 이와 같기를 바랍니다. 하나님 말씀의 맛으로 길들여져 하루라도 그 맛을 보지 않고는 견딜 수 없게 되기를 바랍니다. 그로 인해 날마다 하나님의 말씀이 주는 꿀과 같은 단맛을 삶에서 느끼는 그리스도인이 되기를 소망합니다.

우리의 영혼도 말씀의 맛을 구별할 줄 알아야 합니다. 말씀을 분간하고, 분별력을 가지고, 지혜가 생기면 아는 것입니다. 우리 모두에게 말씀의 맛을 아는 지혜가 있기를 바랍니다.
Our spirit needs to distinguish the taste of the Words. When we gain wisdom, distinguishing discerning it, we get to know its taste. May God Bless us so we get to know the taste of the Wor wisdom.

시편 119 : 105~108

주의
말씀이
발에 등인
사람들

　　많은 사람들이 고린도의 철학자 디오게네스에게 지혜를 배우려고 몰려왔습니다. 그는 작은 통 속에 살면서, 그 통을 굴리며 옮겨 다녔습니다. 하루는 그가 대낮에 등불을 들고 두리번거렸다고 합니다. 사람들이 "해가 있는데 왜 등불을 들고 다닙니까?"라고 묻자, 그는 "정직한 사람을 찾기 위해 등불을 들고 나왔소."라고 했다고 합니다. 또 하루는 알렉산더 대왕이 고린도에 왔습니다. 그러자 도시의 주요 인사들이 앞을 다투어 왕을 찾아갔습니다. 그러나 디오게네스는 왕에게 가지 않았습니다. 알렉산더는 디오게네스를 존경하던 터라 디오게네스가 있는 곳으로 찾아가 말했습니다. "디오게네스여, 그대가 지혜가 있다는 이야기를 많이 들었소. 내가 그대를 위해 해 줄 수 있는 일이 무엇인지 말해 보시오." 그러자 디오게네스는 "한 가지가 있습니다. 조금만 비켜 주십시오. 그래야 이 통 속에 햇빛이 들어옵니다."라고 대답했습니다. 왕은 당황했지만 화를 내지 않았습니다. 그리고 돌아오는 길에 "그대들이 뭐라고 해도 좋다. 하지만 나는 알렉산더가 아니었더라면 디오게네스가 되려고 했을 것이다."라고 하였답니다. 여러분에게는 세상을 비출 등이 있습니까? 참 사람을 찾을 등이 있습니까?

우리 교회는 모든 예배 시간에 촛불을 켭니다. 처음 강단에 촛불을 켰을 때는 오해하는 이도 있었습니다. 그러나 촛불을 밝히는 것에는 굉장히 중요한 예전의 의미가 있습니다. 바로 성령의 임재를 상징하는 것입니다. 서양에서는 거의 모든 개혁교회들이 예배 시간에 촛불을 켭니다. 그런데 우리나라에 개신교가 전래된 지 얼마 지나지 않아서 촛불이 꺼졌습니다. '초상집 같다', '사찰 같다'라는 이유 때문입니다. 그러나 예전의 의미를 잘 알면 같은 촛불이라 해도 그 의미가 전혀 다르다는 것을 알 수 있습니다.

기독교 예술가들은 현대 전통주의자들이 집이나 사무실이나 차 등에서 유익하게 쓸 수 있는 다양한 상징을 만들었습니다. 닻, 등불, 물고기 등이 우리가 흔히 보는 상징입니다. 많은 상징 중의 하나가 지혜와 경건을 상징하는 등불입니다. 지혜와 경건이 어디에서 옵니까? 성경, 즉 하나님의 말씀에서 나옵니다.

임금이 어두운 길을 갈 때는 내시나 궁을 지키는 별감이나 호위무사가 임금을 앞서 갑니다. 이들이 임금을 앞서갈 수 있는 것은 등불 때문입니다. 등불을 들지 않는 낮에는 이들이 임금을 앞설 수 없는 법입니다. 등불은 뒤따라가지 않습니다. 등불이 항상 앞에 가야 합니다. 임금 앞에 항상 길을 밝히는 불이 있게 하는 것입니다.

마태복음 25장에는 '열 처녀의 비유'가 있습니다. 열 처녀는 '등'을 들고 신랑을 맞으러 나갔습니다. 헬라어로 '람파다스'인 등은 신랑을 맞이하는 데 있어 아주 중요한 도구였습니다. 신부를 찾아오는 신랑의 행로를 밝히는 역할을 했습니다. 그런데 당시의 전승에 보면 등불은 각자가 개별적으로 준비해야 했습니다. 만일 등불을 들지 않은 자가 있다면 그는 불청객이었고, 강도로 취급을 받았습니다. 즉, 등불이 없으면 혼인잔치에 입장할 자격이 없는 것입니다.

시인은 "주의 말씀은 내 발의 등이며 내 길의 빛"이라고 고백합니다. 하나님의 말씀이 지혜를 주고, 앞길을 밝혀 주는 것이 얼마나 좋았으면 '등이며 빛'이라고 하겠습니까? 하나님의 말씀이 우리가 가는 길을 비추는 우리 발의 등이요, 우리 길의 빛이 되기를 바랍니다.

첫째, 말씀이 발에 등이며 길에 빛입니다

105절에서 시인은 "주의 말씀은 내 발에 등이요 내 길에 빛이니이다"라고 합니다. '발에 등'은 어두운 밤길을 밝혀 주는 횃불을 의미합니다. 어두운 밤길에는 넘어지기 쉽습니다. 그래서 장애물이나 굽은 길을 비추어 주는 등이 필요합니다. 우리의 인생길은 마치 어두운 밤길과 같습니다. 인생을 밝게, 바르게 가려면 길을 비추는 등이 반드시 필요합니다.

'길에 빛'이라는 말은 항상 빛이 켜져 있어서 길을 밝게 한다는 의미입니다. '발에 등'이란 말은 밝은 빛이 항상 나와 함께 움직인다는 뜻인데 반하여, '길에 빛'은 움직이지 않고 고정되어 있는 것을 의미합니다.

하나님의 말씀은 "사망의 음침한 골짜기로 다닐지라도 해를 두려워하지 않을"(시 23 : 4) 힘을 주십니다. 말씀이 육신이 되신 그리스도는 "그 안에 생명이 있었으니 이 생명은 사람들의 빛"(요 1 : 4)이십니다. 하나님의 말씀은 우리가 어디에 가도 항상 함께하고, 길을 비추어 안전하게 합니다.

하나님의 말씀이 없는 자는 어둠 속을 거니는 자입니다. 빛이 없기에 웅덩이에 빠집니다. 빛이 없기에 골짜기에서 헤맵니다. 빛이 없기에 그릇된 길로 갑니다. 그래서 결국은 멸망의 길로 들어서게 됩니다.

사무엘하 22 : 29에는 "여호와여 주는 나의 등불이시니 여호와께서 나의 어둠을 밝히시리이다"라고 기록되어 있습니다. 하나님께서는 우리의 등불이 되셔서 우리 앞의 어둠을 밝히시고, 우리가 어둠에 빠지지 않게 하시고, 밝은 길을 가게 하십니다. 갈 길을 밝히 보이십니다.

우리가 무엇을 할 때에는 그것을 행할 바른 자리를 알아야 합니다. 어떤 사람이 두리번거리며 무엇을 찾고 있었습니다. 그가 친구와 나누는 대화를 들어 보십시오. "무얼 찾고 있어?" "방금 동전을 떨어뜨렸지 뭐야." "어디서 떨어뜨렸는데? 앞이야 아니면 옆이야?" "둘 다 아냐. 마차 뒤에서 잃어버렸어." "그러면 거기에서 찾아야지." "이 사람아, 거기에는 등불이 없단 말이야." 등불이 없으면 찾는 것이 분명히 눈앞에 있는데도 찾지 못합니다. 찾기 위해서는 불이 필요합니다.

열왕기상 11 : 36에는 "내가 거기에 내 이름을 두고자 하여 택한 성읍 예루살렘에서 내 종 다윗이 항상 내 앞에 등불을 가지고 있게 하리라"라고 기록되어 있습니다. 하나님께서는 마음에 합한 종인 다윗이 하나님 앞에 등불을 가지고 있게 하시겠다고 하십니다. 다윗이 항상 어둠이 아닌 밝은 빛 속에 살기를 원하시는 것입니다. 등불을 가지고 사는 사람은 항상 밝게, 바르게 삽니다. 우리 앞에도 항상 밝은 등불이 있기를 바랍니다.

둘째, 주의 말씀을 지키기로 맹세하고 굳게 정합니다

106절에서 시인은 "주의 의로운 규례들을 지키기로 맹세하고 굳게 정하였나이다"라고 합니다. 이 말씀을 통하여, 하나님의 말씀을 지키려는 굳은 의지를 가지고 있는 시인의 마음을 확실히 알 수 있습니다.

'맹세하고'라는 말은 '니쉬바티'라는 히브리어로서 '서약' 혹은 '맹세'를 뜻하는 법적 용어입니다. 시인은 증인석에서 성실하게 서약하듯 하나님의 말씀을 성실하게 증언하겠다고 말하고 있는 것입니다. 증인은 "오직 진실만을 말할 것을 선서합니다."라고 선서해야 합니다. 마찬가지로 그리스도인은 모름지기 진실만을 말해야 하는 증인입니다.

맥스 루케이도는 법정의 증인과 그리스도의 증인이 한 가지 다른 점이 있다고 하였습니다. 법정의 증인은 증언이 끝나면 증인석에서 내려오지만, 그리스도의 증인은 그 증언이 끝나지 않으므로 증인석에서 내려오지 않습니다. 그리스도인에게는 변치 않는 마음으로, 끝까지 말씀을 지키기로 한 서약을 실천하며 살아야 하는 책임이 있기 때문입니다.

'굳게 정하였나이다'라는 말은 '견고하게 세웠다'라는 뜻입니다. 말로만 정하는 것이 아니라 반드시 행하겠다는 것을 단단히 각오하는 말입니다.

오늘 말씀에는 '맹세하고'라는 말과 '굳게 정하였나이다'라는 말, 같은 의미를 가진 말이 두 번 반복됩니다. 얼마나 마음에 단단히 결심했으면 이렇게 반복해서 간절하게 말을 하겠습니까?

여호와의 장막에 오를 자가 누구입니까? 시편 15 : 4은 "그의 마음에 서원한 것은 해로울지라도 변하지 아니하며"라고 합니다. 시편 112 : 7은 "그는 흉한 소문을 두려워하지 아니함이여 여호와를 의뢰하고 그의 마음을 굳게 정하였도다"라고 합니다. 시인은 자신의 마음을 말씀에 두기로 굳게 결심하였다고 말합니다. 대중가요 중에 "세상이 우리를 힘들게 하여도 우리 둘은 변하지 않아"라는 노래가 있습니다. 그 노래의 가사처럼, 세상이 우리를 하나님의 말씀에서 멀어지게 하고 힘들게 하더라도 우리의 마음은 절대로 변할 수 없습니다.

저는 어릴 때 선친으로부터 배운 생애 최초의 영어노래를 지금도 기억합니다. "This little light of mine / I am going to let it shine / This little light of mine / I am going to let it shine / let it shine, let it shine, let it shine"이라는 노래입니다. "이 작은 나의 빛 비추게 할 테야"라고 우리말로도 번역된 노래입니다.

우리가 빛을 비출 수 있는 것은 우리 안에 하나님의 말씀이 있기 때문입니다. 말씀이 등이 되고 빛이 되면 우리가 빛을 비추고, 세상의 등이 될 수 있습니다. 하나님의 말씀을 마음에 품으면 우리가 세상의 등이 됩니다. 우리가 세상을 비춥니다. 하나님의 말씀으로 무장하여 우리 모두가 세상에서 꺼지지 않는 등불이 되기를 바랍니다.

시편 119 : 109~112

주의

율례들을

영원히 행하는
사람들

　　미국 펜실베이니아 랭커스터에는 아미쉬들이 사는 마을이 있습니다. 아미쉬는 재세례파 교인들로서 단추가 없는 검은색 옷을 입습니다. 이들은 지금도 농사를 짓고, 마차를 타고 다닙니다. 또한 현대 문명을 거절하여 전기도, 가전제품도 없이 살고 있습니다.

　　2006년 10월 2일, 평화롭던 아미쉬들의 마을에 총격사건이 일어났습니다. 외부인의 총격으로 다섯 학생이 죽은 사건이었습니다. 범인은 우유를 수거하던 트럭운전사였는데, 딸이 출산 직후에 죽은 것을 신이 저주하였다고 하여 마을에서 총격을 가하고 자살했습니다. 이 일로 전국에서 성금이 답지하였는데, 아미쉬들은 성금을 범인 유가족에게도

전달하여 자기들과 똑같이 나누었습니다. 증언에 따르면 범인이 교실에 총을 들고 들어가 10명의 학생을 나란히 세웠을 때 13세 소녀가 "나를 먼저 쏘세요."(Shoot me first)라고 하니 11세 동생이 "그다음에는 저를 쏘세요."(Shoot me next)라고 하였답니다. 이 두 자매는 다른 이들을 위해 범인의 총에 희생되었습니다. 이처럼 아미쉬들이 고집스럽게 지키는 전통이 있습니다. "믿음은 행함이다."라는 것입니다.

야고보서에는 "행함이 없는 믿음은 죽은 것이다.", "나는 행함으로 내 믿음을 네게 보이리라."는 말이 있습니다. 야고보는 믿음이 있다고 하면서 행함이 없는 것은 죽은 것이라고 하였습니다. 믿음은 행함으로 드러나기 때문입니다.

사막의 교부 히페리우스는 "말이 아니라 행동으로 가르치는 사람이 진정한 교사이다."라고 하였습니다. 이는 행동이 얼마나 중요한가를 말해 주고 있습니다. 또한 성 프란시스는 "언제나 복음을 전하십시오. 필요하면 말을 사용하십시오."라고 하였습니다. 말이 아니라 행동으로 먼저 전도해야 한다는 말입니다. 행동은 그 어떤 말보다 더 웅변적입니다. "사람은 누구나 어떤 행동에 대해 관심을 가질수록 그 행동이 반복된다."라는 말이 있습니다. 말씀에 관심을 가지면 말씀대로 사는 행동이 반복될 것입니다.

말씀을 실천하고, 행함을 통하여 말씀을 성취하는 그리스도인이 되기를 바랍니다. 하나님의 말씀을 생명같이 여기고, 기업으로 삼고 사는 우리 모두가 되기를 바랍니다.

첫째, 생명이 위기에 있지만 말씀을 잊지 않습니다

109절에서 시인은 "나의 생명이 항상 위기에 있사오나 나는 주의 법을 잊지 아니하나이다"라고 고백합니다. 시인이 당하는 세상에서의 위협이 얼마나 큰가를 짐작하게 합니다. 시인은 마음에 품고 있는 큰 짐을 표현하면서, 자신에게 닥쳐온 위기가 끝나지 않았음을 말합니다. 하나의 위기가 끝나면 또 다른 위기가 자신을 엄습하는 것입니다. 이처럼 끝나지 않는 고난과 위협 속에 사는 것이 우리의 인생이기도 합니다.

"나의 생명이 항상 위기에 있사오나"라는 말은 "내 영혼이 내 손 안에 있습니다."라는 뜻입니다. 자신의 신변이 완전히 노출된 상태를 말합니다. 시인은 자신이 계속해서 위험 가운데 노출되어 왔음을 강하게 암시하고 있습니다. 이는 완전히 자신이 노출되어 불안한 상태에 있는 것을 드러냅니다.

공포영화를 떠올려 보십시오. 공포영화에서처럼 누군가 나를 빤히 보고 있고, 나의 움직임이 모두 노출되어 있다고 생각해 봅시다. 이런 때가 가장 위험하고, 공포를 많이 느끼는 순간일 것입니다. 극도의 공포감이 밀려오면 공황상태가 됩니다. 흔히 이럴 때 머릿속이 하얗게 된다고 표현합니다. 당황하게 되면 알던 것도 생각이 안 나게 됩니다. 이런 이야기가 있습니다. 집에 갑자기 불이 났는데 아버지가 당황해서 "아들아, 119가 몇 번이냐?"라고 했더니 아들이 "아버지, 114에 물어보세요."라고 하더라는 우스갯소리입니다. 당황하면 누구나 그럴 수 있습니다. 위기가 닥치면 알고 있던 것도 잊기 쉽습니다.

하나님의 말씀을 생명같이 여겨
기업으로 삼아야 합니다.
We should take God's Words as our lives,
and take it as our inheritance.

그런데 시인은 이런 위기에도 불구하고 "나는 주의 법을 잊지 아니하나이다"라고 합니다. 하나님의 말씀이 마음속에 깊이 자리를 잡고 있다는 증거입니다. 이런 마음을 품고 살아야 하는데, 우리는 그렇지 못하는 때가 많습니다.

신명기 4 : 23은 "너희는 스스로 삼가 너희의 하나님 여호와께서 너희와 세우신 언약을 잊지 말고 네 하나님 여호와께서 금하신 어떤 형상의 우상도 조각하지 말라"고 합니다. 하나님과의 언약을 잊으면 나도 모르게 우상을 섬기게 됩니다.

물고기의 지능지수는 0.4 정도라고 합니다. 그래서 물고기는 조금 전에 물었다가 혼이 난 그 미끼를 또 무는 것입니다. '기억하다'라는 단어는 성경에 250회 등장합니다. 잘 잊는 우리 인간을 향해 성경은 기억하라고 말합니다.

뇌 과학 분야의 연구에 따르면 인간의 뇌는 30일 이내에 같은 정보가 주어지지 않으면 그 정보를 폐기처분해 버린다고 합니다. 입력된 정보를 해마(海馬)에 저장하는데, 해마에 보관하는 기한이 약 30일이라는 것입니다. 30일이 지나기 전에 말씀을 읽어야 잊지 않고 보존하게 됩니다. 말씀을 열심히 읽어 잊지 않고 기억하며, 말씀대로 사는 우리가 됩시다.

둘째, 말씀을 영원한 기업으로 삼으니 마음이 즐겁습니다

111절에서 시인은 "주의 증거들로 내가 영원히 나의 기업을 삼았사오니 이는 내 마음의 즐거움이 됨이니이다"라고 합니다. 시인은 주의 말씀이 '나의 기업'이라고 말합니다. 시인에게 하나님의 말씀은 상속이며, 사업이며, 일이며, 직업이며, 소명입니다.

'기업'이란 히브리어 '나할'로, '수유 받다', '상속하다', '얻다'라는 동사입니다. 유대인에게 상속물이란 궁극적으로 약속의 땅 가나안에 적용되는 용어입니다. 가나안 땅이 하나님께서 그들에게 기업으로 주신 유산이기 때문입니다.

여러분은 유산으로 무엇을 물려받았습니까? 여러분은 자녀에게 유산으로 무엇을 물려주고자 하십니까? 저는 선친으로부터 물질의 유산은 받지 못했습니다. 선친께서 재산을 교회에 전부 바치셨기 때문입니다. 대신 정신의 유산, 신앙의 유산을 많이 받았습니다. 저도 저의 자녀에게 물질보다 가장 귀한 신앙의 유산을 물려주고자 합니다. 여러분도 변하지 않고 빼앗기지 않는 신앙의 유산을 자녀들에게 꼭 물려주기를 바랍니다.

시인은 하나님의 말씀을 영원한 소유물로 삼겠다고 고백합니다. 가나안 땅이 아니라 하나님의 율법이 영원한 소유물이라는 말입니다.

우리에게는 유산이 많습니다. 세계문화유산, 세계자연유산도 있습니다. 그런데 자연유산은 조상들이 물려준 유산입니까? 사실은 모두 하나님께서 지으신 것입니다. 하나님께서 인류에게 유산으로 주신 것입니다. 그러므로 이런 것들은 인류의 기업(유산)입니다. 하나님께서 인류에게 기업을 삼게 하신 것입니다.

지난해 말에 재벌 오너들의 미성년 자녀들이 받은 주식 상속 총액이 1조 원이 넘었습니다. 주식을 증여받은 미성년 자녀가 87명이라고 합니다. 이 가운데는 유치원생도 있고, 갓난아기도 있습니다. 재벌들이 자기 자녀에게 유산을 물려주는 것은 막을 수는 없지만, 받는 자녀에게 반드시 유익한 것만은 아니라는 사실을 알아야 합니다.

어느 어머니가 죽기 전에 아들에게 성경 한 권을 물려주었습니다.

그 아들에게는 말씀이 기업이며, 유산이며, 유언이며, 가장 귀한 보물입니다. 이런 아들은 주식을 증여받은 아들보다 훨씬 복을 받고 잘될 것입니다. 하나님의 말씀을 영원한 소유물로 삼는 이유가 있습니다. 하나님의 말씀에는 계속적으로 맛볼 수 있는 즐거움과 기쁨이 있기 때문입니다.

사막의 교부인 아르세니우스는 가까운 친척이 세상을 떠나면서 자신에게 막대한 유산을 남겼다는 소식을 들었습니다. 그는 친척의 유언장을 찢어 달라고 부탁하며 이렇게 말했습니다. "나는 그 친척이 죽기 훨씬 오래전에 이미 죽었다." 이 이야기는 물질적 유산에 대하여 초연한 신앙인의 모습을 보여 줍니다. 이 세상에 대하여 죽으면 세상의 유산은 아무 소용이 없습니다.

프랑스의 철학자 마리우스 블롱델이 말했습니다. "어떤 사람이 믿는 바가 무엇인지 이해하고 싶으면 그의 말에 귀 기울이지 말고 그의 행동을 눈여겨보라." 하나님의 말씀을 행동하고 실천하는 삶을 사는 우리가 됩시다. 우리 모두가 하나님의 말씀대로 행하는 삶을 살아, 말씀 때문에 즐거운, 귀한 삶을 사는 그리스도인이 되기를 바랍니다.

주의 말씀이 '나의 기업'입니다. 시인은 하나님의 말씀을 영원한 소유물로 삼겠다고 고백합니다. 하나님
말씀에는 계속적으로 맛볼 수 있는 즐거움과 기쁨이 있습니다.
The Lord's Word is 'my inheritance'. The poet confesses that The Word is only his own propert
There is continuous pleasure and joy that we can taste in God's Word.

주의 말씀대로 나를 붙들어 살게 하시고 내 소망이 부끄럽지 않게 하소서 나를 붙드소서 그리하시면 내가 구원을 얻고 주의 율례들에 항상 주의하리이다
주의 율례들에서 떠나는 자는 주께서 다 멸시하셨으니 그들의 속임수는 허무함이니이다
주께서 세상의 모든 악인들을 찌꺼기같이 버리시니 그러므로 내가 주의 증거들을 사랑하나이다

PSALMS 119

Sustain me according to your promise, and I will live ; do not let my hopes be dashed. Uphold me, and I will be delivered ; I will always have regard for your decrees. You reject all who stray from your decrees, for their deceitfulness is in vain. All the wicked of the earth you discard like dross ; therefore I love your statutes

시편 119 : 113~116

주의 말씀대로

붙들어
살게 한

사람들

'매임병'(stuckititis)이라는 아주 흔한 질병이 있다고 합니다. 'stuck' 이란 '꼼짝없이 갇혀 있다'는 뜻인데, 사람은 누구나 어디엔가 매이고 싶은 욕구를 가지고 있다는 것입니다. 그런데 어디에, 누구에게 매이느냐가 문제입니다. 매여 있을 가치가 있는 데 매여 있어야 복입니다. 방주 안에 갇히면 복이지만 세상 안에 갇혀 있으면 멸망입니다.

그리스도 안에 갇히면 새로운 피조물이 됩니다. 그리스도 안에 있으면 자유가 있습니다. 그리스도 안에 있어야 구원을 얻습니다. 그리스도 안에 있으면 참 평안과 행복이 있습니다. '그리스도 안에'는 구원의 명제이며, 바울신학의 주제입니다.

이스라엘 백성들의 출애굽에는 하나님의 목적이 분명히 드러납니다. 곧 하나님께 예배드리도록 하기 위함입니다. 역대하 7 : 22은 "대답하기를 그들이 자기 조상들을 애굽 땅에서 인도하여 내신 자기 하나님 여호와를 버리고 다른 신들에게 붙잡혀서 그것들을 경배하여 섬기므로 여호와께서 이 모든 재앙을 그들에게 내리셨다 하리라 하셨더라"라고 합니다. 하나님께서는 다른 신들에게 붙잡혀 있던 이스라엘 백성들을 하나님께 붙잡히게 하시려고 애굽에서 이끌어 내신 것입니다.

무엇엔가 붙잡힌 삶을 사는 사람들이 많이 있습니다. 병에 붙잡힌 사람이 있습니다. 예수님은 이런 사람에게 "네 병에서 놓여 건강할지어다."라고 하십니다. 귀신에 붙잡혀 사는 사람이 있습니다. 사망에 매여 사는 사람이 있습니다. 그리고 말씀에 붙잡혀 사는 사람도 있습니다. 사도행전 18 : 5에는 "실라와 디모데가 마게도냐로부터 내려오매 바울이 하나님의 말씀에 붙잡혀 유대인들에게 예수는 그리스도라 밝히 증언하니"라고 기록되어 있습니다. 말씀에 매인 바울이 예수를 그리스도라고 증언한 것입니다. 우리 모두가 주의 말씀에 붙잡힌 삶을 살기를 바랍니다.

첫째, 두 마음이 아니라 한마음으로 사랑합니다

오늘 말씀, 113절에는 '두 마음 품는 자'라는 말이 있습니다. 이 말을 어느 영어성경에서는 '말씀에 순종할까 말까 결정하지 못한 자'라고 번역하고 있습니다. 박쥐와 같이 쥐도 아니고, 새도 아닌 모습입니다.

미국 남북전쟁 때에 어느 사람이 윗도리는 북군 옷을 입고, 아랫도리는 남군 옷을 입고 나왔습니다. 그는 북군을 만나면 윗도리를 보여 주고, 남군을 만나면 아랫도리를 보여 주리라 생각했습니다. 그런데 남군이 멀리서 그의 윗도리를 보고 북군이라 여겨 총을 쏘았습니다. 조금 후에 북군이 멀리서 아랫도리를 보고 남군이라 여겨 또 총을 쏘았습니다. 그래서 이 사람은 아래위로 다 총에 맞아 죽었답니다. 두 마음을 품고 살려고 하는 생각이 이처럼 어리석은 것입니다.

버려야 할 다섯 가지 마음이 있습니다. 의심(疑心), 소심(小心), 변심(變心), 교심(驕心), 원심(怨心)입니다. 반대로 가져야 할 다섯 가지 마음이 있습니다. 성심(誠心), 양심(良心), 항심(恒心), 일심(一心), 전심(全心)입니다. 우리에게 꼭 필요한 마음을 가져야 합니다. 변치 않는 한결같은 마음이 신앙을 지키려는 그리스도인에게 필요합니다.

여호수아 24 : 15에서 여호수아는 "만일 여호와를 섬기는 것이 너희에게 좋지 않게 보이거든 너희 조상들이 강 저쪽에서 섬기던 신들이든지 또는 너희가 거주하는 땅에 있는 아모리 족속의 신들이든지 너희가 섬길 자를 오늘 택하라 오직 나와 내 집은 여호와를 섬기겠노라"라고 합니다. 이것은 여호수아의 하나님을 향한 일편단심을 보여 줍니다. 하나님을 향한 마음이 절대 변치 않겠다는 것입니다.

시편 57 : 7에서 다윗은 "하나님이여 내 마음이 확정되었고 내 마음이 확정되었사오니 내가 노래하고 내가 찬송하리이다"라고 합니다. 다윗은 사울의 위협에도 마음을 정하여 불의와 타협하지 않고 믿음을 지키겠다고 합니다.

조선 시대의 신숙주는 훌륭한 학자였고 세종대왕의 총애를 받았습니다. 그런데 성삼문 등 사육신이 목숨을 버려 가며 단종을 위해 일편단심으로 충정을 맹세한 것과는 달리, 그는 수양대군 편에서 권력을 맛보고 변절자로 살았습니다. 그래서 그 후로 사람들은 신숙주를 미워해서 숙주나물을 먹지 않았다고 합니다.

엘리야는 갈멜산에서 바알의 선지자 450명과 아세라의 선지자 400명과 영적 싸움을 벌입니다. 열왕기상 18 : 21을 보면 "너희가 어느 때까지 둘 사이에서 머뭇머뭇 하려느냐 여호와가 만일 하나님이면 그를 따르고 바알이 만일 하나님이면 그를 따를지니라"라고 합니다. 엘리야는 가운데 머물지 말고 하나님 편에서 섬기라고 합니다. 신앙에는 중립지대가 없습니다.

마태복음 6 : 24에는 "한 사람이 두 주인을 섬기지 못할 것이니 혹 이를 미워하고 저를 사랑하거나 혹 이를 중히 여기고 저를 경히 여김이라 너희가 하나님과 재물을 겸하여 섬기지 못하느니라"라고 기록되어 있습니다. 하나님께서는 두 마음을 품은 사람을 원하지 않으십니다. 그리스도인은 한마음으로 하나님을 사랑하고, 말씀을 사랑해야 합니다. 마음을 확고하게 정하고 변치 않는 그리스도인이 되기를 바랍니다.

둘째, 나를 붙들어 살게 하시면 소망이 있습니다

116절에는 "주의 말씀대로 나를 붙들어 살게 하시고 내 소망이 부끄럽지 않게 하소서"라고 합니다. 여기서 '주의 말씀'이란 '이므라트카'라는 히브리어인데, '하나님의 약속'이란 뜻입니다. 하나님께서 약속하신 대로 나를 붙들어 살게 해 달라는 말입니다.

붙잡음이란 위험에서 구원하시고 복 주시는 하나님의 손을 은유합니다. 시험이나 유혹이 있다고 하더라도 본연의 신앙상태를 유지하게 해 달라는 뜻입니다.

하나님의 사람이 가지는 소망이 무엇입니까? 하나님께서 자기를 붙잡아 주실 것이라는 기대입니다. 하나님께서 붙잡아 주시지 않으면 부끄러움을 당합니다. 그래서 시인은 하나님께서 하신 약속이 파기되지 않게 붙잡아 달라고 말합니다.

시편 54 : 4은 "하나님은 나를 돕는 이시며 주께서는 내 생명을 붙들어 주시는 이시니이다"라고 합니다. 하나님께서는 우리의 생명을 붙들고 계십니다. 이사야 41 : 10은 "두려워하지 말라 내가 너와 함께함이라 놀라지 말라 나는 네 하나님이 됨이라 내가 너를 굳세게 하리라 참으로 너를 도와주리라 참으로 나의 의로운 오른손으로 너를 붙들리라"고 합니다. 하나님께 붙잡힌 것은 구속이 아니라 평안입니다. 압박이 아니라 자유입니다. 죽음이 아니라 삶입니다.

이산가족들이 생이별하는 장면을 상상해 보십시오. 피난길에 기차를 타고, 배를 타고 월남합니다. 붙잡고 있던 손을 놓쳐 부모 형제와 생이별한 사람들도 있습니다. 또 어릴 때 엄마와 시장에 갔다가 엄마 손을 놓쳐 가족을 잃은 아이들도 있습니다. 잡은 손을 놓치면 안 됩니다. 손을 놓치면 이산가족이 되고, 이별의 고통을 당하고, 영원히 못 만날 수도 있습니다.

"오직 주의 사랑에 매여"라는 찬양이 있습니다. 사랑에 매여 있으면 노래할 수 있습니다. "오직 주의 임재 안에 갇혀 내 영 기뻐 노래합니다"라고 합니다. 주의 임재 안에 갇혀 있으면 기쁨으로 노래할 수 있습니다.

제2차 세계대전의 명장인 영국의 버나드 몽고메리가 젊은 시절 성경공부를 할 때였습니다. 그는 목사님을 향해 "목사님, 똑바로 살라고 하셨는데 어떻게 똑바로 살 수 있습니까?"라고 질문을 하였습니다. 목사님은 볼펜을 꺼내어 세웠습니다. 그런데 볼펜은 혼자 서 있을 수 없는 것이기에 넘어졌습니다. 그때 목사님은 볼펜을 손으로 붙잡았습니다. 그리고 "볼펜이 스스로는 똑바로 설 수 없지만, 내가 손으로 붙잡고 있으면 똑바로 설 수 있습니다."라고 하였습니다. 우리도 혼자서는 똑바로 서 있을 수가 없습니다. 세상을 바르게 살아가는 일은 하나님이 없이는 불가능합니다. 하나님의 손에 붙잡혀 있으면, 하나님의 말씀에 붙잡혀 있으면 세상을 제대로 살 수 있습니다. 세상을 똑바로, 그리고 멋있게 살 수 있습니다. 우리 모두가 하나님께 매여, 하나님의 임재 안에 갇혀, 하나님의 말씀에 붙잡혀 사는 그리스도인이 다 되기를 바랍니다.

시편 119 : 117~120

주의

율례들을
주의하는

사람들

어떤 사람이 시골의 한 상점의 문 앞에 있는 표지를 보았습니다. '위험! 개조심!' 하지만 그 앞에는 전혀 무서워 보이지 않는 늙은 사냥개가 잠들어 있었습니다. 그가 "조심해야 하는 개가 저 개입니까?"라고 묻자 주인은 "물론입니다." 하고 대답했습니다. "글쎄요, 내가 보기엔 전혀 위험해 보이지 않는데요. 경고문은 왜 붙였나요?"라고 묻자 주인은 이렇게 말했습니다. "저 경고문을 붙이지 않으면 사람들이 자꾸 개에 걸려 넘어지거든요."

악의 가장 큰 위험도 이와 같습니다. 주의하지 않으면 스스로 악에 걸려 넘어지게 된다는 것입니다. 세상의 악은 하나님의 사람을 물지 않습니다. 단지 걸려 넘어지게 만듭니다.

탈무드에는 "너의 생각을 주목하라. 그게 곧 네 말이 된다. 너의 말을 주의하라. 그게 곧 네 행동이 된다. 너의 행동을 조심하라. 그게 곧 네 습관이 된다. 너의 습관을 의식하라. 그게 바로 네 성격이다. 너의 성격을 주목하라. 그게 곧 네 운명이 된다."라는 말이 있습니다. 우리는 항상 주의하고, 조심하고, 삼가며 살아야 할 책임이 있습니다.

'주의'라는 말은 마음에 새겨 두고 조심하는 것을 말합니다. 어떤 한 곳이나 일에 관심을 집중하여 살피는 것을 의미하기도 합니다. 마가복음 13 : 33에는 "주의하라 깨어 있으라 그때가 언제인지 알지 못함이라"라고 경고하고 있습니다. 주의하고 깨어 있어야 그때에 잠들어 있지 않습니다. 잠언 4 : 1은 "아들들아 아비의 훈계를 들으며 명철을 얻기에 주의하라"고 권면합니다. 성경에는 '주의하라'는 경고의 메시지가 많습니다. 하나님의 말씀을 주의 깊게 새겨 보는 우리 모두가 되기를 바랍니다.

첫째, 말씀을 떠나는 자들의 속임수는 허무합니다

118절에서 시인은 "주의 율례들에서 떠나는 자는 주께서 다 멸시하셨으니 그들의 속임수는 허무함이니이다"라고 합니다. 하나님의 말씀을 떠나게 되면 인간의 속임수가 난무하게 되고, 결과적으로 허무한 것만 남게 됩니다.

'떠나는 자'라는 말에는 그가 원래 율법 안에 있었다는 암시가 담겨 있습니다. 그러나 이제 의도적으로 율법을 떠나 율법을 조롱하고 율법 없이 사는 자를 말합니다. 그는 원래 말씀을 알기 때문에 오히려 말씀을 악용하고, 말씀으로 하나님의 사람을 조롱할 수도 있습니다. 그러므로 말씀을 모르는 자보다 더 나쁜 자가 말씀을 떠나는 자입니다. 말씀을 떠나는 자는 말씀과 관계없이 사는 자보다 더 말씀을 훼방할 수 있기 때문입니다.

예수님이 마귀에게 시험을 당하실 때 마귀는 돌로 떡이 되게 하라고 유혹하였습니다. 그러나 예수님은 "기록되었으되 사람이 떡으로만 살 것이 아니요"(마 4 : 4)라고 하시며 기록된 말씀으로 그 유혹을 물리치셨습니다. 마귀는 다시 예수님을 성전 꼭대기에서 뛰어내리라고 합니다. 마귀는 "기록되었으되 그가 너를 위하여 그의 사자들을 명하시리니"라며 말씀을 인용합니다. 마귀가 예수님을 시험할 때 예수님께서 말씀을 인용하시니, 자기도 말씀을 인용한 것입니다. 하나님의 말씀을 속임수로 악용한 것입니다.

예수님께서 빌라도의 법정에서 재판을 받으실 때, 로마의 군인들은 예수님에게 자색 옷을 입히고, 가시면류관을 씌웠습니다. 그리고 "유대인의 왕이여 평안할지어다"(막 15 : 18)라고 했습니다. 그들은 예수님을 유대인의 왕으로 생각하지 않았지만 말씀으로 조롱한 것입니다.

베드로후서 3 : 3~4에는 "말세에 조롱하는 자들이 와서 자기의 정욕을 따라 행하며 조롱하여 이르되 주께서 강림하신다는 약속이 어디 있느냐"라고 합니다. 조상들이 잔 후에도 이 세상 만물은 처음 창조 때 같이 그냥 있다는 것입니다. 그들은 예수님이 다시 오신다고 하더니 언제 오시냐고 조롱합니다.

하나님의 살아 계심과 능력을 체험할 때 느끼는 두려움이 경건한 두려움입니다.
The fear we feel when we experience God's presence and ability, is a holy fear.

'허무함'은 히브리어로 '쉐케르'인데, 문자적으로는 '자기기만'이란 의미를 내포하고 있습니다. 디모데후서 3 : 13에는 "악한 사람들과 속이는 자들은 더욱 악하여져서 속이기도 하고 속기도 하나니"라고 기록되어 있습니다. 하나님의 말씀을 떠나 속임수로 사는 사람들의 모습을 말합니다. 이런 사람의 일은 허무하기 짝이 없고, 그저 자기기만에 불과합니다.

둘째, 말씀을 주의하는 자는 주님과 심판을 두려워합니다

120절에서 시인은 "내 육체가 주를 두려워함으로 떨며 내가 또 주의 심판을 두려워하나이다"라고 합니다. '떨며'라는 말은 히브리어로 '사마르'인데, 이는 공포 분위기 속에 마음을 졸이는 모습을 말합니다. 무서운 말을 듣거나 공포영화를 보면 머리털이 빳빳하게 서는 모습과 같습니다. 말씀을 못 지킬 때에 드는 심판의 두려움을 이렇게 표현하고 있습니다.

'두려워하다'라는 말이 한 절에 2번 나타납니다. 하나님을 두려워하는 시인의 마음을 강조하는 것입니다. 하나님을 두려운 존재로 아는 것이 신앙입니다. 하나님을 두려워하는 것이 곧 경건입니다. 신명기 7 : 21에는 "너는 그들을 두려워하지 말라 너희의 하나님 여호와 곧 크고 두려운 하나님이 너희 중에 계심이니라"라고 기록되어 있습니다. 두려움은 크게 두 가지로 나눌 수 있습니다. '세상에 대한 두려움'과 '하나님께 대한 두려움'입니다. 경건한 두려움은 하나님께 대한 두려움입니다. 하나님께 대한 두려움을 가진 사람은 세상이나 사람에 대한 두려움을 가지지 않습니다.

경건한 두려움은 우리를 향한 하나님의 사랑과 친절을 깨달았을 때 흘러나오는 감사의 또 다른 모습입니다. 불가능해 보이는 것을 위해 기도를 했는데 그것이 성취되었을 때 온몸에 전율을 느끼는 경우가 있습니다. 이렇게 하나님의 살아 계심과 능력을 체험할 때 느끼는 두려움이 경건한 두려움입니다.

옛날이야기입니다. 호랑이가 소를 잡아먹으러 동네에 들어갔다가 한 집에 이르렀는데 아기의 울음소리가 들렸습니다. 할머니가 아기를 달래면서 "아빠 온다."라고 해도 아기는 그치지 않습니다. "호랑이 온다."라고 해도 그치지 않습니다. 그런데 할머니가 "옛다, 곶감이다."라고 하니 아기가 울음을 그쳤습니다. 호랑이는 이 말을 듣고 '나보다 더 무서운 게 곶감이구나. 만나면 조심해야지.'라고 생각했습니다. 그런데 그때 소도둑이 그 집에 넘어 들어와서는 그만 호랑이를 소로 착각하고 그 등에 올라탔습니다. 호랑이는 '아니 감히 내 등에 올라타? 나를 무서워하지 않는 걸 보니 곶감인가 보다.'라고 생각하여 줄행랑치기 시작했습니다. 뒤늦게 호랑이인 줄을 깨달은 소도둑은 떨어지면 죽는다는 생각에 호랑이의 목을 힘껏 잡았습니다. 호랑이는 '곶감'을 떨어뜨리려고 죽을힘을 다해 뛰어 팔도강산을 12바퀴나 돌았습니다. 결국 소도둑이 지쳐 떨어지자 호랑이도 숲 속으로 자취를 감추었습니다. 우리는 이 호랑이처럼 엉뚱한 것을 두려워하고 있지는 않은지 생각해 볼 일입니다.

마르틴 루터의 「소교리문답」은 "우리는 하나님을 두려워하고 사랑해야 한다."라는 말로 시작합니다. 하나님을 두려움의 존재로 아는 것은 신앙이며 참 지혜입니다. '고아의 아버지'라고 불리는 조지 뮬러는 5만 번 이상의 기도응답을 받았습니다. 그는 기도가 응답될 때마다 소름끼치는 두려움을 느끼게 됩니다.

토머스 에디슨은 어릴 때 '주의결핍장애'로 학교를 중퇴하였습니다. 선생님은 "에디슨의 머리는 뒤죽박죽이야."라고 했습니다. 그러나 그의 어머니는 에디슨에게 용기를 북돋아 주었습니다. 어머니는 아들의 천재성을 발견한 것입니다. "넌 큰사람이 될 거야." 어머니의 격려 덕분에 에디슨은 주의력을 회복하였습니다. 그리고 그는 인류사에 위대한 발명가로 기록되었습니다.

주의력을 높이는 세 가지 방법이 있습니다. 첫째는 집중력이고, 둘째는 흥미와 관심이고, 셋째는 성인이 되었을 때 집중력과 주의력을 떨어뜨리는 훼방꾼을 물리치는 것입니다. 타인의 말에 주의를 기울일 수 있는 시간은 30초라고 합니다. 이 30초는 아주 중요한 시간입니다. 하나님의 말씀에 집중할 수 있는 방법은 말씀에 대한 사랑입니다.

"나를 붙드소서" 그리하면 "주의 율례들에 항상 주의하리이다"라는 말씀을 잘 기억하여, 우리 모두가 주님께 꼭 붙들리기를 바랍니다. 그럼으로 말씀에 집중력을 가지고 주의하고 사는 그리스도인들이 다 되시기를 바랍니다.

시편 119 : 121~124

주의 말씀을 사모하기에 피곤한 사람들

 '번아웃 신드롬'(burnout syndrome)이란 것이 있습니다. 오직 한 가지 일에만 몰두해 오던 사람이 신체적·정서적으로 극도의 피로감을 느껴 무기력증이나 자기혐오, 직무 거부 등에 빠지는 증후군입니다.
 '피로'는 작은 병 같지만 그렇지 않습니다. 현대인의 가장 큰 병입니다. 피로는 '바쁨'에서 오는 질병이라고 합니다. 그래서 피로를 가리켜 만병의 근원이라고 합니다.
 미국의 어느 대통령은 피로 때문에 정신이 흐려지면 올바른 결정을 할 수 없으므로 오후 4시 이후에는 중요한 결재를 단호히 거부했다고 합니다. 피로는 판단을 흐리게 하고, 결정을 머뭇거리게 합니다. 사람이 영적으로 피로해지면 마귀의 유혹에 빠지게 됩니다.

요나 2 : 7에는 "내 영혼이 내 속에서 피곤할 때에 내가 여호와를 생각하였더니 내 기도가 주께 이르렀사오며 주의 성전에 미쳤나이다"라고 합니다. 주님 때문에 내 영혼이 피곤하고, 내 죄 때문에 내 영혼이 피곤한 것은 긍정적 피로입니다.

123절에는 "내 눈이 주의 구원과 주의 의로운 말씀을 사모하기에 피곤하니이다"라고 합니다. '피곤하니이다'라는 말은 히브리어로 '칼루'인데, 능력이 고갈되었음을 나타냅니다. 이는 누군가를 간절히 기다리다 지칠 때 사용하는 단어입니다. 시인은 자기의 눈이 주의 구원의 의로운 말씀을 사모하여 피곤하다고 합니다. 구원의 약속을 간절히 기다리다 지칠 정도에 이른 것입니다. 하나님의 말씀에 대한 간절함이 드러나는 고백입니다.

피로 회복에 좋은 음식은 황태와 같은 고단백 저지방 식품이라고 합니다. 전복, 삼계탕, 달걀흰자, 주꾸미, 소고기 등이 피로 회복에 좋습니다. 이런 음식을 많이 먹는 것은 피로 회복뿐만 아니라 건강에도 도움이 됩니다. 그런데 피로는 육적으로뿐만 아니라 영적으로도 다가옵니다. 영적 피로 회복에 좋은 것이 무엇이겠습니까? 말씀을 배우는 것입니다. 말씀이 약입니다. 하나님의 말씀 속에는 힘이 있고, 위로가 있고, 풍성한 에너지가 있습니다. 이 말씀을 잘 배워 영적으로 피곤하지 않게 되고, 지친 영혼이 회복되기를 바랍니다.

첫째, 주님이 보증하면 복을 받고 박해를 받지 않습니다

122절에서 시인은 "주의 종을 보증하사 복을 얻게 하시고 교만한 자들이 나를 박해하지 못하게 하소서"라고 합니다. '보증하사'란 히브리어로 '아로브'라는 말인데, 이는 다른 사람의 채무를 담당하는 것을 의미합니다. 어떤 일에 대하여 합법적 책임을 지고 있는 사람과 관련하여 사용하는 단어입니다.

구약에서 말하는 보증이란 대부분 부정적 의미로 사용됩니다. 보증을 하게 되면 손해를 당하거나 부끄러움을 당할 수 있기 때문입니다. 잠언 17:18은 "지혜 없는 자는 남의 손을 잡고 그의 이웃 앞에서 보증이 되느니라"라고 합니다. 보증을 서는 일을 두고 지혜 없는 일이라고 말하는 것입니다.

그런데 하나님께서는 사람을 위해 보증을 서십니다. 우리를 위해 보증을 서신다는 것은 손해 보는 일입니다. 그럼에도 하나님께서는 사람을 위해 보증을 서시고, 사람에게 속고 또 속으셨습니다. 그래도 하나님께서는 인간을 위해 보증하십니다.

성경에서 하나님의 보증은 "너와 함께하리라.", "너를 도우리라.", "너를 위해 싸우리라.", "복을 주리라." 등 셀 수 없이 많습니다. 하나님께서 이렇게 보증을 하심에도 불구하고 인간이 항상 하나님의 편에 서는 것은 아닙니다. 그래서 하나님께서는 보증을 하시고도 손해를 보십니다.

하나님께서는 "복을 주리라."라는 보증을 많이 하십니다. 하나님께서는 야곱에게 복을 주리라고 보증하셨습니다. 하지만 야곱은 자기 꾀로 살고, 아버지와 형님과 외삼촌을 속이면서 복을 쟁취하고자 하였습니다. 그래도 하나님께서는 벧엘에서 야곱을 향해 엄청난 약속으로 보증하시며 복을 주겠다고 하셨습니다. 또한 하나님께서는 하나님을 알지 못하는 이방 민족들이 하나님의 백성을 "박해 못하게 하겠다."라고 보증하십니다. 또한 하나님의 백성과 함께하시려고 대신 싸우십니다. 그리고 끝까지 그 약속을 지키십니다.

지금도 하나님께서는 하나님의 사람에게 복을 보증하십니다. 제가 어릴 적 교회를 섬기던 전도사님이 생각납니다. 새벽예배에 가면 그분이 기도하는 모습을 볼 수 있었는데, 얼마나 열심히, 간절하게 기도하셨는지 모릅니다. 기도를 가만히 들어보면 계속 "주여, 주시옵소서."라고 하였습니다. 그런데 하나님께서는 그분에게 주셨습니다. 좋은 아내를 만나 아름다운 가정을 이루고, 미국에 가서 박사학위까지 공부를 하고, 이민 교회에서 행복하게 목회를 하다가 오래전에 은퇴하셨습니다. 하나님께서는 간구하는 자에게 복을 주겠다고 보증하셨습니다. 이런 자가 복을 받는 것입니다.

둘째, 주의 인자하심대로 말씀을 가르쳐 달라는 열망을 가지고 있습니다

124절에서 시인은 "주의 인자하심대로 주의 종에게 행하사 내게 주의 율례들을 가르치소서"라고 합니다. '인자'는 언약에 대한 하나님의 신실하심을 말합니다. '행하사'라는 말은 말씀하신 대로 그렇게 취급해 달라는 말입니다. 죄인인 사람을 하나님의 인자하심과 공의대로 취급해 달라고 요구할 수는 없습니다. 죄인인 사람은 하나님의 자비와 인애와 은혜를 기대할 수밖에 없습니다.

'가르치소서'라는 말에는 하나님의 말씀을 배우려는 시인의 열의가 담겨 있습니다. 이런 열의는 성경 곳곳에 나타납니다. 엘리사는 스승인 엘리야에게 배우기를 사모하여 그 가르침을 받기 위해 스승의 곁을 떠나지 않았습니다. 예수님의 제자들은 "기도를 가르쳐 주소서."라고 했습니다.

'가르치소서'라는 말은 시편 119편에 9번 나옵니다. 이를 통해 하나님의 말씀을 배우려는 시인의 간절함을 알 수 있습니다. 이런 간절한 마음을 가진 자가 배울 수 있습니다. 하나님의 말씀을 배우려는 갈망이 있는 자는 좋은 신자가 됩니다.

히브리어로 '학자'를 '람단'이라고 합니다. 학자는 알고 있는 사람이 아니라 '배우는 사람'이라는 뜻입니다. 방대한 지식을 지니고 있는 사람보다도 배우고 있는 사람이 더 존귀합니다. 헬라어로 '마세테스'는 '제자'인데, '배우는 자'라는 뜻으로 성경에 269회나 나옵니다.

성경은 배움을 강조합니다. 신명기 17 : 18~19에는 "이 율법서의 등사본을…… 읽어 그의 하나님 여호와 경외하기를 배우며"라고 기록되어 있습니다. 마태복음 11 : 29에서 주님은 "나는 마음이 온유하고 겸손하니 나의 멍에를 메고 내게 배우라 그리하면 너희 마음이 쉼을 얻으리니"라고 말씀합니다. 디모데후서 3 : 14은 "그러나 너는 배우고 확신한 일에 거하라"라고 합니다. 그 외에도 배우라는 말씀은 아주 빈번하게 등장하여, 우리에게 배우기를 장려하고 있습니다.

이 세상에서 가장 현명한 사람은 누구입니까? 모든 사람에게서 항상 배우는 사람입니다. 세상에서 가장 강한 사람은 누구입니까? 자기 자신을 이기는 사람입니다. 세상에서 가장 부유한 사람은 누구입니까? 자기가 가진 것으로 만족하는 사람입니다. 하나님의 말씀을 배우고, 소유한 자가 가장 현명하고, 가장 강하고, 가장 부유합니다.

개혁주의에서는 신앙을 '지식'(notitia), '동의'(assensus), '신뢰'(fiducia)라는 세 단어로 설명합니다. 지식은 신앙의 첫 단계입니다. 무조건 믿는 것이 아니라 알고 믿어야 합니다. 성경은 과학과 다른 것이 아닙니다. 성경이 과학입니다. 그러므로 신앙인은 가르침을 잘 받아야 합니다. 말씀을 모르고 기도만 하는 것은 옳지 못하고 좋은 신앙도 아닙니다.

사막의 교부들의 말을 모은 「깨달음」이란 책에는 이런 좋은 글이 있습니다. "나는 가르치기보다 배우는 사람이 될 것이다. 너무 일찍부터 남을 가르치지 마라. 그러면 남은 평생을 무지 속에서 보내게 될 것이다."

에릭 호퍼는 "시대가 급변할 때 미래를 물려받는 자는 바로 배우는 자(learner)이다."라고 하였습니다. 모든 것이 급변하는 오늘날의 우리에게 필요한 말입니다. 세상의 학문도 배워야 하지만, 먼저 하나님의 말씀을 잘 배워야 합니다.

하나님께서는 보증하신 대로 우리를 세상으로부터 박해받지 않도록 지키실 것입니다. 하나님께서는 하나님의 말씀을 사랑하는 자에게 박해를 면하도록 하십니다. 하나님의 말씀을 지치도록 배우려는 마음, 그리고 말씀에 대한 열망을 가진 우리 모두가 되기를 바랍니다.

시편 119 : 125~128

주의 법도를 바르게 여기는 사람들

중국 '제왕학'의 요체는 세 사람의 인물을 곁에 두는 것입니다. 첫째는 원리원칙을 가르치는 사람입니다. "인덕으로 하는 정치란 무엇인가?", "경세제민의 길이 무엇인가?"와 같이 올바른 사상을 고민하여, 그에 따라 국가를 건설할 수 있기 때문입니다. 둘째는 지략을 가진 사람입니다. 우수한 전략과 전술을 생각하고, 위기가 닥쳤을 때 나라를 구하고, 발전과 번영을 이끌 수 있기 때문입니다. 셋째는 간언하는 사람입니다. 권력자가 잘못된 길에 빠졌을 때 용기 있게 직언하고, 잘못을 지적하고 바른길로 돌아올 수 있게 만들면 백성을 잘 다스릴 수 있기 때문입니다. 자신을 바르게 인도할 수 있는 인물을 가진 왕이나 리더는 행복합니다. 그러한 인물을 가진 것 자체가 성공입니다.

그런데 우리 모두의 길을 바르게 인도할 수 있는 것이 무엇입니까? 중국 제왕학에서 말하는 모든 요소를 가지고 있는 것이 하나님의 말씀입니다. 성경에는 세상의 모든 진리, 삶의 원칙이 빠짐없이 다 들어 있습니다.

아우구스티누스는 "조화로운 마음이란 바른 것을, 바른 정도까지, 바른 방식으로, 바른 태도로 사랑하는 것이다."라고 하였습니다. 영어에서 'right'란 '바르다, 옳다, 오른쪽, 힘' 등의 의미를 가지고 있습니다. 바르게 살면 옳은 삶을 사는 것이고, 힘 있는 삶을 사는 것입니다.

아브라함에게는 늙은 종 엘리에셀이 있었습니다. 그는 자식이 없었던 아브라함의 전 재산을 유산으로 가질 수 있었지만, 이삭이 태어난 후에는 그 가능성이 물거품이 되고 말았습니다. 그러나 그는 아브라함의 충성된 종이었습니다. 엘리에셀은 주인 아브라함의 말을 듣고 이삭의 아내가 될 사람을 얻기 위하여 먼 길을 갑니다. 거기서 그는 하나님께 기도한 대로 리브가를 만나게 되었고, 그녀를 이삭의 아내로 데리고 옵니다. 창세기 24 : 48을 보면 엘리에셀이 "내 주인 아브라함의 하나님 여호와께서 나를 바른길로 인도하사"라고 합니다. 그가 말한 바른길은 빠른 길이며, 형통한 길이며, 쉬운 길입니다. 하나님과 주인 아브라함의 생각에 어긋난 그릇된 길이 아니라는 말입니다.

"시계보다는 나침반을 보라."는 말이 있습니다. "시간처럼 그냥 가는 것보다는 올바른 방향으로 가고 있느냐가 중요하다."라는 말도 있습니다. 하나님의 말씀을 바르게 여기고 따라가는 것이 우리의 삶에서 중요합니다. "모든 주의 법도들을 바르게 여기고" 사는 것이 가장 지혜로운 삶입니다.

칼뱅의 성경관은 이렇습니다. "누구든지 성경을 바로 읽지 않고서는 참되고 올바른 가르침을 알 수 없다." 하나님의 말씀을 잘 배워 세상을 바르게 사는 우리가 되기를 바랍니다.

첫째, 말씀을 폐한 사람을 하나님께서는 벌하십니다

126절에서 시인은 "그들이 주의 법을 폐하였사오니 지금은 여호와께서 일하실 때니이다"라고 합니다. 이 말씀을 직역하면 "지금은 여호와께서 행동하실 때입니다. 왜냐하면 그들이 당신의 율법을 파기하였기 때문입니다."라는 말입니다.

율법이 누구의 것입니까? 하나님의 것입니다. 율법은 주인이신 하나님께서 주신 것입니다. 그런데 사람이 자기 마음대로 폐기하면 됩니까? 그렇지 않습니다. 자기 마음대로 율법을 폐기한 사람을 하나님께서 심판하십니다.

시인은 무한한 가치를 지닌 하나님의 율법을 무가치한 것으로 여겼던 대적들에게 심판이 임하기를 간구하고 있습니다. 갈라디아서 3 : 15에는 "사람의 언약이라도 정한 후에는 아무도 폐하거나 더하거나 하지 못하느니라"라고 기록되어 있습니다. 하물며 하나님의 언약이라면 더더욱 사람이 마음대로 폐하지도 더하지도 빼지도 못합니다. 갈라디아서 3 : 17에는 "하나님께서 미리 정하신 언약을 사백삼십 년 후에 생긴 율법이 폐기하지 못하고"라고 합니다. 하나님께서 만드신 언약은 율법도 폐하지 못하는 것입니다. 그래서 시인은 "하나님의 율법을 마음대로 폐한 자들을 하나님께서 꾸짖으십시오."라고 말하는 것입니다. 법을 폐한 사람은 벌을 받아야 합니다. 하나님의 언약을 폐기하는 사람은 하나님께서 심판하셔야 합니다.

"만인이 법 앞에서는 평등하다."라는 말이 있습니다. 하나님의 법 앞에서는 모든 인류가 평등합니다. 어떤 사람은 지키지 않아도 되는 것이 아닙니다. 하나님의 법인 말씀은 누구나 다 지켜야 합니다. 하나님의 법을 지키지 않고도 살 사람이 하나도 없습니다. 법은 지켜야 그 가치가 보존되는 것입니다. 하나님의 법은 우리가 잘 지킬 때 그 가치가 극대화됩니다.

칼뱅은 "나는 교황주의의 신비에 중독되어 있어서 깊은 늪에서 헤어나기가 어려웠다. 그러나 하나님의 갑작스런 회심의 은혜가 나의 마음을 녹여 말씀의 가르침을 받아들일 수 있게 하였다."라고 하였습니다. 하나님의 말씀을 폐하고 벗어나는 사람은 하나님의 심판을 받습니다. 말씀으로 돌아오면 심판을 면하게 되고, 세상에서의 삶이 평안하고, 자유가 충만하게 됩니다.

둘째, 말씀을 바르게 여기면 거짓 행위를 미워합니다

128절에서 시인은 "그러므로 내가 범사에 모든 주의 법도들을 바르게 여기고 모든 거짓 행위를 미워하나이다"라고 합니다. 이 말씀을 직역하면 "나는 모든 것에 관한 모든 당신의 법들이 옳음을 존중합니다."
라는 말입니다. 하나님의 모든 계명과 명령들을 정당하고 옳은 것으로
간주한다는 고백입니다. 이러한 말씀에 대한 고백, 말씀을 인정하는 데
에서 영원한 신앙이 시작됩니다.

'모든 거짓 행위'는 진리에 기초를 두지 않은 모든 행위를 말합니다.
하나님의 말씀인 율법만이 참 진리에 근거한 가르침임을 제시합니다.
하나님의 말씀에 근거하지 않은 모든 말들이 거짓 행위라는 말입니다.
하나님께서는 "거짓 증거하지 말라.", "거짓으로 속이지 말라.", "거
짓말하는 자도 피하지 못하리라." 등 거짓에 대한 말씀을 많이 하셨습
니다. 하나님께서는 모든 거짓을 싫어하십니다.

하나님께서 왜 거짓 행위를 미워하십니까? 하나님께서는 거짓이 없
으시기 때문입니다. 하나님께서는 참이십니다. 하나님이신 예수님은
은혜와 진리가 충만하신 분입니다. 성령님은 참 영이십니다. 성령님은
거짓 영을 싫어하십니다.

모든 거짓이 싫어져야 바른 신앙입니다. 어떤 것이든 거짓이나 가짜
를 좋아하면 안 됩니다. 흔히 우리가 '짝퉁'이라 부르는 가짜가 있습니
다. 최근에는 5만 원 권 위조지폐가 부쩍 많아졌다고 합니다. 식품이나
의복 등 다양한 물건들 중에 진짜 같은 가짜가 너무 많습니다.

배설물이 왜 냄새가 좋지 않은지 아십니까? 상한 음식이 왜 냄새가
좋지 않은지 아십니까? 만일에 냄새가 좋아서 먹기라도 하면 아프고
해로우니까 그렇습니다. 그래서 하나님께서는 좋지 못한 것, 상한 것의
냄새를 나쁘게 만들어 놓으셨습니다.

세계인이 가장 많이 사용 언어가 무엇인지 아십니까? 3위는 영어로 약 5억 명이 사용합니다. 2위는 중국어로 약 14억 명이 사용합니다. 1위는 놀랍게도 거짓말인데, 70억 명의 전 세계인이 모두 사용한다고 합니다. 영국의 언론기관에서 성인남녀 2,500명을 대상으로 조사해 본 결과, 사람은 하루에 평균 4번 이상의 거짓말을 한다고 합니다.

철학자 안병욱 교수님의 유집인 「인생사전」이란 책이 있습니다. 이 책에서 그는 "우리는 미칠 줄 알아야 한다."라고 적고 있습니다. 사람은 미치되 올바로 미치고 오래 미쳐야 한다고 합니다. 여기서 '미친다'는 말은 '도달한다', '통한다'라는 뜻입니다. 올바로 미치는 사람만 올바른 목표에 도달할 수 있습니다. 미치지 못하면 원하는 목표에도 도달할 수 없습니다. 미치려면(及) 미쳐야(狂) 합니다. 미쳐야(狂) 미칠(及) 수 있습니다.

우리 모두가 말씀에 바르게 미쳐, 참된 성도의 수준에 도달하기를 바랍니다. 하나님의 나라에 미치게 하는 하나님의 말씀을 폐하지 말고, 참 말씀을 바르게 여기고 말씀대로 사는 참된 그리스도인이 다 되시기를 바랍니다.

시편 119 : 129~132

주의 말씀으로

우둔함을
깨달은

사람들

존 템플턴의 「열정」이란 책에는 이런 이야기가 있습니다. 한 젊은이가 세상에서 가장 어리석은 사람을 찾아 길을 나섰습니다. 어느 집을 지나가는데 집안에서 '쿵쿵' 하는 소리와 함께 사람이 끙끙대는 소리가 들려왔습니다. 이 소리는 그치지 않고 되풀이되었습니다. 집안을 들여다보니 어떤 중년남자가 속옷만 입은 채로 의자에 걸어 놓은 바지를 향해 돌진하고 있었습니다. 그러던 남자는 마룻바닥에 떨어져 신음하는 소리를 내고 있었습니다. 노크를 하고 들어가 "뭐하시는 겁니까?" 하고 묻자 남자가 대답했습니다. "바지를 입는 중입니다. 점프하여 바지 안에 들어가려고 합니다. 우리 아버지가 그렇게 바지를 입으셨고, 우리

할아버지가 그렇게 하셨습니다. 이렇게 하니 너무 고통스럽네요." 그러자 젊은이는 말했습니다. "사람들은 한 번에 다리 하나씩 바지에 끼워 넣습니다. 저를 잘 보세요." 젊은이가 바지를 입는 광경을 보고 이 남자는 깜짝 놀랐습니다. 바지를 그렇게 입는 것을 처음 보았기 때문입니다. 사람은 자신의 우둔함을 깨우칠 줄 아는 지혜를 가져야 합니다. 세상을 사는 다양한 방법이 있지만 더 지혜로운 방법이 있다는 것을 알아야 합니다.

고린도전서 3 : 19은 "이 세상 지혜는 하나님께 어리석은 것이니"라고 합니다. 하나님이 없는 지혜는 어리석음입니다. 세상 사람들은 세상의 지식과 자신의 경험에 의존하지만, 하나님의 사람들은 하나님의 말씀의 지혜를 따릅니다.

인공지능이 무섭게 발달하고 있습니다. 얼마 전 우리나라에서 있었던 이세돌 9단과 '알파고'의 바둑 경기는 상당한 관심을 끌었습니다. 그러나 어떤 미래학자는 인공지능의 발달이 인류의 종말을 예고한다고도 합니다. 사람들은 이세돌 9단이 이기든, 알파고가 이기든 인류의 승리라고 했습니다. 그러나 제가 볼 때는 인류의 패배입니다. 이제는 기계를 하나님처럼 생각하기도 합니다. 말씀이 지혜가 아니라 인공지능이 지혜의 근본인 것처럼 보입니다. 그러나 생각해 보면 알파고는 이세돌 9단을 이겼지만 왜 바둑을 두는지는 모릅니다. 무엇이 지혜인지에 대해 생각해 볼 일입니다.

시편 53 : 1은 "어리석은 자는 그의 마음에 이르기를 하나님이 없다 하도다"라고 합니다. 하나님이 없다고 하는 그 자체가 어리석은 일입니다. 하나님이 없다고 하는 어리석은 사람이 지혜로운 일을 할 수는 없습니다.

현대 랍비인 마빈 토케이어는 "현명한 자는 어리석은 자로부터 교훈을 이끌어 낼 수가 있다. 그러나 어리석은 자는 현명한 자로부터 교훈을 이끌어 낼 수는 없다."라고 하였습니다. 성경으로부터 교훈을 얻고, 지혜를 배우는 자가 현명한 자입니다. 성경은 과학입니다. 성경에는 과학적 지식이 가득 차 있습니다. 성경을 보고도 하나님의 말씀으로 믿지 못하는 것은 어리석음입니다.

야고보서 1 : 5에는 "너희 중에 누구든지 지혜가 부족하거든 모든 사람에게 후히 주시고 꾸짖지 아니하시는 하나님께 구하라 그리하면 주시리라"고 기록되어 있습니다. 우리의 어리석음은 하나님께 나아오면 고쳐집니다. 성경을 보면 어리석음이 사라지고 지혜롭게 됩니다. 하나님의 말씀으로 지혜를 얻는 우리가 됩시다.

첫째, 말씀을 열면 빛이 비치어 우둔함을 깨닫게 합니다

130절에서 시인은 "주의 말씀을 열면 빛이 비치어 우둔한 사람들을 깨닫게 하나이다"라고 합니다. 이 말을 직역하면 "당신의 말씀의 문은 빛을 줍니다."입니다. '문'은 문자적으로 장막이나 성전의 '출입구'를 뜻합니다. 넓게는 가정의 대문이나 도시의 '성문'까지 뜻하는 말입니다. 말씀을 사랑하는 집이나 도시나 성전은 빛을 비춘다는 말입니다.

하나님께서 말씀을 열어 보이면 우리가 말씀 안으로 들어갑니다. 그리고 빛이 비치고 우리의 우둔한 것을 깨닫게 합니다.

집안의 먼지를 보십시오. 집에 특별한 틈새가 없어 보여도 며칠 동안 집을 비우고 들어오면 집안에 먼지가 쌓여 있습니다. 마음의 문을 잘 단속해도 죄가 쌓이는 것이 이와 같습니다. 방 안에 햇빛이 비치면 먼지가 보입니다. 빛이 없으면 먼지가 보이지 않습니다. 빛이신 그리스도가 마음을 비치면 죄가 보입니다. 말씀이신 그리스도가 없으면 죄가 죄인지도 모릅니다. 자신이 죄인인데, 스스로 죄인인지도 모르는 것이 어리석음입니다.

'우둔한 사람'이란 말은 히브리어로 '페타임'인데, '왜곡됨에 그 마음을 여는 자'라는 말입니다. 그릇된 말에 빨려 들어가는 자이고, 쓸데없는 말에 관심을 가지는 자를 말합니다. 말씀이 마음에 제대로 들어가야 그릇된 것을 알고, 그릇된 데서 빠져나올 수 있습니다.

그릇된 데서 빠져나오는 것이 얼마나 힘든 일인지 모릅니다. 저의 고등학교 동창생 중의 한 친구가 겪은 일입니다. 그 친구가 폭력조직에 들어가서 활동을 하다가 거기서 탈퇴하려고 하였습니다. 그런데 조직에서 탈퇴하게 되면 대가를 치러야 했습니다. 탈퇴하던 날에 조직원들에게 얼마나 맞았던지, 그 친구 표현대로 하면 입안이 걸레같이 너덜너덜하게 되었답니다. 그래도 그 친구는 그 모진 대가를 치르고 조직에서 빠져나왔습니다. 그릇된 데서 빠져나온다는 것은 이렇게 힘이 드는 일입니다.

'어리석다'(absurd)라는 말은 '청각장애인'이라는 뜻의 라틴어 단어 'surdus'에서 온 말입니다. 사람은 누구나 귀를 막고 눈을 막으면 어리

하나님께서는 말씀의 빛을 보이셔서
우리의 우둔한 것을 깨닫게 하십니다.
God shows the Light of the Word
and lets us know our foolishness.

석어집니다. 하나님의 말씀에 귀를 막고, 하나님의 계시에 눈을 막는 것은 어리석음에 빠지는 지름길입니다.

    사람들 가운데는 스스로 지혜 있는 체하는 자가 있습니다. 욥기 5 : 14은 "그들은 낮에도 어두움을 만나고 대낮에도 더듬기를 밤과 같이 하느니라"라고 합니다. 어리석은 자는 빛이 없는 자입니다. 그래서 낮에도 어두움 속에 살고, 더듬으며 사는 사람입니다. 눈을 떴지만 보지 못하는 사람들이 많이 있습니다.

하나님께서 빛을 첫째 날에 만드신 이유를 아십니까? 빛은 생명입니다. 빛은 생명을 있게 만들고, 생명을 살게 만들고, 만물이 보이게 만들고, 모든 생물이 자라게 만듭니다. 빛이 없으면 아무것도 볼 수 없고, 모든 생물이 살 수 없습니다. 그래서 빛은 곧 생명입니다. 그래서 예수님은 "내가 세상의 빛이다."라고 하셨습니다. 예수님은 모든 것을 살게 하시는 생명이십니다.

에베소서 5 : 13에는 "그러나 책망을 받는 모든 것은 빛으로 말미암아 드러나나니 드러나는 것마다 빛이니라"라고 기록되어 있습니다. 말씀이 열리면 모든 것이 보입니다. 성경을 펴면 생명의 빛이 비추입니다. 말씀을 펴면 죄가 드러납니다. 말씀을 펴면 어리석음이 닫히고 지혜가 열립니다.

둘째, 말씀을 사모하므로 입을 열고 헐떡입니다

131절에서 시인은 "내가 주의 계명들을 사모하므로 내가 입을 열고 헐떡였나이다"라고 합니다. 말씀에 대한 강한 열망을 시인은 이렇게 표현하였습니다.

"입을 열고 헐떡였나이다"라는 말은 목이 타는 목마름으로 인하여 시원한 물을 갈망하는 마음을 표현합니다. 시인은 말씀을 안타깝게 기다리며 사모하는 마음을 이렇게 시적으로 표현한 것입니다.

목이 마르다는 것은 몸에 물이 필요하다는 신호입니다. 고기를 먹고 싶다는 것은 몸에 단백질이 필요하다는 신호입니다. 단것이 당긴다는 것은 몸에 단것이 필요하다는 신호입니다. 사람의 몸은 항상 스스로에게 필요한 것을 원합니다.

말씀이 당긴다는 것은 말씀이 필요하다는 말입니다. 말씀을 간절히 사모하는 것은 영혼이 목마르고 말씀을 필요로 한다는 말입니다. 말씀에 대한 열망과 사랑하는 마음이 이렇게 강렬하다는 말입니다.

시편 42 : 1의 시인은 "하나님이여 사슴이 시냇물을 찾기에 갈급함 같이 내 영혼이 주를 찾기에 갈급하니이다"라고 고백합니다. 우리에게도 말씀에 대한 갈급함이 있어야 합니다. 우리 영혼이 말씀에 고파야 합니다. 목마른 사슴처럼 주님의 말씀에 대한 갈급함이 있어야 합니다.

"목마른 사람이 우물 판다."라는 말이 있습니다. "주린 자가 달게 먹고 목마른 자가 쉬이 마신다."라는 말도 있습니다. 이는 물을 간절하게 갈구하는 모습을 말합니다. 하나님의 사람은 하나님의 말씀에 대해서 이런 간절함이 있어야 합니다. 말씀에 목이 마르고, 말씀에 배가 고파야 합니다.

사바나의 건기가 되면 동물들은 죽을힘을 다해 물이 있는 곳으로 모여듭니다. 거기에 가면 위험하다는 것을 알지만 위험을 무릅쓰고 모입니다. 물이 없으면 어차피 죽음을 맞게 되므로 죽을 각오로 물이 있는 곳에 몰려오는 것입니다. 하나님의 말씀이 있는 곳에 위험을 무릅쓰고 모이는 까닭도 마찬가지입니다. 말씀이 없으면 죽기 때문입니다. 말씀이 생명이기에 말씀이 있는 곳에 모이는 것입니다. 말씀에 목숨을 바칠 가치가 있기에 모이는 것입니다.

다윗은 우리아의 아내 밧세바를 자신의 아내로 취하여 죄를 범하였습니다. 하나님의 사람 나단은 다윗에게 가서 하나님의 말씀으로 꾸짖었습니다. 그는 소와 양이 많은 부자가 가난한 사람의 한 마리 양을 빼앗은 이야기를 들려주었습니다. 다윗은 "이 일을 행한 사람은 마땅히 죽을지라."라고 하였습니다. 이때 나단은 다윗에게 "당신이 바로 그 사람이라."고 깨우쳐 줍니다. 다윗의 어두워진 눈을 밝게 해 주었습니다. 이때 다윗은 죄에 대한 우둔함을 깨우쳤습니다. 눈물로 밤을 새며 회개하였습니다.

하나님의 말씀으로 우둔함과 죄악을 깨달을 수 있게 하는 것은 하나님의 사랑이며, 무한한 하나님의 은혜입니다. 우리가 하나님의 말씀을 보고 들어도 깨닫지 못한다면 저주를 받은 것입니다. 하나님의 말씀을 늘 사모하고, 읽고 들을 때마다 우리의 심령을 깨우치게 하는 하나님의 은혜가 함께하시기를 바랍니다.

시편 119 : 133~136

주의 말씀에 발걸음을 굳게 세운 사람들

성경의 도량형 가운데 '규빗'이 있습니다. 한 규빗은 성인의 팔꿈치에서 손끝까지의 길이입니다. 그래서 사람마다 규빗이 다릅니다. 또 '스타디온'이 있습니다. 스타디온은 성인의 한 걸음 만큼을 나타냅니다. 그래서 스타디온도 사람마다 다릅니다. 스타디온은 경기장이란 뜻의 '스타디움'(stadium)의 어원이기도 합니다. 이처럼 사람의 발걸음은 예로부터 중요한 기준이며 척도로 사용되었습니다. 그래서 발걸음은 언제나 흔들리지 말고 견고해야 합니다.

우리의 발걸음이 어디를 향하고 있는가 하는 것은 굉장히 중요합니다. 왜냐하면 그것이 그 사람의 삶의 방향이며, 삶의 방식이며, 인격이기 때문입니다. 그래서 사람의 발은 아무 데나 밟으면 절대로 안 됩니다.

로버트 프로스트의 시에는 이런 구절이 있습니다. "숲 속에 두 갈래 길이 있었네 / 나는 인적이 드문 길로 발걸음을 옮겼네 / 그 선택이 모든 것을 바꾸어 놓았네" 나의 발걸음이 어디로 향하느냐에 따라 인생의 모든 것이 바뀝니다.

톨스토이의 "세 길"이란 민화가 있습니다. 어느 의좋은 삼형제가 성장하여 도시로 나가기로 했습니다. 집을 나서 가다 보니 세 갈래 길이 있었습니다. 삼형제는 각각 세 갈래의 다른 길로 가서 훗날에 만나기로 했습니다. 세월이 흐른 후 한 도시에서 강도사건이 벌어졌습니다. 범인은 잡혔고, 가게의 주인과 범인이 재판장 앞에 섰습니다. 세 사람은 소스라치게 놀랐습니다. 재판장과 범인과 가게 주인은 바로 삼형제였기 때문입니다. 어느 길로 가느냐 하는 것이 이렇게 인생을 갈라놓음을 알려 주는 이야기입니다.

성경에는 '걸음을 견고케', '걸음을 정하사', '걸음을 넓게', '걸음을 인도하시니'라는 말들이 있습니다. 하나님께서 우리의 발걸음을 견고하게 하시고, 정하시고, 넓게 하시고, 인도하신다고 하니 얼마나 감사한지요.

욥기 31 : 4에는 "그가 내 길을 살피지 아니하시느냐 내 걸음을 다 세지 아니하시느냐"라고 기록되어 있습니다. 하나님께서는 길을 살피시고 걸음을 세시는 자상한 아버지이십니다.

김구 선생께서 손양원 목사님에게 보낸 친필 편지가 여수 애양원에 보관되어 있습니다. 거기에는 이렇게 쓰여 있습니다. "눈 덮인 들판을 걸어갈 때 함부로 걷지 말지니라. 오늘 내가 걸어간 발자국은 뒷사람들의 이정표가 되리니." 우리는 늘 발걸음을 조심해야 합니다. 우리의 모든 발자국이 다 드러나기 때문입니다. 이보다 더 중요한 사실은 하나님께서 우리의 발걸음을 세고 계신다는 사실입니다.

우리의 발걸음을 주의 말씀 위에 굳게 세우면 죄악이 나를 주관하지 못합니다. 발걸음을 주의 말씀 위에 세우고, 죄와 먼 삶을 살고, 항상 바른길을 좇아 살아가는 우리 모두가 되어야 합니다.

첫째, 주님의 얼굴을 비추고 말씀을 가르칩니다

135절에서 시인은 "주의 얼굴을 주의 종에게 비추시고 주의 율례로 나를 가르치소서"라고 합니다. 하나님의 얼굴이 우리에게 비추어야 우리의 길이 어긋나지 않고, 우리가 바른길로 갈 수 있습니다. 하나님께서 얼굴을 돌리시면 우리는 바른길로 가지 못합니다.

'얼굴을 비추다'라는 말은 구름 속에 숨었다가 다시 모습을 드러내는 태양을 빗대어 하는 말이라고 합니다. 이 세상에서 태양이 보이지 않는다고 가정해 보십시오. 얼마나 불안하겠습니까? 태양이 있어야 생명이 있고, 밝음이 있습니다.

시편 27 : 8에는 "너희는 내 얼굴을 찾으라 하실 때에 내가 마음으로 주께 말하되 여호와여 내가 주의 얼굴을 찾으리이다 하였나이다"라고 기록되어 있습니다. 내가 주님의 얼굴을 찾고, 주님의 얼굴이 나에게 비춰야 내가 평안하게 살 수 있습니다.

눈을 마주친다는 것은 아주 가까운 사이라는 뜻입니다. 사랑하는 사람끼리는 얼마든지 눈을 마주칠 수 있지만 그렇지 않은 관계에서는 그렇게 하기 어렵습니다. 대화할 때 서로 얼굴을 보고 말을 하라고 하지만 그것도 쉽지 않습니다. 하지만 진정한 대화를 위한 중요한 요소는 얼굴을 마주 대하는 것입니다.

고린도전서 13 : 12에는 "우리가 지금은 거울로 보는 것같이 희미하나 그때에는 얼굴과 얼굴을 대하여 볼 것이요"라고 합니다. 얼굴을 마주보는 것은 친숙한 관계를 의미합니다. 얼굴을 마주보고 있다는 것은 관계가 잘 정립되어 있다는 증거입니다.

민수기 6 : 24~26에는 "여호와는 네게 복을 주시고 너를 지키시기를 원하며 여호와는 그의 얼굴을 네게 비추사 은혜 베푸시기를 원하며 여호와는 그 얼굴을 네게로 향하여 드사 평강 주시기를 원하노라"라고 기록되어 있습니다. 하나님께서는 잠시도 눈을 떼지 않고 우리를 응시하고 계십니다. 우리로 하여금 다른 길로 가지 않게 하시고, 하나님의 말씀에 집중하게 하시려고 우리에게서 눈을 떼지 못하십니다.

둘째, 말씀을 지키지 않는 사람을 안타까워합니다

136절에는 "그들이 주의 법을 지키지 아니하므로 내 눈물이 시냇물 같이 흐르나이다"라고 합니다. 이 말씀을 직역하면 "나의 눈은 물들의 강을 타고 내려갑니다."입니다. 시인은 하나님의 말씀을 지키지 않는 사람들을 안타까워하며 큰 슬픔을 표현하고 있습니다. 눈물이 강같이 흐른다는 말은 비유적 표현입니다.

예레미야애가 3 : 48은 "딸 내 백성의 파멸로 말미암아 내 눈에는 눈물이 시내처럼 흐르도다"라고 합니다. 얼마나 슬펐으면 눈물이 시내처럼 흐르겠습니까? 이런 과장법은 시적 용법인데, 슬픔을 주체할 수 없어 끊임없이 눈물이 흐르는 것을 묘사합니다.

시편 6 : 6에서 다윗은 "내가 탄식함으로 피곤하여 밤마다 눈물로 내 침상을 띄우며 내 요를 적시나이다"라며 슬퍼합니다. 눈물은 영혼을 깨끗이 씻어 줍니다. 우리의 마음을 깊이 적셔서 영혼을 맑게 하고 건강하게 합니다.

눈물에는 인간이 이해하기 힘든 다양한 효과가 있습니다. 일본의대의 요시노 신이치 교수는 "운다는 것은 웃는 것과 같은 효과가 있다."라고 하였습니다. 사람이 울고 나면 암을 공격하는 '내추럴 키라' 세포가 활성화된다고 합니다. 설문응답자의 30%가 울고 난 뒤에 몸이나 기분이 좋아진 듯한 느낌이 든다고 응답하였습니다.

시편 80 : 5에는 "주께서 그들에게 눈물의 양식을 먹이시며 많은 눈물을 마시게 하셨나이다"라고 합니다. 눈물을 흘리게 하신 이는 하나님이십니다. 하나님께서는 눈물을 흘릴 줄 아는 자를 사랑하십니다. 특히 하나님을 알지 못하고, 말씀을 지키지 않는 사람들 때문에 눈물을 흘리면 더 사랑하십니다.

말씀에서 한 발자국도 움직이지 말아야 합니다. 하나님께서 우리의 발걸음을 견고하게 하실 것입니다. 우리 모두가 하나님의 말씀 위에 든

든히 서서 말씀에서 벗어나지 않고 말씀대로 살아가는 신실한 그리스도인이 다 되기를 바랍니다.

우리의 발걸음을 주의 말씀 위에 굳게 세우면 죄악이 나를 주관하지 못합니다.
발걸음을 주의 말씀 위에 세우고, 죄와 먼 삶을 살고, 항상 바른길을 좇아 살아가는 우리 모두가 되어야 합니
If we keep our footsteps in God's Word, sin can not oversee us.
We all should place our foot on the Word of God, live a life far from sin, and follow the righteous pa

시편 119 : 137~140

주의 말씀에 열정을 가진 사람들

「뉴욕타임스」의 세계적 칼럼니스트인 토머스 프리드먼은 "이민자처럼 생각하고(도전과 낙관), 장인처럼 일하며(배움의 자세), 웨이터처럼 행동하라(기업가 정신)."고 하였습니다. 다음의 새 세상(next new world)에서는 누구나 '이민자'입니다. 이제는 얼마나 많이 알고 있는가는 중요하지 않습니다. 가장 중요한 것은 얼마나 동기부여가 되어 있는가와 열정과 호기심을 갖고 있는가 하는 것입니다. '열정'(passion)과 '끈기'(persistence)를 나타내는 PQ, '호기심'(curiosity)을 나타내는 CQ가 IQ보다 더 중요한 이유가 이 때문입니다.

주의 말씀을 공부하고 학습하려는 열정과 끈기와 호기심이 IQ보다 훨씬 더 중요합니다. 세상의 어떤 재주보다 열정이 더 중요합니다. 재능이 있는 사람은 얼마든지 이길 수 있지만 열정이 있는 사람은 이길 수 없습니다.

"움직이게 하는 것은 피스톤이나 기계가 아니고 증기다."라는 말이 있습니다. 보이지 않는 증기가 움직이게 만드는 힘입니다. 마찬가지로 하나님의 말씀에 대한 열정이 힘의 원천입니다. 말씀에 대한 열정만 있으면 세상을 살아갈 힘은 저절로 생깁니다.

열정이란 말은 '하나님 안에'(en theos)라는 뜻입니다. 이 말에서 열정이란 영어 단어 'enthusiasm'이 나왔습니다. 하나님 안에서 얻는 초인적 힘이 열정입니다. 열정이란 사람이 만들어 내는 것이 아닙니다.

오늘 시인은 "내 열정이 나를 삼켰나이다"라고 합니다. '열정'이란 말은 히브리어로 '킨아티'인데, '정열적인 것, 거룩한 열심, 정열'로 이해할 수 있는 단어입니다. 하나님의 말씀을 가까이하려는 열심을 너무 크게 낸 나머지 힘이 고갈될 정도에 이르렀다는 것입니다. 이런 시인의 말씀에 대한 열정이 우리에게도 있기를 바랍니다.

첫째, 주의 말씀은 의롭고 성실합니다

138절에서 시인은 "주께서 명령하신 증거들은 의롭고 지극히 성실하니이다"라고 합니다. 시인은 하나님의 말씀을 의로움과 성실함의 말씀이라고 합니다. 하나님의 말씀의 가치를 너무나 잘 알고 있는 표현입니다.

의로움이란 옳음입니다. 그릇된 것을 용납하지 않는 것입니다. 성실함이란 신뢰할 가치가 있음을 말합니다. 성취될 약속과 같습니다. 사람이 항상 옳게 처신하고, 신뢰할 가치가 있다면 얼마나 훌륭한 사람입니까? 이런 사람을 만나기는 매우 어렵습니다. 그런데 하나님의 말씀은 항상 옳고, 신뢰할 가치가 있습니다.

'의로운 규례' 혹은 '의로운 말씀'이란 말이 시편 119편에 5번 나타납니다. '주의 성실'이란 말은 성경에 24번 나타나는데, 대부분 시편에 나옵니다. 이러한 표현들을 보면 하나님의 말씀이 얼마나 의롭고 성실한가를 알 수 있습니다.

하나님의 말씀이 의롭고 성실한 이유가 무엇입니까? 시편 100 : 5에는 "여호와는 선하시니 그의 인자하심이 영원하고 그의 성실하심이 대대에 이르리로다"라고 합니다. 의와 성실은 하나님의 성품, 그 자체입니다. 그러니 하나님의 말씀이 의롭지 않을 수 없고, 성실하지 않을 수 없습니다.

말 바꾸기는 정치가들의 일상이며 무기입니다. 우리는 흔히 정치가들을 비판하고 비꼬기도 합니다. 그렇다면 우리는 어떻습니까? 우리가 정치가들을 비판할 만큼 정말 말에 의롭고 성실합니까? 우리는 그렇지 못하고, 사람은 누구나 그렇지 못합니다. 하지만 하나님께서는 말을 바꾸지 않으십니다. 하나님께서는 말에 항상 성실하십니다.

맹자는 "항상(恒常)이 없으면 항심(恒心)이 없다."라고 하였습니다. 사람에게는 항상이 있을 수 없습니다. 그래서 항심도 있을 수 없습니다. 마음이 변하고, 말이 변하고, 행동도 상황에 따라 변합니다.

민수기 23 : 19에는 "하나님은 사람이 아니시니 거짓말을 하지 않으시고 인생이 아니시니 후회가 없으시도다 어찌 그 말씀하신 바를 행하지 않으시며 하신 말씀을 실행하지 않으시랴"라고 기록되어 있습니다. 하나님께서는 항상 말에 신실하십니다.

그래서 하나님의 말씀도 기록한 연대가 수천 년의 차이가 있지만 시대를 초월하여 옳고, 수십 명의 저자가 기록하였지만 틀리지 않습니다. 아담 이후로 세상에 태어난 사람의 수가 셀 수 없이 많다고 하지만, 누구에게나 맞는 성실한 말씀입니다. 그래서 성경은 진리의 말씀입니다.

둘째, 주의 말씀은 심히 순수합니다

140절에서 시인은 "주의 말씀이 심히 순수하므로 주의 종이 이를 사랑하나이다"라고 합니다. 하나님의 말씀은 순수하므로 사랑할 가치가 있습니다.

'순수'하다는 말은 히브리어로 '체루파'인데, 용광로에서 제련한 금속과 관련된 용어입니다. '제련된' 혹은 '정제된'이란 뜻입니다. 하나님의 말씀은 불순물이 없다는 것입니다. 불순물이 제거된 금속이 비로소 값진 것이 됩니다. 하나님 말씀의 순수성은 불순물이 없고, 악이 없고, 불필요한 것이 없다는 뜻입니다.

금광석은 0.1%의 금만 있어도 금광석이라고 부릅니다. 1,000분의 1이 금이고, 나머지 999가 돌이지만 그렇게 귀하게 여기는 것은 돌 때문이 아니라 금이 귀하기 때문입니다. 999를 버려 하나를 얻는다고 하더라도 금광석을 버릴 수 없는 것입니다.

시편 18 : 30에는 "하나님의 도는 완전하고 여호와의 말씀은 순수하니 그는 자기에게 피하는 모든 자의 방패시로다"라고 기록되어 있습니다. 하나님의 말씀은 깨끗하기에 말씀을 통하여 청결한 삶을 배울 수 있습니다. 말씀은 악을 피하는 방패가 됩니다.

삭개오라는 이름의 뜻은 '순수 혹은 순결'입니다. 삭개오의 부모는 그의 아들이 순수하고 순결하기를 바랐지만 그는 이스라엘 백성의 공적(公賊)이자 부정한 세리가 되었습니다. 당시에 세리는 가장 부정한 죄인의 대명사였습니다. 그가 예수님을 만나지 못했더라면 평생 더러운 삶을 살았을 것입니다. 그러나 그는 예수님을 만난 뒤에 부정한 삶을 청산하고 순결한 삶으로 돌아섰습니다.

인간은 누구나 그 내면에 순수함을 갈망하고 있습니다. 영성가 헨리 나우웬은 "우리의 내면 깊은 곳에서는 잃어버린 낙원에 대한 기억이 있다. 낙원이란 말보다 순수라는 말이 더 맞을지도 모른다. 우리는 죄책감이 들기 시작하기 전에 순수했었다."라고 하였습니다. 그렇습니다. 인간의 깊은 곳에는 순수한 면이 아직 남아 있고, 여전히 그 순수함을 찾고 있습니다.

순수함, 낙원, 순결을 되찾기 위해서는 순수한 것을 추구해야 합니다. 그러지 않고 그냥 순수해지는 방법은 없습니다. 그러기 위해서 순수한 하나님의 말씀을 사랑해야 합니다. 순수한 하나님의 말씀이 마음을 순수하게 할 수 있습니다.

오래전 일본의 어느 반도체 공장에서는 불량률이 높아 고민을 했습니다. 아무리 연구해도 해결할 수 있는 길이 없었습니다. 알고 보니 공장에서 보이지 않을 정도로 멀리 있는 기찻길이 문제였습니다. 기차가 지나갈 때마다 불량품이 많아진 것입니다. 하지만 기차 시간과 불량품 시간이 일치한다는 것을 알았다고 해서 기차를 멈추게 할 수도 없고, 공장을 이전할 수도 없었습니다. 그런데 이때 한 여직원이 좋은 제안을 했습니다. 공장 주위에 해자(moat)를 설치하자는 것이었습니다. 이 아이디어가 받아들여져서 해자를 팠고, 결국 해자에 담긴 물이 충격을 흡수하여 문제를 해결할 수 있었습니다. 이처럼 우리가 세상에 살아가면서 흔들릴 때마다 충격을 흡수할 수 있는 해자가 필요합니다. 말씀이 해자의 역할을 해 줍니다. 그런데 해자를 파 놓았다고 하더라도 물이 없으면 해자는 그 역할을 할 수 없습니다. 우리에게는 물이신 그리스도가 필요합니다. 말씀에는 그리스도가 있습니다.

"세상 흔들리고 사람들은 변하여도 나는 주를 섬기리"라는 복음성가가 있습니다. 물이 되신 주님은 방패가 되시고, 세상이 우리를 흔들 때도 우리의 흔들림을 막아 주십니다. 그 주님의 보호하심 때문에 우리가 순수한 그리스도인이 될 수 있는 것입니다.

우리의 사랑은 각 세대별로 차이가 있습니다. 공상, 체험, 조화, 동행 등 다양합니다. 그런데 모든 세대의 사랑에는 열정이라는 공통점이 있다고 합니다. 열정이 사랑을 만듭니다.

7세기 정교회 영성가인 존 클리마쿠스는「거룩한 등정의 사다리」라는 책을 썼습니다. 이는 서방교회의「천로역정」에 버금가는 책입니다. 정교회의 사제나 수도사들은 평생 이 책을 40~50번 읽는다고 합니다. 그가 말하는 사다리는 천국과 세상을 잇는 축입니다. 탐욕은 정욕의 괴수인데, 인간의 탐욕을 제거하는 순간, 순수한 그리스도인으로 변합니다.

클리마쿠스는 신자들을 냉정함으로 인도하려 했습니다. 그가 말하는 냉정함이란 열정이 없는 상태가 아니라, 세상적 열정을 천국을 향한 갈망으로 바꾸는 방향 전환을 의미합니다. 주의 말씀에 열정을 가질 때 세상적 열정에서 천국의 열정으로 방향 전환이 가능합니다. 우리 모두가 천국을 지향하는 하나님의 사람이 되어 순수한 말씀의 열정으로 사는 그리스도인이 되기를 바랍니다.

시편 119 : 141~144

주의 율법을
진리로
믿는
사람들

2017년은 루터의 종교개혁 500주년이 되는 해입니다. 2019년은 3·1운동 100주년이 되는 해입니다. 교회의 개혁이 선행되어야 교회가 민족교회로 거듭날 수 있습니다. 루터의 개혁 100여 년 전, 기독교사에서 잊을 수 없는 한 순교자, 얀 후스라는 사람이 있었습니다. 후스는 1372년 보헤미안의 가난한 농부의 아들로 태어나 사제의 길을 걸었습니다. 성경에 입각하여 기존의 교회질서를 비판하고 교회개혁을 요구하던 개혁의 선구자 얀 후스는 교황권을 비판한 혐의로 교회의 소환명령을 받았습니다. 그는 교회의 소환에 불복하여 기소를 당했습니다. 그는 교황권보다 성경의 권위가 더 소중하다고 주장하여 재판을 받고

하나님의 말씀을 진리로 아는 것이 지혜이며 감사입니다.
Knowing God's Word as the Truth is wisdom and thankfulness.

화형장으로 끌려갔습니다. 그가 화형되기 전에 남긴 글에는 이렇게 적혀 있습니다. "신실한 그리스도인들이여, 진리를 찾으라. 진리를 들으라. 진리를 배우라. 진리를 사랑하라. 진리를 말하라. 진리를 지키라. 죽기까지 진리를 수호하라. 그것은 진리가 너를 죄와 악마와 영혼의 죽음과 마침내 영원한 죽음으로부터 자유롭게 하기 때문이다." 얀 후스로 말미암아 모라비안 형제단이 탄생하게 되었습니다. 모라비안 형제단은 기독교 경건주의의 모체이며, 세계선교의 전위부대가 되었습니다.

얀 후스만큼 진리 위에 서고, 진리를 수호하고, 진리를 외친 사람은 없었습니다. 루터의 종교개혁 100년 전에 종교개혁의 첫 단추를 끼운 사람이 진리의 사람, 얀 후스입니다.

진리란 참된 이치이며 참된 도리입니다. 철학에서는 진리를 "언제 어디서나 누구든지 승인할 수 있는 보편적인 법칙이나 사실"이라고 정의합니다. 진리란 동서고금을 막론하고 변치 않는 그 무엇을 말합니다. 진리를 알고, 진리를 지키고, 진리를 위해 목숨을 버릴 수 있다면 참으로 행복한 사람입니다.

예수님은 진리입니다. 예수님은 친히 "내가 곧 길이요 진리요 생명이니"라고 하셨습니다. 빌라도가 예수님을 재판할 때 빌라도가 예수님께 묻습니다. "진리가 무엇이냐?" 빌라도는 진리를 앞에 두고 "진리가 무엇이냐?"라고 한 셈입니다. 진리는 예수님입니다.

골로새서 1 : 5에는 "너희를 위하여 하늘에 쌓아 둔 소망으로 말미암음이니 곧 너희가 전에 복음 진리의 말씀을 들은 것이라"라고 기록되어 있습니다. 복음은 진리입니다. 하나님의 말씀은 진리입니다. 하나님의 말씀을 진리로 아는 것이 지혜이며 감사입니다.

첫째, 멸시를 당해도 말씀을 잊지 않습니다

141절에서 시인은 "내가 미천하여 멸시를 당하나 주의 법도를 잊지 아니하였나이다"라고 합니다. 하나님의 사람이 멸시를 당할 때가 있습니다. '미천하여'라는 말은 수가 적거나, 나이가 어리거나, 신분이 낮음을 나타낼 때 사용하는 단어입니다.

'멸시를 당하나'라는 말은 가치 없는 존재로 취급당하는 것을 말합니다. 하나님의 백성은 하나님의 말씀대로 경건하게 살려고 하기 때문에 세상 사람들로부터 멸시를 당합니다. 세상은 경건하게 살고, 하나님의 말씀대로 살고, 의롭게 사는 사람을 좋아하지 않습니다. 왜냐하면 그들이 그렇게 살지 않기 때문입니다. 세상은 하나님을 싫어하고, 하나님의 말씀을 싫어하고, 하나님의 사람을 싫어합니다. 그래서 결과적으로 하나님의 사람들을 멸시하게 되는 것입니다.

디모데후서 3 : 12에는 "무릇 그리스도 예수 안에서 경건하게 살고자 하는 자는 박해를 받으리라"라고 기록되어 있습니다. 경건하게 살기 위해서는 박해를 각오해야 합니다.

찬송가에는 "멸시 천대 십자가는 제가 지고 가오리다"라는 가사가 있습니다. 우리가 찬송대로 살고 있습니까? 실제로 억울하고, 힘들고, 때로 다툼을 일으킬 때도 있습니다. 그러나 우리는 말씀 때문에 당하는 멸시, 예수님 때문에 당하는 천대도 다 감당해야 합니다.

디모데전서 4 : 12은 "누구든지 네 연소함을 업신여기지 못하게 하고 오직 말과 행실과 사랑과 믿음과 정절에 있어서 믿는 자에게 본이 되어"라고 합니다. 성경은 사람들이 우리의 연소함을 업신여기거나 미천하게 여기지 못하게 하라고 합니다. 모름지기 그리스도인은 멸시를 당하지 않도록 본이 되게 살아야 합니다.

세상 사람들이 예수님을 비난하고 조롱하던 일은 지금뿐만 아니라 성경 시대부터 줄곧 있어 왔습니다. 제가 어릴 때에는 "예수쟁이, 예수쟁이!" 하면서 놀림도 많이 받았고, 찬송 가사를 "예수 사랑하려고 예배당에 갔더니 내 신 훔쳐 가려고 눈감으라 하더라"라고 바꾸어 부르며 약을 올렸습니다. 그럼에도 불구하고 절대 예수님을 믿는 것을 놓을 수 없고, 말씀을 버릴 수 없는 것입니다.

둘째, 환난과 우환에도 말씀은 즐거움입니다

143절에서 시인은 "환난과 우환이 내게 미쳤으나 주의 계명은 나의 즐거움이니이다"라고 고백합니다. 인생의 우환은 우리의 삶에 연속됩니다. '환난과 우환'은 늘 우리 곁에 있습니다. 환난은 각종 육체적 고통을 말하며, 우환은 억압과 긴박한 상황으로 말미암은 심적 고통을 말합니다. 우리의 육체적·정신적 압박감을 피할 곳이 없을 때는, 문자 그대로 진퇴양난의 상황이 전개되는 것입니다.

한번은 존 웨슬리가 실의에 빠진 청년을 상담하게 되었습니다. 하나님의 말씀으로 청년을 위로하면서 함께 길을 걷고 있었습니다. 목장 근처에 왔을 때 소가 담장에 붙어 서서 고개를 쳐들고 하늘을 향해 있는 것을 보고 웨슬리가 물었습니다. "저 소는 왜 하늘을 쳐다보고 있는가?" "그야 앞으로 더 나아갈 수 없으니 그렇지요." "사람도 마찬가지일세. 하늘을 바라보게. 문제가 해결되네." 해답은 하늘에 있습니다. 인생의 해답은 하늘의 하나님께서 주시는 말씀 속에 있습니다.

다윗은 "내가 사망의 음침한 골짜기로 다닐지라도 해를 두려워하지 않을 것은 주께서 나와 함께하심이라 주의 지팡이와 막대기가 나를 안

위하시나이다"(시 23 : 4)라고 고백합니다. 어떤 분은 시편 23편의 위력은 목자에 대한 믿음에 있다고 하였습니다.

시편 23편은 슬픈 자에게 위로가 됩니다. 기쁜 자에게는 열정을 줍니다. 아픈 자에게는 치유를 줍니다. 고통 중에 있는 자에게는 평안을 줍니다. 시편 23편은 어떤 형편에 처한 사람이든, 모두에게 힘이 되는 말씀입니다.

미국의 어느 배우가 생일에 많은 유명한 배우들과 지인들을 초청하여 파티를 열었습니다. 파티가 끝날 무렵, 배우는 시편 23편을 낭송하였습니다. 멋진 목소리와 표정과 감정표현이 정말 감동적이었습니다. 배우는 초청된 교회의 목사님에게 시편 23편을 낭송해 달라는 청을 하였습니다. 목사님이 시편 23편을 낭송하였는데, 목소리나 표정이나 감정은 배우에 비할 바가 아니었습니다. 하지만 목사님의 낭송이 끝나자 배우는 말했습니다. "나는 시편 23편을 잘 압니다. 그런데 목사님은 목자를 잘 알고 계십니다."

목자이신 예수님은 말씀을 통하여 우리를 위로하십니다. 환난과 우환 속에서도 말씀은 즐거움을 줍니다. 복음성가 중에는 "괴로울 때 주님의 얼굴 보라"라는 찬양이 있습니다. 하나님의 말씀을 보면 슬픔이 사라집니다. 말씀을 보면 용기가 생기고, 소망이 솟습니다.

에베소서 6장에는 "전신 갑주를 입으라"는 말씀이 있습니다. 전신 갑주가 무엇입니까? 진리로 허리띠를 띠고, 의의 호심경을 붙이고, 평안의 복음이 준비한 신을 신고, 믿음의 방패를 가지고, 구원의 투구와 성령의 검, 곧 하나님의 말씀을 가지는 것입니다. 이 중 진리의 허리띠는 민첩하게 해 주는 도구입니다. 당시 의복은 발목까지 내려오는 긴 옷이었습니다. 긴 옷은 싸우기에 불편한 옷입니다. 그래서 전투에 나가기 위해서는 먼저 허리띠로 옷을 단단히 매야 했습니다.

우리 시대는 진리를 수호하는 강한 믿음이 필요한 시대입니다. 제가 저서「평신도를 위한 소요리문답」에서도 말씀드렸지만 수많은 이단들이 왜곡된 성경 해석으로 신자들을 혼란하게 하고 있습니다. 그래서 기독교의 교리를 잘 지키는 자가 필요합니다. 하나님의 말씀, 성경의 진리를 수호할 의무가 우리 모두에게 있습니다.

이 시대에 멸시와 환난과 우환이 그리스도인에게 있지만 하나님의 말씀을 절대 잊지 말고, 진리의 말씀을 잘 수호해야 합니다. 진리의 허리띠를 다시 한번 단단히 조여 매고, 신앙으로 굳게 서 있는 그리스도인들이 다 되시기를 바랍니다.

주의 말씀에 열정을 가질 때 세상적 열정에서 천국의 열정으로 방향 전환이 가능합니다.
천국을 지향하는 하나님의 사람이 되어 순수한 말씀의 열정으로 사는 그리스도인이 되기를 바랍니다.
When we hold passion in God's Words, worldly passion can be changed into heaven's. May we be
the person of God, pursuing heaven, can christians living in pure passion in the Words.

주의 말씀의 강령은 진리이오니 주의 의로운 모든 규례들은 영원하리이다 고관들이 거
짓으로 나를 핍박하오나 나의 마음은 주의 말씀만 경외하나이다
사람이 많은 탈취물을 얻은 것처럼 나는 주의 말씀을 즐거워하나이다 나는 거짓을 미
워하며 싫어하고 주의 율법을 사랑하나이다

PSALMS 119

All your words are true ; all your righteous laws are eternal. Rulers persecute me without cause, but my heart trembles at your word. I rejoice in your promise like one who finds great spoil. I hate and abhor falsehood but I love your law.

시편 119 : 145~148

주의
교훈을
지키는
사람들

'경주 최부자'의 가문에는 대대로 내려오는 여섯 가지 교훈이 있습니다. 그 대표적인 교훈은 이렇습니다. 첫째, 재산은 만석 이상 모으지 말 것, 둘째, 과거시험은 보되 지위는 진사 이상 오르지 말 것, 셋째, 흉년기에는 재산을 늘리지 말 것, 넷째, 사방 1백리 안에 굶어 죽는 사람이 생기면 곳간을 헐어서 먹여 살릴 것 등입니다. 최부자 10대손은 오래 전 영남대학교의 전신인 대구대학을 설립할 때 많은 재산을 희사하였습니다. 최부자 가문에서는 후손들이 가문의 교훈을 따르지 않으면 벌을 내렸다고 합니다.

가문이나 사람이 칭찬을 듣는 데는 다 이유가 있습니다. 교훈을 어기고, 벼슬을 탐하고, 졸부가 되었다면 절대로 칭찬을 듣지 못할 것입니다. 그런 가문이라면 어떻게 10대 이상을 부자로 살면서 칭찬을 듣겠습니까? 원래 부자는 칭찬을 듣기조차 힘들기 마련인데, 교훈을 잘 지킴으로 인정을 받게 된 것입니다.

'바른 교훈', '주의 교훈', '여호와의 교훈' 등 성경은 온통 교훈으로 가득 차 있습니다. 성경은 사람을 바른길로 인도하는 길잡이입니다. 디모데후서 3 : 16에는 "모든 성경은 하나님의 감동으로 된 것으로 교훈과 책망과 바르게 함과 의로 교육하기에 유익하니"라고 기록되어 있습니다. 성경은 자녀나 다른 사람을 교훈하기에 가장 좋은 책입니다. "이렇게 해."라고 하는 것보다 "성경이 이렇게 하라고 가르치고 있어."라고 하는 것이 훨씬 좋은 교훈 방법입니다.

성경의 교훈에는 한 가지 특징이 있습니다. 명령 다음에는 반드시 보장과 복이 있습니다. 때로는 성경이 가르치는 교훈이 맵기도 하고, 쓰기도 합니다. 그러나 분명한 것은 그 교훈이 쓰지만 달다는 것입니다.

잠언 4 : 1은 "아들들아 아비의 훈계를 들으며 명철을 얻기에 주의하라"라고 합니다. 잠언 8 : 33에서는 "훈계를 들어서 지혜를 얻으라 그것을 버리지 말라"라고 합니다. 잠언이 말하는 '훈계'도 교훈과 같은 의미입니다. 교훈을 잘 들어서 손해될 것이 전혀 없습니다.

"인생은 먼저 시험을 치르고 그다음에 교훈을 가르치는 혹독한 학교다."라는 말이 있습니다. 사람은 누구나 늦게 깨닫는다는 것입니다. 하나님의 말씀으로 교훈을 받고 미리 깨달아 지혜로운 삶을 사는 우리가 되기를 바랍니다.

첫째, 전심으로 부르짖어야 합니다

145절에서 시인은 "여호와여 내가 전심으로 부르짖었사오니 내게 응답하소서 내가 주의 교훈들을 지키리이다"라고 요청합니다. 우리가 마음을 다해 부르짖으면 하나님께서 응답하신다는 것을 시인은 확신하고 있습니다. 예레미야 33 : 3에는 "너는 내게 부르짖으라 내가 네게 응답하겠고 네가 알지 못하는 크고 은밀한 일을 네게 보이리라"라고 기록되어 있습니다. 하나님께 부르짖으면 하나님께서는 반드시 들으십니다.

길에서 예수님을 만났던 시각장애인이 "다윗의 자손 예수여 나를 불쌍히 여기소서"(막 10 : 47)라고 했을 때 예수님은 외면하지 않으시고 그의 부르짖음을 들으셨습니다. 귀신 들린 자가 예수님께 "나사렛 예수여 우리가 당신과 무슨 상관이 있나이까"(막 1 : 24)라고 하였지만 예수님은 그들의 소리를 들으시고 그들에게 가서 상관하셨습니다. 예수님은 단 한 번도 부르짖음에 응답하지 않으신 적이 없습니다.

'전심으로'라는 말은 히브리어로 '베칼 레브'인데, '모든 마음으로'라는 뜻입니다. 때로는 '전인격으로'라는 의미로도 쓰이는 말입니다. 이 말은 마음이 나누어지지 않고 하나로 합한 상태를 의미합니다.

열왕기하 20 : 3에는 죽고 살지 못할 것이라는 하나님의 말씀을 들은 히스기야가 하나님께 기도한 내용이 나옵니다. "여호와여 구하오니 내가 진실과 전심으로 주 앞에 행하며 주께서 보시기에 선하게 행한 것을 기억하옵소서 하고 히스기야가 심히 통곡하더라" 히스기야는 자신이 진실과 전심으로 하나님 앞에서 살았다는 것을 말하며, 전심으로,

곧 온 맘을 다하는 간절함으로 하나님께 기도하였습니다. 하나님께서는 히스기야의 부르짖음을 들으시고 그의 생명을 15년이나 연장해 주셨습니다. 하나님께서는 전심으로 구하는 자를 위해 하나님의 계획을 바꾸시면서까지 응답하십니다.

'부르짖었사오니'라는 말은 시인의 개인적인 슬픔을 나타내는 말로서 전폭적이고 전인적인 기도를 뜻합니다. 누가복음 22 : 44은 "예수께서 힘쓰고 애써 더욱 간절히 기도하시니 땀이 땅에 떨어지는 핏방울 같이 되더라"라고 기록합니다. 이는 예수님의 간절한 기도를 말합니다. 얼마나 간절히 기도하셨기에 땀이 핏방울같이 되었겠습니까?

피와 물이 함께 쏟아졌다는 것은 십자가를 연상하게 합니다. 십자가에서 예수님은 물과 피를 한 방울도 남기지 않고 쏟으셨다고 합니다. 이는 완전한 제사를 의미합니다. 구약의 번제가 제물을 하나도 남김없이 완전히 태워 드리듯 예수님도 십자가에서 완전한 제물이 되셨다는 말입니다.

예레미야 29 : 12에는 "너희가 내게 부르짖으며 내게 와서 기도하면 내가 너희들의 기도를 들을 것이요"라고 기록되어 있습니다. 교훈을 잘 지키고, 전심으로 하나님께 부르짖고, '들으소서'라고 하나님께 아뢰어야 합니다. 말씀을 잘 지키고, 전심으로 기도하면 하나님께서는 반드시 우리의 부르짖음에 응답하십니다.

둘째, 새벽이 부르짖기에 좋은 시간입니다

147절에서 시인은 "내가 날이 밝기 전에 부르짖으며 주의 말씀을 바랐사오며"라고 합니다. 이 말은 "내가 이전부터 어스름 속에 있었습니다. 그리고 기대했습니다."라는 뜻입니다. 이른 아침, 동트기 전의 때는 하나님과 대화하고 기도하기 가장 좋은 시간입니다.

148절에서는 "주의 말씀을 조용히 읊조리려고 내가 새벽녘에 눈을 떴나이다"라고 합니다. 유대사회는 밤을 셋으로 나누어 구분했습니다. 이른 밤과 한밤과 새벽입니다. 시인은 그중 새벽 이른 시간에 일찍 일어나 하나님의 말씀을 묵상한다고 말합니다.

마가복음 1 : 35에는 "새벽 아직도 밝기 전에 예수께서 일어나 나가 한적한 곳으로 가사 거기서 기도하시더니"라고 기록되어 있습니다. 예수님은 새벽형이셨습니다. 새벽에 일어나 한적한 곳에 가서서 기도하셨습니다. 새벽은 기도하기 좋은 시간이고, 한적한 곳은 기도하기 좋은 곳입니다. 이른 아침은 이성적 기운이 넘치는 시간입니다.

한국인은 전통적으로 조기문화(早起文化)를 가지고 있습니다. 조기문화는 농경문화의 소산입니다. 농사를 짓는 사람은 이른 아침에 일어나 논밭으로 나가야 합니다. 때가 늦거나 때를 맞추지 못하면 농사를 망칩니다. 우리나라의 조기문화는 새벽예배를 가능하게 하였고, 새벽기도가 한국교회 성장에 중요한 요인이 되었으니 감사한 일입니다.

사람의 맥박은 오전 5시에 가장 빠릅니다. 이 시간이 혈압이 가장 높은 시간입니다. 그래서 이 시간은 깊은 잠을 자기에 적당한 시간이 아니라고 합니다. 오전 6시에서 8시 사이는 두뇌가 가장 명석해지는 시간이라고 합니다. 이렇게 보면 아침은 모든 면에서 참 좋은 시간입니다. 일본의 다케우치 교수는 오전 5시부터 8시까지를 가리켜 '시간을 버는 시간'이라고 하였습니다. 그래서 아침을 지배하면 하루를 지배한다고까지 합니다.

최근 한국인의 삶의 방식은 '조조(早朝)형'에서 '올빼미형'으로 변화되었다고 합니다. 얼마 전의 보도에 의하면 한국인 중 25%가 새벽 1시 이후 잠자리에 든다고 합니다. 이런 수면문화의 변화가 사회의 변화를 가져오는 것 같습니다.

영성가 윌리엄 로우는 "건강한 그리스도인은 아침 일찍 일어나야 한다. 왜냐하면 그리스도인이기 때문이다."라고 하였습니다. 그는 그리스도인에게 아침 시간이 얼마나 소중한 시간인지를 말하고 있습니다. 아침 시간은 기도와 말씀 묵상에 가장 좋은 시간인 것을 기억하여, 여러분의 아침이 복되기를 바랍니다.

우리가 흔히 기도할 때 '주여! 삼창'을 합니다. 저의 생각으로는 이것이 '만세 삼창'에서 비롯된 것 같습니다. 성경은 골방에서 하는 기도와 부르짖음의 기도를 함께 말하고 있습니다. 부르짖음도 중요한 기도의 형식입니다. 기도와 말씀이 조화를 이룰 때 온전하고 균형 있는 신앙이 됩니다. 신비와 이성을 조화롭게 유지해야 건강한 그리스도인이 될 수 있습니다.

우리 모두가 주의 교훈을 잘 지키기를 바랍니다. 새벽마다 기도하고 말씀으로 묵상하는 시간을 꼭 가지기를 바랍니다. 전심으로 하나님께 부르짖어 모든 기도제목이 꼭 성취되고, 말씀을 묵상하여 경건한 그리스도인이 다 되시기를 바랍니다.

시편 119 : 149~152

주의 계명들을 진리로 믿는 사람들

1922년 미국 네브래스카 주의 지질학자 헤럴드 쿡 박사는 작은 어금니 화석 하나를 발견하여 뉴욕의 자연사 박물관장 헨리 오스본 박사에게 보냈습니다. 오스본 박사는 이것이 원숭이와 사람의 중간 진화상태인 '유인원 어금니'라고 하여 학계를 떠들썩하게 만들었습니다. 그러나 1927년 이 화석을 재조사한 결과, 야생 멧돼지의 어금니였음이 밝혀졌습니다. 멧돼지 어금니 하나가 원숭이와 인간 사이의 중간상태를 잇는 진화론을 진리로 만들 뻔했습니다. 진화론이 진리입니까? 진화론은 하나의 가설일 뿐입니다. 어느 조사보고에 의하면 창조론에 대하여 개신교인 59%가 긍정하고 있다고 하였습니다. 나머지 41%는 창조보다 진화를 믿고 있다는 말일 것입니다.

한국갤럽의 최근 조사에 의하면 "여러 종교의 교리가 서로 달라 보이지만 결국 같거나 비슷한 진리"라고 답한 개신교인이 49%나 됩니다. 불교인과 천주교인은 79%가, 비종교인은 74%가 그렇다고 답했습니다. 종교다원주의의 영향이 개신교인의 구원관을 약화시키고 있다는 증거입니다.

하나님의 말씀은 진리입니다. 말씀인 그리스도가 진리입니다. 세월이 지나도 변치 않고, 영원한 규범이 되는 진리가 말씀입니다.

대학을 '진리의 상아탑'이라고 합니다. 많은 대학교들이 '진리'를 교훈으로 삼고 있습니다. 하버드대학교의 교훈은 '진리'입니다. 예일대학교는 '빛과 진리'입니다. 서울대학교는 '진리는 나의 빛'입니다. 연세대학교는 '진리, 자유'입니다. 고려대학교는 '자유, 정의, 진리'입니다. 가톨릭대학교는 '진리, 사랑, 봉사'입니다. 서울시립대학교는 '진리, 창조, 봉사'입니다. 한남대학교는 '진리, 자유, 봉사'입니다. 한국외국어대학교는 '진리, 평화, 창조'입니다. 이화여자대학교는 '진, 선, 미'입니다. 진리는 대학이 추구해야 할 과목이며 배움의 주제이기도 합니다.

진리는 우리에게 있는 것이 아니라 하나님의 말씀에 있습니다. 우리는 말씀을 묵상하고 지킬 때에 진리 안에 살게 되는 것입니다.

'진리'란 히브리어로 '에메트'입니다. 이 단어는 히브리어 철자 22자 가운데 첫 자, 가운데 자, 마지막 자를 모아놓은 단어입니다. 진리는 처음과 중간과 마지막이 같아야 한다는 말입니다. 반면에 '거짓'이라는 단어는 '샤카르'인데, 철자 중 뒷부분의 글자들을 모아 만들어진 단어입니다. 진리와 거짓의 차이가 단어에도 나타납니다.

요한복음 17 : 17에는 "그들을 진리로 거룩하게 하옵소서 아버지의 말씀은 진리니이다"라고 합니다. 하나님의 말씀은 진리입니다. 이 진리의 말씀을 우리가 듣고 읽고 묵상하고 믿고 사는 것이 얼마나 감사한 일인지 모릅니다. 진리의 말씀으로, 진리대로 사는 우리 모두가 되기를 바랍니다.

첫째, 주께서는 가까이 계시는 하나님이십니다

151절에서 시인은 "여호와여 주께서 가까이 계시오니 주의 모든 계명들은 진리니이다"라고 합니다. 시인은 하나님을 가까이 계시는 하나님으로 고백합니다. 구약 당시의 사람들은 하나님을 너무 멀리 계시다고 생각했습니다. 그들은 하나님께서 하늘 꼭대기에 계시다고 생각했고, 성전에 계시다고 했습니다. 그런데 하나님께서 가까이 계신다는 사실을 깨달은 것이 저자에게는 큰 위로가 되었습니다.

150절에는 "악을 따르는 자들이 가까이 왔사오니 그들은 주의 법에서 머니이다"라고 합니다. 시인에게 해를 주는 박해자가 가까이 와서 압박하지만 하나님께서 박해자보다 더 가까이 계셔서 구원하시고 보호하신다는 고백입니다. 시인에게 가까이 와 있는 박해자들은 하나님의 말씀과는 먼 사람들입니다. 곧 하나님과 멀리 있다는 말입니다.

시편 69 : 18은 "내 영혼에게 가까이하사 구원하시며"라고 간구합니다. 시편 73 : 28은 "하나님께 가까이함이 내게 복이라"고 합니다.

이사야는 시편과 반대말을 합니다. 이사야 50 : 8은 "나를 의롭다 하시는 이가 가까이 계시니 나와 다툴 자가 누구냐 나와 함께 설지어다 나의 대적이 누구냐 내게 가까이 나아올지어다"라고 합니다. 자신을 해치는 대적에게 오히려 가까이 오라고 합니다. "나에게 해를 주려 하는 자들이 가까이 왔으나 주께서 더 가까이 계시니 내가 두렵지 않습니다."라는 뜻입니다. 시인은 주의 말씀을 따르는 자인데 악을 따르는 자들은 주의 말씀에서 먼 사람들입니다. 그렇기에 두렵지 않은 것입니다.

하나님을 '가까이 하기에는 너무나 먼 당신'으로 여기고, 멀리 두고 섬기는 사람들이 너무 많습니다. 하나님을 하늘 꼭대기에서 내려다보고 계시는 분으로 이해하는 사람들이 많습니다. 그러나 하나님께서는 우리 가까이 계십니다.

이스라엘 백성들이 바벨론 포로가 되자 신관의 변화가 일어났습니다. 지금까지 하나님께서는 성전에 계시던 하나님인데, 이제 예루살렘으로 돌아갈 수 없는 신세가 된 그들은 하나님을 만날 수 없게 되었습니다. 그래서 그들은 포로기에 회당을 처음으로 세웠습니다. 회당에서 말씀을 낭독하며 하나님을 만났습니다. 예수님은 하늘 꼭대기에 계시는 하나님을 '내 곁에 계신 아버지'로 말씀하셨습니다. 그래서 예수님은 하나님을 '나의 아버지'라고 부르셨습니다. 하나님께서는 우리의 곁에 계시는 자상한 아버지이신 것을 말씀하셨습니다.

성경 시대에는 하늘을 복수로 생각했습니다. 히브리어로는 '샤마임'이라고 하는데, 성경에 420번이나 나옵니다. 헬라어로는 '우라노이'인데, 이 단어도 복수입니다. 특히 신약 시대에는 하늘을 삼층으로 생각

진리는 우리에게 있는 것이 아니라
하나님의 말씀에 있습니다.
The truth is not in us, but in God's Words.

했습니다. 첫째 하늘은 별이 매달려 있는 하늘이고, 둘째 하늘은 공간이고, 셋째 하늘은 영적인 곳, 즉 하나님께서 계시는 곳이라고 생각했습니다.

　창세기 1장에는 하나님께서 창조하신 날의 끝에 '보시기에 좋았더라'

라고 하는데, 둘째 날에는 이 말이 없습니다. 귀신론을 이야기하는 사람들은 이를 두고 '공중의 권세 잡은 자' 마귀의 놀이터인 공중을 만든 날이므로 하나님께서 좋았다고 하지 않으셨다고 해석합니다. 이 해석은 잘못된 해석입니다. 하나님의 창조에는 실수가 없습니다.

바울은 고린도후서 12 : 2에서 "내가 그리스도 안에 있는 한 사람을 아노니 그는 십사 년 전에 셋째 하늘에 이끌려 간 자라"고 합니다. 당시의 관념에서 바울도 셋째 하늘이란 표현을 썼지만, 하나님께서는 삼층에 계신 하나님이 아닙니다. 우리 곁에서 동행하시며, 함께하시며, 지키시는 하나님이십니다.

둘째, 말씀은 주께서 영원히 세우신 것입니다

152절에서 시인은 "내가 전부터 주의 증거들을 알고 있었으므로 주께서 영원히 세우신 것인 줄을 알았나이다"라고 합니다. 하나님의 말씀은 영원합니다. '영원'이란 과거뿐만 아니라 미래에도 같은 하나님의 말씀이라는 뜻입니다. 시인은 미래에도 똑같은 하나님의 말씀이라고 확신하고 있는 것입니다.

하나님의 말씀은 진리입니다. 하나님의 말씀이 진리이기 위해서는 영원해야 합니다. 하나님의 말씀은 언제나 현재적입니다. 현재의 말씀이며, 과거의 말씀이 아닙니다.

물론 하나님의 말씀은 과거에 기록되었습니다. 그러나 현재, 지금 나에게 들리는 하나님의 음성입니다. 성경은 "여호와여 말씀하옵소서 주의 종이 듣겠나이다"(삼상 3 : 9)라고 합니다. 이 말씀은 과거의 말씀이 아니라 현재의 말씀으로 지금 듣겠다는 말입니다.

하나님을 표현할 때 '영원한 현재'(eternal present)라는 말을 씁니다. 하나님께서는 영원히 현재적으로 계시다는 말입니다. '영원하신 하나님 여호와', '하나님의 말씀은 영원히 서리라', '영원한 언약', '주의 의로운 모든 규례들은 영원하리이다' 등, 성경은 하나님과 하나님의 말씀이 영원하다는 말을 자주 사용합니다. 인간의 사상이나, 이념이나, 윤리는 쉴 새 없이 변합니다. 그러나 하나님의 말씀은 영원히 변하지 않습니다. 그렇기에 말씀은 생명이며, 우리 삶의 규범이 될 수 있습니다.

미국의 걸출한 청교도 목회자인 조나단 에드워즈는 "진리가 성경 안에 있다."라고 하였습니다. 성경을 읽고 묵상하면 진리를 알고, 진리대로 살 수 있습니다.

루터는 종교개혁의 횃불을 들었다가 로마 교황으로부터 파문을 당했습니다. 당시에 파문을 당한다는 것은 죽음을 맞이한 것이나 다름없었습니다. 모든 공민권을 박탈당하여 살아갈 수가 없었기 때문입니다. 그런데 바로 그때에 루터는 위대한 찬송을 지었습니다. "친척과 재물과 명예와 생명을 다 빼앗긴대도 진리는 살아서 그 나라 영원하리라" 진리를 지키려면 죽음을 각오해야 합니다.

이런 루터의 죽음을 각오한 진리 수호는 지금도 필요합니다. 최근에 우리 앞에 당면한 이슬람 문제, 동성애 문제, 이단 문제 등은 모두 우리가 진리를 수호하려는 데서 비롯된 문제입니다. 어쩌면 우리가 순교의 각오로 지켜야 할지 모르는, 우리 앞에 닥친 과제입니다. 극단적 무슬림인 IS의 공격대상은 바로 우리입니다. 분명한 것은 우리가 하나님의 말씀의 진리를 지키는 것이 도리이며 사명이라는 사실입니다.

하나님의 말씀을 진리로 믿고 따릅시다. 이대로 가면 한국에서 히잡을 쓴 한국인을 보게 되고, 우리의 후손이 무슬림이 될 수도 있습니다. 진리인 하나님의 말씀을 수호하기 위하여 단단히 각오하고 말씀대로 사는 그리스도인이 되기를 바랍니다.

시편 119 : 153~156

주의 율법을
잊지 않은
사람들

1942년도에 제작된 "마음의 행로"라는 영화의 이야기입니다. 찰스라는 남자가 기억상실에 걸렸습니다. 그의 아내는 찰스의 비서 역할을 하면서 기억을 되찾도록 도와주었습니다. 마지막 장면에 보면 집에 들어갈 때 문 앞에 있는 나뭇가지를 한 손으로 들고 고개를 숙이고 들어갔는데, 오랜 시간 후에 그 나뭇가지를 들고 집에 들어가면서 다시 기억을 되찾습니다.

기억상실이란 나를 잊어버리는 것입니다. 나만 잊어버린 것이 아니라 나와 관계된 모든 사람, 모든 것을 다 잊어버리고 상실하는 것입니다. 하나를 잃으면 모든 것을 잃습니다. 세상에서 모든 것을 다 얻어도 하나님을 잃으면 아무것도 아닙니다. 하나님의 말씀을 잃으면 세상의 많은 지식도 끝입니다.

'기억하다'라는 단어는 성경에 250회나 등장합니다. 우리에게 필요한 것은 새로운 지식이 아닙니다. 성경은 해 아래 새것이 없다고 합니다. 이미 주신 것, 이미 알고 있는 것을 잘 보존하고, 기억하고, 떠올리고, 되새기는 것이 중요합니다.

요한복음 14 : 26에는 "보혜사 곧 아버지께서 내 이름으로 보내실 성령 그가 너희에게 모든 것을 가르치고 내가 너희에게 말한 모든 것을 생각나게 하리라"고 기록되어 있습니다. 기억하게 하고, 보존하는 것이 성령의 역할입니다.

"준 것을 기억하지 않는 자와 받은 것을 잊지 않는 자가 복이 있다."라는 말이 있습니다. 기억할 것을 잘 기억하는 것은 은혜이며 지혜입니다.

신명기 4 : 23은 "너희는 스스로 삼가 너희의 하나님 여호와께서 너희와 세우신 언약을 잊지 말고"라고 당부합니다. 잠언 4 : 5은 "지혜를 얻으며 명철을 얻으라 내 입의 말을 잊지 말며 어기지 말라"라고 합니다. 이처럼 성경은 잊지 말고 기억하라는 말씀을 자주 기록하고 있습니다.

하나님의 백성인 그리스도인에게 주시는 성령의 주제는 '기억하라'입니다. 하나님의 백성은 자신들이 누구인가를 기억해야 합니다. 그리고 하나님의 말씀을 잊지 말아야 합니다. 말씀을 잘 기억하는 자가 복이 있는 자입니다.

첫째, 주께서 나를 변호하시고 구하십니다

154절에서 시인은 "주께서 나를 변호하시고 나를 구하사 주의 말씀대로 나를 살리소서"라고 요청합니다. 이 말씀을 직역하면 "나의 소송 건의 변호사가 되어 주십시오."입니다. 현재 당하고 있는 모든 억울한 일들을 살펴서 공개적으로 해결해 달라는 간구의 소리입니다.

성경은 하나님을 심판하시는 재판관이라고 합니다. 또한 성경에는 하나님을 변호사로 표현하며, 변호해 달라고 하는 말이 7번이나 나옵니다. 우리가 세상을 살면서 억울한 일을 당할 때가 많습니다. 잘못된 재판으로 손해를 볼 때도 많이 있습니다. 이런 때에 하나님의 재판이 필요하고, 도우심이 절실한 것입니다.

시편 9 : 4은 "주께서 나의 의와 송사를 변호하셨으며 보좌에 앉으사 의롭게 심판하셨나이다"라고 고백합니다. 하나님께서는 무엇을 가지고 변호하십니까? 판단하시는 기준인 법전이 무엇입니까? 하나님의 말씀입니다. 그래서 성경은 하나님의 말씀을 율법, 규례, 율례, 증거라고 합니다. 이 모두가 법적 용어들입니다.

성령님은 보혜사이십니다. 보혜사란 말은 헬라어로 '파라클레토스'인데, 이는 아주 다양한 의미를 가지고 있습니다. '도우미, 상담자, 조언자, 위로자, 중재자, 조력자, 대변인, 변호사, 지지자, 친구' 등입니다. 보혜사는 대신하는 역할을 합니다. 보혜사 성령님은 우리가 구하는 것을 대변해 주시는 변호사이십니다.

예수님은 "땅끝까지 이르러 내 증인이 되라."고 하셨습니다. 이 말씀은 땅끝까지 가서 변호사가 되라는 말씀이 아닙니다. 우리가 증인이 되어 말씀을 전하다가 어려움을 당하면 성령님이 변호하시겠다는 말입니다. 마가복음 13:11에는 "사람들이 너희를 끌어다가 넘겨 줄 때에 무슨 말을 할까 미리 염려하지 말고 무엇이든지 그때에 너희에게 주시는 그 말을 하라 말하는 이는 너희가 아니요 성령이시니라"라고 기록되어 있습니다. 성령께서는 필요한 그 말을 필요한 그 시간에 우리에게 주겠다고 약속하십니다.

출애굽기 4:15은 "내가 네 입과 그의 입에 함께 있어서 너희들이 행할 일을 가르치리라"라고 합니다. 모세에게 보증하신 하나님의 말씀입니다. 모세는 말을 잘하지 못했기에 이런 보증이 꼭 필요했을 것입니다. 실제로 모세가 가는 곳마다 하나님께서 그의 할 말을 직접 그 시간에 주셨습니다.

베드로와 요한이 복음을 전하다가 공회에 잡혀갔습니다. 하나님께서는 담대한 마음을 주셔서 말하게 하셨습니다. 그래서 그들은 "하나님 앞에서 너희의 말을 듣는 것이 하나님의 말씀을 듣는 것보다 옳은가 판단하라"(행 4:19)라고 용감하게 외칠 수 있었습니다. 하나님께서는 우리를 변호하십니다. 우리를 구하십니다. 하나님께서는 말씀대로 우리를 살리실 것입니다.

둘째, 말씀에는 주의 긍휼이 많습니다

156절에서 시인은 "여호와여 주의 긍휼이 많으오니 주의 규례들에 따라 나를 살리소서"라고 합니다. 시인은 하나님을 긍휼의 하나님으로 이해하고 있습니다. 하나님께서 우리를 살리시는 것은 긍휼하심 때문입니다.

'긍휼'의 사전적 의미는 '불쌍하고 가엾게 여겨서 도와줌'입니다. 긍휼은 히브리어로 '라함'인데, 이는 '자궁'이란 뜻입니다. 생명을 안전하게 보호하고 양육하는 어머니의 희생적 모습이 하나님의 긍휼입니다. 하나님께서는 사람들을 불쌍히 여기십니다. 하나님께서는 지으신 모든 피조물을 사랑하시는 속성을 가지셨습니다.

"주의 긍휼이 많으오니"라고 시인은 경험적으로 말합니다. 연약한 자와 고통당하는 자에게 크게 느껴지는 하나님의 긍휼을 말합니다.

시편 116 : 5은 "우리 하나님은 긍휼이 많으시도다"라고 합니다. 이사야 54 : 7은 "내가 잠시 너를 버렸으나 큰 긍휼로 너를 모을 것이요"라고 합니다. 예레미야애가 3 : 22은 "여호와의 인자와 긍휼이 무궁하시므로"라고 합니다. 에베소서 2 : 4은 "긍휼이 풍성하신 하나님이"라고 합니다. 이렇듯 성경 곳곳에는 하나님의 많고, 크고, 풍성한 긍휼을 노래합니다. 하나님의 긍휼이 얼마나 크기에 그렇게 말하겠습니까? 하나님의 긍휼은 온 인류를 구원하실 만큼 큽니다.

하나님의 긍휼을 보십시오. 하나님께서는 하나님의 백성을 불쌍히 여기십니다. 특별히 하나님을 경외하는 자를 긍휼히 여기신다고 말씀하십니다. 예수님은 세상에 계실 때 병자를 보시고 긍휼히 여기셨습니다. 귀신 들린 자와 굶주린 자를 보실 때 불쌍히 여기셨습니다. 나사로의 죽음 앞에서 눈물을 흘리셨습니다. 성령님은 말할 수 없는 탄식을 하십니다. 그 탄식으로 우리가 회개하고 하나님의 구원에 참여합니다. 주님의 긍휼은 우리의 살길을 여셨습니다.

세종대왕이 창제한 한글은 정말 훌륭한 문자입니다. 세계에서 가장 조직적이고 기계적인 문자가 한글일 것입니다. 세종대왕이 한글을 제창한 이유가 '훈민정음' 서문에 기록되어 있습니다. "나랏말싸미 듕귁에 달아 문짜와로 서르 사맛디 아니할쎄 이런 전차로 어린 백셩이 니르고져 홀배이셔도 마참내 제 뜨들 시러 펴디 몯할 노미 하니라. 내 이랄 위하야 어엿비 너겨 새로 스물여듧 자를 맹가노니" 백성을 어여삐 여기는 마음이 한글을 있게 하였습니다. 세종대왕의 긍휼한 마음이 최고의 문자를 만들게 한 것입니다.

제가 오래전에 머물렀던 한 수도원의 수도사들은 시편 전체를 암송한다고 하였습니다. 역사상 어떤 시대에는 랍비 12사람만 모이면 구약 전체를 암송할 수 있었다고 합니다. 말씀을 귀하게 여기고 잊지 않는 하나님의 사람들의 모습입니다.

말씀은 기억할 가치가 있습니다. 세상에는 기억해야 할 것들이 많이 있지만, 말씀에는 그 어떤 것들보다 기억해야 할 고귀한 가치가 있습니다. 말씀을 잊지 않고 잘 간직하면 모든 어려움을 이깁니다. 성경에는 모든 경우에 필요한 말씀이 다 있습니다. 하나님께서는 우리의 변호사이십니다. 말씀으로 우리를 변호하시고 이기게 하십니다. 이 말씀을 잊지 말고, 긍휼하신 주님을 믿고 승리하며 귀한 삶을 사는 우리 모두가 되기를 바랍니다.

말씀은 그 어떤 것보다 기억해야 할 고귀한 가치가 있습니다. 말씀을 잊지 않고 잘 간직하면 모든 어려움을 이길 수 있습니다. 하나님께서는 말씀으로 우리를 변호하시고, 이기게 하십니다.
The Word retains a valuable worth that we should remember. When we remember the Word, hold them in our hearts, we can go through any of hardships. God defends us by the Word and leads us into victory.

시편 119 : 157~160

주의 말씀의

강령을
진리로 아는

사람들

하나님 이름은 다양합니다. '엘', '엘로힘', '엘샤다이'(전능하신 하나님), '엘 엘리온'(가장 높으신 하나님) 등입니다. 그 외에도 '여호와 닛시', '여호와 라파' 등 하나님의 이름 '여호와'를 붙인 칭호들이 많이 있습니다. 그만큼 하나님께서는 인간에게 다양한 일을 하시는 분임을 증명합니다.

철학에서는 하나님을 여러 가지 용어로 설명합니다. '우주적인 힘', '제일 원인'(Prima Causa), '부동의 동자'(Unmoved Mover) 등입니다. 철학이 말하는 하나님은 '제일'이고 '근본'이고, '힘'이라는 뜻입니다.

창세기 1 : 1에는 "태초에 하나님이 천지를 창조하시니라"고 기록되어 있습니다. 요한복음 1 : 1에서는 "태초에 말씀이 계시니라"고 합니다. 하나님은 태초에 계신 분입니다. 하나님은 피조물이 아닌 창조자이십니다. 하나님은 처음부터 계신 분입니다. 요한1서 2 : 13은 하나님을 가리켜 '태초부터 계신 이'라고 합니다. 이런 하나님이 바로 우리의 하나님이십니다.

원조는 어떤 일을 처음 시작한 사람, 어떤 것의 최초 시작으로 인정되는 사물이나 물건을 말합니다. '감자탕 원조', '원조 ○○동 할머니집', '원조 할매 족발집' 등 어떤 것에 대해 원조라 하는 이들이 많습니다.

음식이나 기계나 의복이나 문화 등 모든 분야에는 처음 시작한 원조가 있습니다. 세상에 있는 모든 것은 처음에 누군가가 만들었을 것입니다. 그래서 만든 사람을 발명가, 창설자 등으로 높이기도 합니다. 그런데 하나님께서는 모든 것의 원조입니다. 자세히 살펴보면 하나님께서 시작하지 않은 것이 하나도 없습니다.

'태초에'란 말은 아주 중요한 용어입니다. 이 한마디 말에는 우리 신앙의 기초가 담겨 있습니다. 하나님께서 태초에 계셨다는 믿음은 하나님께서 스스로 존재하신 분이며, 창조자이시며, 우리가 피조물이라는 사실을 인정하는 것입니다.

하나님께서는 처음이시며, 모든 것의 시초이시며, 모든 만물의 원조이시며, 만물을 친히 창조하신 분입니다. 하나님께서는 태초부터 스스로 계신 시간의 초월자이시므로 이 모든 것이 가능합니다. 그래서 우리는 태초에 계신 하나님을 믿으며, 그 하나님께서 천지를 창조하셨다고 고백합니다.

태초에 하나님의 말씀이 있었습니다. 그리고 그 말씀이 육신이 되어 우리 가운데 오셨습니다. 그분이 예수 그리스도이십니다. 시인은 주의 말씀은 처음부터 진리라고 합니다. 주의 말씀은 진리이기 때문에 처음부터 지금까지, 그리고 앞으로도 영원까지 변하지 않습니다.

첫째, 주의 말씀을 지키지 않으면 거짓된 자입니다

158절에서 시인은 "주의 말씀을 지키지 아니하는 거짓된 자들을 내가 보고 슬퍼하였나이다"라고 합니다. 하나님의 말씀은 진리입니다. 진리인 말씀을 지키지 않으면 거짓된 자입니다. 하나님의 말씀을 떠나서는 진실할 수 없고, 진정성이 있을 수 없습니다.

'거짓된 자'란 히브리어의 '복딤'이란 단어로, '믿음이 없는 자'란 뜻입니다. 인간은 하나님과 언약관계를 가진 신분인데, 이를 무시하고 망각하여 마음대로 악행을 행하는 자를 일컫는 말입니다.

예레미야 5 : 11에는 "여호와의 말씀이니라 이스라엘의 집과 유다의 집이 내게 심히 반역하였느니라"라고 기록되어 있습니다. 하나님의 말씀을 지키지 않는 것은 거짓이고, 하나님께 대한 반역입니다. 하나님을 무시하고 악행을 일삼는 것이 죄악입니다. 그런데 이런 일을 아무런 거리낌이 없이 자행하는 것을 보고 하나님께서 진노하신 것입니다.

마태복음 24 : 11은 "거짓 선지자가 많이 일어나 많은 사람을 미혹하겠으며"라고 경고합니다. 말씀을 떠난 거짓 선지자들이 마지막 때가 되면 극성을 피울 것이라고 이미 예수님께서 말씀하셨습니다. 그런 예수님의 예언이 지금 그대로 이루어지고 있습니다. 최근 얼마나 많은 거짓 선지자가 발호하는지 모릅니다.

마하트마 간디의 손자인 아룬 간디는 17세 되던 해에 아버지로부터 매우 중요한 교훈을 배웠습니다. 아버지는 아침에 출근하면서 차를 수리해야 하니 아룬에게 아버지의 직장까지 운전해서 자신을 내려 주고 차는 수리공장에 맡긴 뒤, 그 차를 다시 직장으로 가져다 달라고 하였습니다. 아룬은 아버지를 태워 드리고 차를 수리공장에 맡겼습니다. 그리고는 남은 시간을 이용하여 극장에 들어가 영화를 보았습니다. 그러다 아룬은 차를 가지고 아버지의 직장에 다시 들르는 일을 깜빡 잊고 말았습니다. 아룬을 기다리던 아버지가 수리공장에 전화하니 이미 오전에 차를 다 고쳤고, 아들이 오지 않아 차를 공장에 보관하고 있다고 하였습니다.

뒤늦게 극장에서 나온 아룬은 차를 가지고 허겁지겁 아버지에게 가서 거짓말을 했습니다. "공장에서 차를 늦게 고쳐서 이제 가지고 왔습니다."라고 한 것입니다. 이 말을 들은 아버지는 아무 말도 하지 않고 걷기 시작하였습니다. 아룬은 자신의 거짓말이 탄로 난 것을 알고 용서를 구했지만, 아버지는 끝까지 걸어서 집에 왔습니다. 그날 아버지는 걸어서, 아룬은 아버지 곁에서 천천히 차를 운전하며 자정이 다 되어 집에 들어왔습니다. 아룬은 이 일을 그의 평생에 가장 중요한 교훈이라고 하였습니다. 그다음부터는 거짓말을 할 엄두도 못 내게 되었기 때문입니다.

탈무드에는 "거짓말하는 사람이 받을 가장 큰 벌은, 그가 진실을 말해도 믿어 주지 않는다는 것이다."라는 말이 있습니다. 우리가 잘 아는 '늑대와 양치기 소년'의 이야기처럼 거짓말하는 사람은 아무에게도 신뢰를 얻지 못하는 것입니다.

하나님의 말씀이 우리 안에 있을 때 거짓이 사라집니다. 요한계시록 14 : 5에는 하나님 나라의 순결한 자에 대한 말씀이 있습니다. "그 입에 거짓말이 없고 흠이 없는 자들이더라" 천국에는 거짓말이 아예 없습니다. 하나님의 말씀은 거짓이 없는 진실한 말씀입니다. 하나님의 말씀으로 거짓 없는 삶을 삽시다. 우리 모두가 말씀으로 참되게 사는 그리스도인이 다 되기를 바랍니다.

둘째, 주의 말씀의 시작은 진리입니다

160절에서 시인은 "주의 말씀의 강령은 진리이오니 주의 의로운 모든 규례들은 영원하리이다"라고 고백합니다. '강령'이란 히브리어로 '로쉬'인데, 그 문자적 뜻은 '머리'라는 말입니다. '시작' 혹은 '태초'라는 뜻도 포함하고 있습니다. 이 말씀은 "태초부터 주의 말씀은 진리입니다."라는 뜻입니다. 주의 말씀은 처음부터 진리이고, 진리인 말씀은 영원합니다. 말씀이 모든 것의 시작입니다.

그리스도인의 삶은 말씀으로 시작하고, 말씀으로 마쳐야 합니다. 말씀 중심의 삶이란 시작과 끝이 하나님의 말씀이란 뜻입니다. 말씀이 우리 삶의 시작과 끝을 장식할 가치가 있는 까닭은 그것이 진리이기 때문입니다.

말씀은 이미 태초에 존재했습니다. 말씀은 모든 창조의 도구입니다. 창세기 1장은 하나님께서 천지를 창조하실 때 말씀으로 창조하셨음을 표현하기 위하여 '이르시되'라고 합니다. 이전 성경에는 '가라사대'라고 쓰인 말인데, 이는 '말씀하시되'를 의미합니다. 이것은 말씀이 창조의 도구가 되었다는 말입니다. 하나님의 창조를 말할 때마다 '이르시되'라는 말을 빼놓을 수 없습니다. 말씀으로 창조하셨기 때문입니다. 말씀은 태초에 사용된 창조의 도구일 뿐만 아니라 창조의 시작을 가리킵니다.

종교개혁은 말씀에 대한 새로운 관심과 조명으로, 말씀으로 돌아가려는 운동이었습니다. 말씀이 시작이고, 말씀이 교회의 기초이고, 말씀이 권위인데, 하나님의 말씀이 아닌 교회의 결정, 교황의 말이 하나님의 말씀의 권위를 능가했습니다. 종교개혁은 이것을 바로잡기 위하여 촉발된 것입니다. 종교개혁은 하나님의 말씀으로 돌아가자는 운동, 즉 말씀 제일주의로 회귀한 운동이었습니다. 이를 통해 말씀의 권위를 다시 찾은 것은 다행이며 감사할 일입니다.

주의 말씀은 태초이며, 시작이며, 영원합니다. 히브리서 7 : 28에는 "율법은 약점을 가진 사람들을 제사장으로 세웠거니와 율법 후에 하신 맹세의 말씀은 영원히 온전하게 되신 아들을 세우셨느니라"라고 기록되어 있습니다. 말씀은 영원하며 온전한 아들이신 예수 그리스도를 세웠습니다. 말씀이 영원하며 온전하기 때문입니다.

드라이버 박사는 오경을 다음과 같이 구분하였습니다. 창세기는 하나님께서 태초에 하신 말씀, 출애굽기는 탄생과 유아기, 레위기는 유년기, 민수기는 청년기, 신명기는 성인기라고 하였습니다. 그리고 모든 성경은 태초부터 있던 하나님의 말씀입니다.

　태초부터 있던 하나님의 말씀을 진리로 알고, 하나님의 말씀인 진리를 철저히 수호하고, 하나님의 말씀인 진리대로 사는 그리스도인이 다 되기를 바랍니다. 이렇게 살 때에 내가 아니라, 사람이 아니라, 하나님의 말씀이 우리의 삶을 친히 안전하게 지키실 것입니다.

시편 119 : 161~164

주의 말씀만 경외하는 사람들

'누미노제'(numinose)는 루돌프 오토가 처음으로 사용한 용어입니다. 성스러움에 대한 두려운 감정, 의존의 감정, 떨림의 감정을 뜻하는 말입니다. 인간은 거룩한 존재 앞에 섰을 때 자신이 진실로 작은 피조물임을 존재론적으로 통감하게 되는데, 이때의 감정을 일컫는 것입니다. '누미노제'를 혹자는 '거룩한 감정'이라고 합니다. 전적 타자 앞에 발현된 인간의 경외와 신비의 감정을 말하기 때문입니다. 그리고 흔히 경외감을 불러일으키는 대상을 누미노제라고 합니다.

"인간은 자신이 두려워하는 것을 섬긴다."라는 명언이 있습니다. 여러분은 하나님을 두려워하고 있습니까? 그러면 하나님을 섬기는 사람입니다. 사람을 두려워하고 있습니까? 그렇다면 사람을 섬기는 사람입니다.

하나님께서는 두려움의 존재입니다. 우리의 경외의 대상입니다. 하나님을 두려워하는 것은 신앙의 기본입니다. 초대교회는 신자를 여러 단계로 구분하였습니다. 우리가 '원입교인', '세례교인' 등으로 구분하는 것처럼 말입니다. 그런데 신자의 첫 단계가 'God Fearer'(하나님을 두려워하는 자)였습니다. 하나님을 두려워하는 것은 신앙의 기본이며, 신자의 첫 단계입니다.

잠언 1 : 7은 "여호와를 경외하는 것이 지식의 근본이거늘"이라고 합니다. 잠언 9 : 10에서는 "여호와를 경외하는 것이 지혜의 근본이요"라고 합니다. 여호와를 경외하는 것이 지식과 지혜의 근본입니다. 여호와를 경외하는 자는 곧 말씀을 경외하는 자입니다.

시편 33 : 8에는 "온 땅은 여호와를 두려워하며 세상의 모든 거민들은 그를 경외할지어다"라고 기록되어 있습니다. 성경에는 여호와를 두려워하라는 말씀이 많이 있습니다. "너희 성도들아 여호와를 경외하라"(시 34 : 9), "여호와를 두려워하는 너희여 그를 찬송할지어다"(시 22 : 23), "너희는 여호와를 두려워하는 마음으로 삼가 행하라"(대하 19 : 7) 등입니다. 하나님을 두려워하라는 말씀이 성경의 일관된 요구입니다.

출애굽기 18장에는 광야 공동체의 지도자인 천부장, 백부장, 오십부장, 십부장을 선택하는 장면이 있습니다. 거기에서는 지도자의 자격으로 "하나님을 두려워하며 진실하며 불의한 이익을 미워하는 자"를 말합니다. 하나님의 일꾼으로서의 자격 가운데 첫째가 하나님을 두려워하는 것입니다. 이런 자격은 천부장이나 십부장이나 다름이 없습니다.

하나님께서는 변치 않는 두 가지 속성을 가지고 계십니다. '하나님께서는 사랑이시다.'라는 것과 '하나님께서는 소멸하는 불이시다.'라는 것입니다. 하나님께서는 사랑의 하나님이시며 동시에 공의로우신 하나님이십니다. 우리는 하나님의 속성을 마음에 잘 새겨야 합니다. 하나님의 속성을 잊지 않아야 참 신앙입니다. 우리는 하나님을 경건함과 두려움으로 섬겨야 합니다.

첫째, 탈취물보다 말씀 때문에 즐거워합니다

162절에서 시인은 "사람이 많은 탈취물을 얻은 것처럼 나는 주의 말씀을 즐거워하나이다"라고 노래합니다. '탈취물'은 전쟁 포획물로서, 곧 전리품을 말합니다. 이는 전쟁에서 이겼을 때에 얻는 것입니다. 전쟁에서 승리한 자에게 전리품은 보상으로 반드시 주어집니다. 그러나 실제로 전리품을 얻은 것보다 기쁜 것은 전쟁에서의 승리입니다. 승리자는 이긴 기쁨과 동시에 전리품을 얻은 기쁨을 맛보는 것입니다.

히틀러가 유럽의 전 지역에서 전쟁에 승리할 때마다 전리품으로 가지고 온 미술품들이 엄청나게 많았습니다. 히틀러는 미술학교에 낙방한 트라우마를 늘 품고 있었기 때문에 미술품 수집광이 되었다고 합니다. 그래서 유럽 국가들을 침략할 때마다 먼저 미술품을 약탈하였습니다. 그는 이를 위해 '엘른자츠타프'라는 특수부대를 조직하여 미술품들을 가지고 왔습니다. 이 부대가 약탈한 미술품이 약 500만 점이었고,

말씀의 맛을 아는 사람은
즐거움을 맛볼 수 있습니다.
The one who knows the taste of the Words,
can see its pleasure.

전쟁 후에 미술품의 주인을 찾아 돌려주는 데 6년이나 걸렸다고 합니다.

이처럼 전리품은 전쟁에서의 승자가 가지는 기쁨 중의 하나로 여겨졌습니다. 전쟁에서의 승리, 전리품을 나누는 일은 승자가 누리는 큰 즐거움이었습니다. 그런데 시인은 그 즐거움보다 주의 말씀이 더 즐겁다고 합니다. 시인이 하나님의 말씀을 얼마나 사랑하는가를 알 수 있습니다.

이사야 9 : 3은 "주께서 이 나라를 창성하게 하시며 그 즐거움을 더하게 하셨으므로 추수하는 즐거움과 탈취물을 나눌 때의 즐거움같이 그들이 주 앞에서 즐거워하오니"라고 합니다. 탈취물을 나눌 때의 즐거움은 상상 이상으로 대단한 것입니다.

여러분은 가장 즐거울 때가 언제였습니까? 여러분이 대학교에 입학했을 때입니까? 결혼했을 때입니까? 취업했을 때입니까? 군에서 전역했을 때입니까? 학위를 받고 졸업했을 때입니까? 아니면 자녀를 얻었을 때입니까?

어떤 이가 입사면접을 할 때 "살아오면서 가장 슬펐을 때가 언제인가?", "살아오면서 가장 즐거웠던 때가 언제인가?"라는 질문을 받았다고 합니다. 그런데 "가장 즐거웠던 때가 언제인가?"라는 질문에 대한 답변을 하기가 더 힘들었다고 합니다. 여러분도 한번 그 답을 떠올려 보십시오. 그리고 그것보다 말씀을 더 즐거워하고 있는지 돌아보십시오.

'버킷 리스트'라는 것이 있습니다. 죽기 전에 꼭 하고 싶은 일을 말합니다. 이런 일들이 이루어지면 더 즐겁습니다. 하지만 이런 즐거움보다 말씀이 더 즐거워야 합니다. 말씀의 맛을 아는 사람은 항상 이런 즐거움을 맛볼 수 있습니다.

"오직 여호와의 율법을 즐거워하여"(시 1 : 2), "내 속사람으로는 하나님의 법을 즐거워하되"(롬 7 : 22)라는 말씀은 하나님의 말씀에 대한 맛을 아는 사람의 고백입니다. 이런 고백이 우리에게도 있기를 원합니다. "나 무엇과도 주님을 바꾸지 않으리 다른 어떤 은혜 구하지 않으리"라는 찬양이 있습니다. 정말로 우리 삶의 어떤 것과도 주님을 바꾸지 않고, 주님의 말씀을 사랑하는 성도가 되기를 바랍니다.

둘째, 말씀 때문에 하루 일곱 번씩 찬양합니다

164절에서 시인은 "주의 의로운 규례들로 말미암아 내가 하루 일곱 번씩 주를 찬양하나이다"라고 합니다. '일곱'이란 상징적 숫자로서 '자주', '여러 번', '많이'라는 뜻입니다. 즉, 시인이 주님을 찬양하는 마음이 극진함을 의미합니다. 또한 일곱 번 찬양한다는 것은 많이 찬양한다는 말입니다.

일곱이란 하늘의 수 3과 땅의 수 4를 합한 수로서 거룩한 수이며, 꽉 찬 수입니다. 잠언 24 : 16은 "대저 의인은 일곱 번 넘어질지라도 다시 일어나려니와 악인은 재앙으로 말미암아 엎드러지느니라"라고 하는데, 여기에서의 일곱도 상징적 숫자입니다.

'칠전팔기'(七顚八起)라는 말이 있습니다. 일곱 번 넘어져도 여덟 번 일어난다는 뜻입니다. 여러 번의 실패에도 굴하지 않고 꾸준히 노력하여 분투하는 사람이나 정신을 말합니다. 그런데 왜 '팔전구기', '구전십기'라고 하지 않습니까? 칠이란 상징적 숫자이며, 더 이상이 없는 마지막 숫자라는 뜻을 가지고 있기 때문입니다.

누가복음 17 : 4에는 "만일 하루에 일곱 번이라도 네게 죄를 짓고 일곱 번 네게 돌아와 내가 회개하노라 하거든 너는 용서하라 하시더라"

라고 기록되어 있습니다. 여기서 일곱 번은 극기의 한계적 의미로도 사용된 것입니다.

시인은 주의 말씀으로 말미암아 하루 일곱 번 찬양을 합니다. 하나님의 말씀에 대한 사랑이 찬양으로 나타납니다. 하나님의 말씀을 사랑하면 찬양하게 됩니다. 하나님의 말씀이 은혜가 되면 찬양이 절로 나오게 되어 있습니다. 찬양은 은혜에 비례합니다.

평신도 수도사로 유명한 로렌스 형제는 그의 저서인 「하나님의 임재 연습」에서 "우리는 무엇을 할 때든, 심지어 말씀을 읽고 기도할 때에도 몇 분 동안 잠깐 멈추고 우리 영혼 가장 깊은 곳으로부터 하나님을 찬양하는 시간, 그 은밀한 중에 그분을 누리고 즐거워하는 시간을 가져야 한다. 가능한 한 자주 하는 것이 좋다."고 하였습니다. 찬양은 곡이 있는 기도입니다. 찬양은 말씀 묵상의 끝입니다. 찬양은 하나님 경외의 가장 고상한 표현입니다. 우리가 주의 말씀을 경외하며 날마다 찬양으로 하나님께 영광 돌리는 하나님의 사람들이 다 되기를 바랍니다.

그리스도인의 삶은 말씀으로 시작하고, 말씀으로 마쳐야 합니다. 말씀 중심의 삶이란 시작과 끝이 하나님의 말씀이란 뜻입니다. 말씀이 그러한 가치가 있는 까닭은 그것이 진리이기 때문입니다.
Living as a christian, it implies to start and finish with the Word. The Word-centered-life means that the start and the end of it leads to God's Words. The Word has its values because it is the truth.

시편 119 : 165~168

주의 법도들과 증거들을 지키는 사람들

'지킴이'란 요즘에 많이 쓰는 말입니다. 관리자를 순수한 우리말로 풀어 쓴 말이며, 원래는 한 집이나 마을을 지켜 주는 신을 의미하였습니다. 옛 시절 우리나라는 집의 지킴이로 터주신, 조왕신 등을, 마을 지킴이로 장승과 짐대 등을 두기도 했습니다. 요즘에는 '환경지킴이', '학교안전지킴이', '건강지킴이' 등의 말로 사용합니다.

무엇인가를 지키는 사람에게는 소명감이 가장 중요합니다. 성을 지키는 자는 사방을 살펴 적의 동향을 잘 파악해야 합니다. 포로를 지키는 자는 졸지 말고 포로가 도망가지 않게 해야 합니다. 성경에는 포로를 지키는 자가 포로가 도망간 다음에 "이리저리 일을 볼 동안에 그가 없어졌나이다"(왕상 20 : 40)라고 변명하는 장면이 있습니다. 포로를 지킬 자격이 없는 사람입니다.

지켜야 하는 것에는 마음이 있습니다. 마음을 지키는 자는 마음을 생명처럼 여겨야 합니다. 잠언 4 : 23에는 "모든 지킬 만한 것 중에 더욱 네 마음을 지키라 생명의 근원이 이에서 남이니라"라고 합니다.

또 그리스도인에게는 지켜야 할 중요한 것이 있습니다. 창세기 17 : 9은 "하나님이 또 아브라함에게 이르시되 그런즉 너는 내 언약을 지키고 네 후손도 대대로 지키라"라고 합니다. 대대로 하나님의 말씀을 잘 지키는 것은 하나님과의 약속이며, 하나님의 명령입니다. 지킬 것 가운데 가장 중요한 것이 무엇입니까? 하나님의 말씀입니다. 말씀을 지키면 모든 것을 다 지킬 수 있습니다.

잠언 19 : 16은 "계명을 지키는 자는 자기의 영혼을 지키거니와 자기의 행실을 삼가지 아니하는 자는 죽으리라"라고 합니다. 하나님의 계명을 지키는 것은 영혼을 지키는 길입니다. 우리가 계명을 지킬 때 하나님께서 우리를 지키십니다. 우리는 하나님의 말씀을 잘 지켜야 합니다. 하나님의 말씀을 잘 지켜 하나님의 지킴을 받는 우리 모두가 되기를 바랍니다.

첫째, 주의 말씀을 사랑하는 사람에게는 장애물이 없습니다

165절에서 시인은 "주의 법을 사랑하는 자에게는 큰 평안이 있으니 그들에게 장애물이 없으리이다"라고 합니다. 성경이 말하는 평안이란 하나님께서 주시는 선물입니다. '평안'이란 말은 히브리어로 '샬롬'인데, 이 단어는 '하나님의 평화'를 의미합니다. 하나님만이 진정한 평화를 주신다는 말입니다. 또한 샬롬은 내적 평안을 의미합니다. 마음에 장애물이 없는 자유함을 의미합니다. 장애물이 있으면 평안이 아닙니다.

히말라야에는 해발 8,000미터가 넘는 봉우리가 14개 있습니다. 이를 흔히 '히말라야 14좌'라고 합니다. 그런데 이 14좌를 완등한 사람은 세계에서 23명뿐입니다(「연합뉴스」 2011년 기준). 그중에 제일 먼저 14좌를 완등한 등산가는 이탈리아의 라인홀트 메스너입니다. 우리나라에서는 엄홍길, 박영석, 한왕용, 오은선, 김재수 등 다섯 대장이 완등했습니다. 특히 오은선 대장은 세계 여성 최초의 14좌 완등 기록을 가지고 있습니다. 한편 북극은 1909년 미국의 로버트 피어리에 의하여 정복되었고, 남극은 1911년 노르웨이의 아문젠에 의해 정복되었습니다. 이처럼 산이나, 바다나, 남극이나, 북극이나 인간에게 지배되지 않은 곳은 하나도 없습니다. 인간의 손길이 닿지 않은 곳이 없습니다.

그런데 알고 계십니까? 하나님의 사람은 말씀으로 정복하지 못할 곳이 없습니다. 하나님의 말씀에는 장애물이 없습니다. 하나님의 말씀은 넘지 못할 산이 없고, 건너지 못할 강이 없습니다. 이사야 40 : 4은 "골짜기마다 돋우어지며 산마다, 언덕마다 낮아지며 고르지 아니한 곳이 평탄하게 되며 험한 곳이 평지가 될 것이요"라고 합니다. 외치는 자의 소리가 무엇입니까? 하나님의 '말씀'입니다. 말씀을 사랑하는 자에게는 골짜기도, 언덕도, 험한 곳도 없다는 말입니다.

장애물 경기를 보십시오. 3,000m허들의 경우에는 28개의 장애물이 있고, 7개의 물웅덩이가 있습니다. 선수에게 장애물은 장애물이 아닙니다. 오히려 장애물이 없으면 선수는 할 일이 없습니다. 장애물은 선수로 하여금 선수가 되게 하는 도구입니다. "장애물 경기는 장애물을 피해 가는 경기가 아니라 장애물을 넘어가는 경기입니다."라는 말을 나에게 주는 말로 잘 새겨들으시기 바랍니다.

말씀을 사랑하는 하나님의 사람에게 장애물은 더 이상 장애물이 아닙니다. 우리 삶에서 어떤 문제는 삶의 의미를 상승시키는 효과가 있습니다. 문제가 없으면 인류는 진보하지 못합니다. 개인도 마찬가지입니다.

둘째, 주의 말씀을 지키는 사람의 삶을 주께서 낱낱이 아십니다

168절에서 시인은 "내가 주의 법도들과 증거들을 지켰사오니 나의 모든 행위가 주 앞에 있음이니이다"라고 합니다. 하나님의 말씀을 지키는 삶을 주님께서 지켜보고 계셨다는 뜻입니다. 하나님께서는 모르시는 것이 없습니다. 나의 모든 행위를 주님께서 다 알고 계십니다.

하나님의 속성은 '전지'(omniscience), '전능'(omnipotence), '전재'(omnipresence), 이 세 가지로 표현됩니다. 이 용어는 하나님의 완전성을 말합니다. 'omni'란 '완전한 것, 모든 것'을 의미합니다. 하나님께서는 과거, 현재, 미래를 완벽하게 아십니다. 하나님께서는 미래를 완벽하게 아시기에 '예정'도 하십니다. 장로교회에서는 '예정'이란 말을 많이 사용하는데, 이는 하나님의 '전지'를 전제로 한 말입니다. 하나님께서 모든 것을 다 아시기에 예정하실 수 있다는 것을 인정하는 말입니다

다. 그러나 하나님의 예정이란 내가 오늘 점심에 무엇을 먹을지, 아침에 나올 때 어떤 옷을 입을지와 같은 미래를 아는 것이 아닙니다. 하나님의 예정은 인간의 구원에 관한 하나님의 결정을 말합니다. 이것을 '예지예정'이라고 합니다.

시편 139 : 2~3은 "주께서 내가 앉고 일어섬을 아시고 멀리서도 나의 생각을 밝히 아시오며 나의 모든 길과 내가 눕는 것을 살펴보셨으므로 나의 모든 행위를 익히 아시오니"라고 합니다. 하나님께서는 모든 것을 꿰뚫어 보듯이 알고 계시다는 고백입니다.

하나님께서 왜 우리를 보고 계십니까? 역대하 16 : 9은 "전심으로 자기에게 향하는 자들을 위하여 능력을 베푸시나니"라고 합니다. 하나님께서 보고 계시는 것은 간섭하려고 하시는 것이 아니라 능력을 베푸시고 복을 주시기 위한 행위입니다.

하나님께서 왜 우리를 다 알고 계십니까? 욥기 31 : 4에는 "그가 내 길을 살피지 아니하시느냐 내 걸음을 다 세지 아니하시느냐"라고 기록되어 있습니다. 하나님께서 길을 살피시고, 걸음을 헤아리시기 때문입니다. 하나님께서는 우리가 위험한 곳, 죄의 길을 가지 않기를 원하십니다.

하나님께서는 우리의 삶, 우리의 행동, 우리의 일거수일투족을 다 아십니다. 하나님께서 우리의 모든 것을 다 아신다고 하더라도 우리에게는 절대 손해가 아닙니다. 오히려 하나님께서 알지 않으시면 탈이 납니다.

고린도전서 13 : 12에는 "지금은 내가 부분적으로 아나 그때에는 주께서 나를 아신 것같이 내가 온전히 알리라"라고 기록되어 있습니다.

주님이 나를 아십니다. 나보다 나를 더 잘 아십니다. 우리는 "내일 일은 난 몰라요."라고 하지만 하나님께서는 우리의 내일까지도 다 알고 계십니다. 그리고 우리 한 사람, 한 사람의 개인의 종말도 하나님께서는 다 알고 계십니다.

1873년 11월, 미국 시카고의 변호사인 호레이스 스패포드는 아내와 네 딸을 '빌 드 아브르'라는 배에 태워 프랑스로 여행을 보냈습니다. 스패포드도 함께 갈 계획이었으나 갑자기 일이 생겨 다음 배로 가기로 했습니다. 그런데 아내와 딸들이 탄 배가 항해 도중에 다른 배와 충돌하여 침몰하였습니다. 아내는 겨우 목숨을 건졌지만 네 딸이 한꺼번에 다 죽음을 맞았습니다. 그는 배가 침몰한 지역에 가서 현장을 보고 몇 달 후에 찬송가를 지었습니다. "내 평생에 가는 길 순탄하여 늘 잔잔한 강 같든지 / 큰 풍파로 무섭고 어렵든지 나의 영혼은 늘 편하다 / 내 영혼 평안해 내 영혼 내 영혼 평안해"

하나님의 말씀을 지키는 자에게는 장애물이 없습니다. 네 딸의 죽음조차도 장애물이 아닙니다. 그래서 "평안해!" 하고 찬양할 수 있는 것입니다. 주님은 잠시도 눈을 감지 않으시고 눈동자처럼 우리를 보고 계십니다. 하나님께서는 우리를 밤낮 없이 지키십니다. 우리도 하나님의 말씀을 잘 지키며 사는 그리스도인이 되기를 바랍니다.

시편 119 : 169~172

주의

말씀대로
건진

사람들

중국 진나라 시대의 역사서 「여씨춘추」(呂氏春秋)에 나오는 설화입니다. 옛날 중국 정나라의 한 부자가 물에 빠져 죽었는데, 지나가던 한 사람이 그 시체를 건졌습니다. 부자의 유족들은 익사체를 건진 사람에게 시체를 돌려달라고 하며, 사례도 하겠다고 하였습니다. 그런데 시체를 건져 올린 사람은 터무니없는 금액을 요구하였습니다. 이에 난처하게 된 유족들은 당시의 현자인 등석 선생을 찾아가 상의하였습니다. 등석 선생은 "걱정 마시오. 당신들이 사지 않는다면 어디에 팔겠소?"라고 하였습니다. 한편 시체를 건진 사람은 유족들의 태도가 갑자기 소극적으로 변한 데 대하여 걱정이 되어 등석 선생을 찾아갔습니다. 등석 선생은 "걱정 마시오. 당신이 팔지 않는다고 딴 시체로 바꿔치기 할 수 있을 것 같소?"라고 하였습니다. 결국 당대 지혜자인 등석이 시체를 가지고 쌍방이 흥정을 하게 만든 꼴이 되고 말았습니다.

흥정의 대상이 아닌 것을 두고 하게 만든 것입니다. 시체는 흥정의 대상이 아닙니다. 우리를 건지신 예수님의 대가도 마찬가지입니다. 흥정할 수 없는 것이 그리스도의 십자가의 은혜입니다. 십자가에서 흘린 피의 값이 얼마나 되겠습니까? 무한대입니다. 그런데 우리에게는 공짜입니다. 우리의 구원이 그래서 쉽게 된 것입니다. 어려운 일은 예수님이 다 하셨고, 그 많은 대가를 이미 다 담당하셨습니다. 생명은 돈으로 값을 매길 수 없습니다. 한 생명이 천하보다 더 귀한 것입니다.

'모세'라는 이름의 뜻은 '끌어내다', '건져 내다'입니다. '마솨'라는 말에서 나온 이름입니다. 애굽어로 '모'는 물이며, '우세스'는 '건져 내다'라는 뜻입니다. 아랍인들은 모세를 '무사'라고 부릅니다. 그 이름처럼 죽음의 강에서 건져 냄을 받은 사람이 모세입니다. 하나님께서 모세를 건지신 이유가 무엇입니까? 하나님의 백성을 건지게 하려고 모세를 건지셨습니다. 건짐을 받은 자는 건져야 하는 의무가 있습니다.

시편 18 : 2은 "여호와는 나의 반석이시요 나의 요새시요 나를 건지시는 이시요 나의 하나님이시요 내가 그 안에 피할 나의 바위시요 나의 방패시요 나의 구원의 뿔이시요 나의 산성이시로다"라고 고백합니다. 이스라엘 백성들에게 있어 하나님은 그들을 건지신 분입니다. 그들을 건져 가나안 땅에 들어가게 하신 하나님을, 그들은 믿지 않을 수가 없습니다.

시인은 "주의 말씀대로 나를 건지소서"라고 합니다. 그는 다니엘을 사자굴에서 건지신 하나님, 바울을 풍랑 가운데에서 건지신 하나님을 믿고 있습니다. 우리도 마찬가지입니다. 세례는 물에서 건짐을 받은 것입니다. 우리 모두가 물에서 건짐을 받은 자로서, 하나님의 건지심에 감사하며 많은 사람을 건지는 하나님의 사람들이 되기를 바랍니다.

첫째, 우리 기도가 하나님 앞에 이르러야 합니다

169절에서 시인은 "여호와여 나의 부르짖음이 주의 앞에 이르게 하시고"라고 간구합니다. 170절에서는 "나의 간구가 주의 앞에 이르게 하시고"라고 합니다. 우리의 부르짖음, 우리의 간구가 주님 앞에 이르러야 합니다. 우리가 간구할 때마다 하나님께 이르러야 합니다. 우리의 간구가 하나님께 가다가 도중에 멈추면 안 된다는 말입니다.

야곱은 얍복강에서 천사와 씨름을 하였습니다. 얼마나 간절하고 끈질기게 씨름을 하였던지 천사가 허벅지를 쳐서 관절이 어긋나게 해야 할 정도였습니다. 야곱은 하나님께 "내게 축복하지 않으면 가게 하지 아니하겠나이다."라고 하며 매달렸습니다. 하나님께서는 이런 야곱에게 복을 주셨습니다.

한 시각장애인이 예수님께서 여리고로 가신다는 말씀을 들었습니다. 그는 "나사렛 예수여, 불쌍히 여기소서."라고 예수님을 향해 소리를 질렀습니다. 제자들은 이 사람을 꾸짖으며 잠잠하라고 했지만 이 사람은 더욱 크게 소리 질렀습니다. 만약 소리 지르는 것을 멈추었다면

하나님의 말씀에는 우리를 건지시겠다는 약속이 있습니다.
In the Word of God, there is a promise that he will save us.

절대로 예수님의 은총을 받지 못했을 것입니다.

억울한 한 과부가 불의한 재판장에게 찾아와서 "내 한을 풀어 주소서."라고 매달렸습니다. 재판장은 "이 과부가 나를 번거롭게 하니 한을 풀어 주리라."라고 답합니다. 이 여인의 간절함이 재판장의 마음을 움직인 것입니다. 예수님은 이런 기도가 하나님께서 들으시는 기도라고 가르치셨습니다.

로마의 백부장이었던 고넬료는 환상 가운데 하나님의 계시를 듣게 됩니다. 하나님의 사자는 "네 기도와 구제가 하나님 앞에 상달되어 기억하신 바가 되었으니"라고 말했습니다. 고넬료가 얼마나 경건하고 구제를 많이 한 사람이었습니까? 이런 그의 삶이 하나님께서 기도를 들으시는 조건이 되었습니다.

수벌과 여왕벌의 짝짓기를 보면 수벌이 하늘을 향해 올라가는 모습을 보게 됩니다. 왜 그렇게 죽을힘을 다하여 올라가는지 아십니까? 가장 높이 올라가는 수벌이 여왕벌을 만나 짝짓기에 성공하기 때문입니다. 가장 높이 올라간다는 것은 가장 강하다는 뜻입니다. 꼭대기까지 이르러야 짝짓기에 성공합니다. 마찬가지로 간절함으로 꼭대기에 이르러야 하나님도 만나고 성공하게 됩니다.

시편 102 : 1은 "여호와여 내 기도를 들으시고 나의 부르짖음을 주께 상달하게 하소서"라고 합니다. 우리의 부르짖음이 하나님께 상달되어야 합니다. 성경에는 "부르짖으라", "크게 외치라", "구하라", "물어보라" 등의 권면이 많습니다. 이 모두가 적극적으로 간절하게 기도하여 주님 앞에 이르게 하라는 말입니다.

유대인의 말 가운데 이런 것이 있습니다. "기도에 성과가 없을 성 싶으면 더 크게 기도하라." 그렇습니다. 성과가 없다고 멈추면 기도가 아닙니다. 하나님께서는 우리에게 그분이 들으실 때까지 기도하는 끈기를 요구하십니다.

하나님께서는 우리의 모든 부르짖음을 들으십니다. 그리고 하나님께서 하신 말씀대로 우리를 위험에서 건지십니다. 하나님의 말씀에는 우리를 건지시겠다는 약속이 있습니다. 이 약속은 기도할 때 이루어집니다. 기도할 때 하나님께서 우리를 건지시는 것입니다.

둘째, 주의 말씀은 찬양하게 합니다

171절에서 시인은 "주께서 율례를 내게 가르치시므로 내 입술이 주를 찬양하리이다"라고 합니다. 하나님의 말씀을 배우면 배울수록 하나님께 올릴 찬양이 많아집니다. 말씀은 찬양과 비례합니다. 말씀의 은혜는 찬양으로 이어지기 마련입니다.

172절에서는 "주의 모든 계명들이 의로우므로 내 혀가 주의 말씀을 노래하리이다"라고 합니다. 말씀의 의로움은 찬양하게 됩니다. '노래하리이다'라는 말은 '찬양하다'라는 뜻 외에도 '반복하다', '되풀이하다'라는 뜻을 가지고 있습니다. 하나님의 말씀이 의로우므로 되풀이하여 찬양한다는 뜻입니다.

시편 137편은 이스라엘 백성들이 포로로 잡혀간 바벨론 강가에서 부른 노래입니다. 4절은 "우리가 이방 땅에서 어찌 여호와의 노래를 부를까"라고 합니다. 6절은 "내 혀가 내 입천장에 붙을지로다"라고 합니다. 시인은 노래하지 못한다고 합니다. 그의 혀가 노래를 부를 수 없다고 합니다. 그 이유가 무엇입니까? 하나님의 백성이 포로가 되었기 때문입니다. 포로된 자의 설움 때문에 노래가 나오지 않습니다. 시인은 기쁨을 잃은 감정을 토해 내고 있습니다.

예배에는 찬송, 기도, 신앙고백, 봉헌, 말씀이 있어야 합니다. 말씀과 찬송은 함께 있어야 온전한 예배가 될 수 있습니다. 기독교 역사에서 처음으로 예배시간에 찬송을 부른 이는 암브로시우스입니다. 그는 학구파였고, 성령의 사람이었고, 다문화적이었고, 헬라어와 라틴어를 모두 구사할 수 있는 학자였습니다. 그는 직접 찬송시를 지어 찬송을 예배에 도입하였습니다.

찬송 없는 예배, 찬송 없는 말씀은 상상할 수 없습니다. 모든 찬송 가운데 최고의 찬송은 주님의 영광을 찬양하는 것입니다. 그래서 '영광송'이 최고의 예배 찬송입니다.

우리가 하나님의 선물 안에서 푹 쉴 수 있게 해 주는 두 가지 영적 연습이 있습니다. 찬양과 감사입니다. 찬양은 감사보다 큽니다. 찬양은 순전히 하나님의 하나님 되심, 그 자체 때문에 드리는 것입니다.

어떤 사람이 빌리 그레이엄 목사님에게 다음과 같은 질문을 하였습니다. "주일에 소가 우물에 빠지면 건지겠습니까? 건지지 않겠습니까?" 목사님은 "물론 건져야 합니다. 그러나 그 소가 주일마다 우물에 빠진다면 그 소는 팔아 버리십시오."라고 하였습니다.

하나님께서는 우리가 주일마다 우물에 빠져도 우리를 팔아 버리지 않으십니다. 수없이 빠져도 건지고, 또 건지십니다. 고린도후서 1:10에는 "그가 이같이 큰 사망에서 우리를 건지셨고 또 건지실 것이며 이후에도 건지시기를 그에게 바라노라"라고 기록되어 있습니다. 하나님께서는 하나님의 말씀대로 우리를 건지시고 또 건지십니다. 하나님의 은혜로 건짐 받은 우리가 하나님의 말씀대로 살며, 찬양을 올리고, 많은 사람을 건져 주님께로 인도할 수 있기를 바랍니다.

시편 119 : 173~176

주의 규례들이 돕는 사람들

 딸의 집에 '코밋'이란 강아지가 있습니다. 이 강아지는 호주에서 딸의 가족이 되었습니다. 딸의 가족이 미국으로 이사하기 위해서 한국에 한 달여 있는 동안, 코밋도 함께 우리 집에 와 있다가 딸의 가족들을 따라 미국으로 갔습니다. 이때 재미있는 일이 있었습니다. 코밋이 우리 집에 와 있는 동안 제가 집에 들어가기만 하면 짖어 대는 것이었습니다. 딸의 가족에게는 짖을 리가 없고, 제 아내도 강아지를 막 데리고 올 때 호주에 가 있었던지라 얼굴을 익히 알고 있어서 짖지 않았습니다. 그러다 보니 저만 모르는 사람이니까 짖은 것이었습니다. 강아지가 우리 집에 와 있으면서도 집 주인을 몰라보고 집 주인에게만 짖은 것입니다.

시편에는 주의 규례, 주의 말씀, 주의 법도, 주의 계명 등 하나님의 말씀 모두가 주님의 것이라고 고백합니다. 곧 말씀의 주인은 하나님이십니다.

한번은 빅토리아 여왕이 민정시찰을 나갔습니다. 어느 가난한 과부의 집에 들어갔는데, 과부는 아주 아끼던 차를 여왕에게 대접하였습니다. 여왕은 "이곳에 많은 손님이 다녀갔을 터인데 가장 귀한 손님은 누구입니까?"라고 물었습니다. 여왕은 "예수님입니다."라는 답을 기대하였습니다. 그런데 그 과부는 "여왕폐하입니다."라고 하였습니다. 약간은 실망한 여왕이 다시 물었습니다. "나는 당신과 똑같은 사람이고 가장 존귀한 손님은 예수님이 아닙니까?" 그때 과부는 "예수님은 손님이 아니고 항상 저와 함께 살고 계시는 저의 왕, 저의 주인이십니다."라고 대답하였습니다. 여왕은 크게 감동하여 "주님, 저는 오늘 과부를 위로하러 간 것이 아니고 하나님께서 세우신 천사를 만났습니다. 그녀는 예수님을 주인으로 모신 천사입니다. 나의 주, 나의 왕, 예수님이여, 이 나라의 왕과 주인이 되어 주시고, 저의 주인이 되소서."라고 기도하였다고 합니다.

주님이 누구이십니까? 또 나는 누구입니까? 나는 주님의 무엇입니까? 이런 질문에 명확하게 대답해야 합니다. 우리에게 가장 중요한 것은 자신의 정체성을 확실하게 하는 것입니다. 주님이 누구이신지를 알면 모든 문제가 해결됩니다. 종은 주인의 말씀을 듣고 따릅니다. 종이 주인의 말씀을 따르는 것은 당연한 책임이며, 이치이며, 의무입니다.

내가 주의 말씀을 주인으로 택하면 주의 손이 나의 도움이 됩니다.

말씀을 택하면 그 말씀이 나를 도와줍니다. 우리가 늘 주의 말씀을 택하여 주의 말씀이 우리를 도우심을 경험하기를 바랍니다.

첫째, 주의 말씀을 택하면 주의 손이 도움이 됩니다

신명기 30 : 19에는 "내가 오늘 하늘과 땅을 불러 너희에게 증거를 삼노라 내가 생명과 사망과 복과 저주를 네 앞에 두었은즉 너와 네 자손이 살기 위하여 생명을 택하고"라고 기록되어 있습니다. 말씀의 주인이신 하나님께서 모세에게 말씀을 선택하라고 명령하십니다. 생명을 선택하면 생명의 삶을 삽니다. 그 명령을 지키면 주의 손이 도움이 되실 것입니다.

173절에서 시인은 "내가 주의 법도들을 택하였사오니 주의 손이 항상 나의 도움이 되게 하소서"라고 합니다. 시인은 하나님의 말씀을 가리켜 '주의 법도'라고 표현합니다. 하나님의 말씀이 왜 법도입니까? 하나님의 말씀은 문자대로 하면 법(法)이며, 사람이 살아가는 길(道)이 되기 때문입니다. 주의 말씀은 우리가 반드시 지켜야 할 법이며, 반드시 가야 할 길입니다. 주의 손은 주의 말씀을 잘 지키고, 바른길을 가는 사람에게 도움을 줍니다.

'주의 손'은 히브리어로 '야드카'입니다. 시편 89 : 13의 시인은 "주의 팔에 능력이 있사오며 주의 손은 강하고 주의 오른손은 높이 들리우셨나이다"라고 합니다. 하나님의 손은 여러 곳에 나타납니다. 하나님께서는 세상을 창조하실 때 손을 쓰셨습니다. 욥기 10 : 8에는 "주의 손으로 나를 빚으셨으며 만드셨는데"라고 기록되어 있습니다. 또한 하나님께서는 구원하실 때 손을 쓰십니다. 시편 17 : 14에서는 "주의 손으로 나를 구하소서"라고 합니다. 하나님께서는 보호하실 때에도 손을 쓰십니다. 시편 80 : 17에서는 "주를 위하여 힘 있게 하신 인자에게 주의 손을 얹으소서"라고 합니다. 또한 하나님께서는 징계하실 때 손을 쓰십니다. 시편 32 : 4은 "주의 손이 주야로 나를 누르시오니"라고 합니다.

175절에서 시인은 "내 영혼을 살게 하소서 그리하시면 주를 찬송하리이다 주의 규례들이 나를 돕게 하소서"라고 합니다. 하나님께서 여러분의 주인이 되게 하십시오. 그리스도가 구주가 되게 하십시오. 그리하면 말씀이 나를 어떤 형편에서든지 도우시는 것을 경험하게 될 것입니다.

둘째, 말씀을 잊지 않는 자가 방황할 때에 찾으십니다

176절에서 시인은 "잃은 양같이 내가 방황하오니 주의 종을 찾으소서 내가 주의 계명들을 잊지 아니함이니이다"라고 합니다. 이 말은 "내가 유리하였나이다. 잃은 양과 같은 당신의 종을 찾으소서."라는 뜻입니다. 시인은 간절한 요청이 담긴 소망을 하나님께 아뢰고 있습니다.

누가복음 15장에는 잃은 양의 비유가 있습니다. 이 비유의 말씀은 양의 방황보다 찾는 목자에 초점이 맞추어져 있습니다. 양은 원래 방황하고, 헤매고, 목자를 떠나기 쉬운 동물입니다. 성경에서도 방황하고 보호할 수 없음을 묘사할 때 양에 빗대어 말합니다. 이사야 53 : 6에는 "우리는 다 양 같아서 그릇 행하여 각기 제 길로 갔거늘"이라고 묘사되고 있습니다. 예레미야 50 : 6에는 "내 백성은 잃어버린 양 떼로다"라는 탄식이 나옵니다. 이 말씀들을 통해 양의 습성이 어떠한가를 잘 알 수 있습니다.

'내가 방황하오니'라는 말은 죄를 지은 상태를 표현합니다. 시인은 죄를 지어 그 결과로 대적의 박해를 받습니다. 그러나 하나님의 말씀은 잊지 않고 있다고 합니다. '주의 종을 찾으소서'라는 말은 '나를 찾아 주십시오.'라는 절박한 마음을 표현하는 말입니다. 죄를 지었지만 말씀을 잊지 않았다고 하는 것은 회복이 가능하다는 것을 말합니다. 죄를 짓는다고 하더라도 회복이 불가능한 사람은 없습니다. 하나님께서 회복하게 하시기 때문입니다. 우리가 고통을 당할 때, 방황할 때 "주님, 나를 찾아 주십시오."라는 요구는 절실한 바람입니다.

아이가 길이나 집을 잃었을 때 누가 더 찾겠습니까? 아이입니까, 부모입니까? 예수님께서 12세 때 성전에 올라가셨다가 돌아오는 길에 부모와 헤어졌습니다. 사흘 길을 가던 부모는 다시 성전에 돌아와 랍비들과 변론하고 있던 예수님을 만나서 "어찌하여 이렇게 하였느냐? 근심하여 찾았다."라고 했지만 예수님은 "내가 내 아버지 집에 있어야 할 줄을 몰랐습니까?"라고 태연하게 대답하였습니다.

하나님께서는 "아담아." "가인아." "하갈아." 하고 끊임없이 사람을 찾으십니다. 찾으시는 것은 하나님의 본성입니다. 누가복음 15장에는 찾으시는 하나님이 잘 묘사되어 있습니다. 또한 성경은 하나님의 사람을 찾기 위해 내려오시는 하나님의 모습을 그리고 있습니다. 소돔과 고모라가 멸망할 때에 롯을 찾기 위해 천사가 직접 내려왔습니다. 이렇듯 찾으시는 하나님의 모습은 우리에게도 계속되고 있습니다.

누가복음 19 : 10에는 "인자가 온 것은 잃어버린 자를 찾아 구원하려 함이니라"라고 기록되어 있습니다. '찾아'라는 단어는 예수님께서 이 땅에 오신 목적이기도 합니다. 찾은즉 기뻐하는 것이 예수님의 마음입니다.

어느 조사보고에 의하면 직장인 가운데 54.9%가 '나는 혼자가 좋은 코쿤족'이라고 응답했습니다. 혼자가 좋은 이유로는 '혼자가 편해서'(62.7%), '마음 맞는 사람을 찾기 힘들어서'(30.9%) 등이 있었습니다. 그러나 사람이 살면서 더 중요한 것은 마음 맞는 사람을 찾는 것이 아니라 내가 '찾아진 사람'이 되는 것입니다. 무엇보다도 하나님께 찾아진 사람이 되는 것이 가장 중요한 일입니다.

결혼을 앞둔 남성이 완벽한 배우자를 찾으려고 온 세상을 두루 다녔습니다. 그는 머릿속에 이상형으로 생각해 둔 사람을 만나면 결혼해야겠다고 다짐했습니다. 하지만 세상 구석구석을 찾아다니느라 40년을 보내고도 그런 여성을 만나 결혼하지 못했습니다. 한번은 친구가 "자네 나이가 70세가 되었는데, 세상에 그런 여성이 없던가?" 하고 물었습니다. "사실 딱 한 번 그런 여성을 만났네. 그런데 그녀는 '완벽한 남성'을 찾고 있었네. 그래서 결혼하지 못했지." 그의 대답이었습니다. 우리는 찾지 말고 찾아지는 사람이 되어야 합니다.

우리가 주님의 말씀을 택하여 살아감으로 그 말씀이 우리를 찾아지도록 하는 인생을 살기를 바랍니다. 하나님께 찾아진 사람이 될 때 우리는 평안의 삶, 기쁨의 삶을 누릴 수 있습니다. 하나님께서는 말씀을 주인으로 삼고 사는 바로 그 한 사람을 찾으십니다.

"주의 규례들이 나를 돕게 하소서" 하나님께서 우리의 주인이 되게 하십시오. 그리스도가 구주가 되게 하십시오. 그리하면 말씀이 나를 어떤 형편에서든지 돕는 것을 경험하게 될 것입니다.
"May your laws sustain me." Let God be our Lord. Let Christ be our Savior. Then you will experience the Word helping you in all your situations.

SINGING the PSALMS

시편 119편을 모두 읽고 묵상하였습니다.
아무리 생각해도 하나님의 말씀이 제일입니다.
말씀에 대한 확신만 있으면 세상의 그 무엇도 문제가 되지 않습니다.
기도로 소원을 이루고, 말씀을 간직하여, 이 시대를 살기에 넉넉한 믿음과
힘을 가진 우리 모두가 되기를 간절히 바랍니다.

나를 바꾸는 40일의 말씀 순례
시편을 노래하다

초판인쇄	2016년 9월 27일
초판발행	2016년 9월 30일

지은이	이성희
펴낸이	채형욱
펴낸곳	한국장로교출판사
주소	03128 / 서울 종로구 대학로 3길 29 한국교회100주년기념관 별관
전화	(02) 741-4381 / 팩스 741-7886
영업국	(031) 944-4340 / 팩스 944-2623
등록	No. 1-84(1951. 8. 3.)

ISBN 978-89-398-4147-5 / Printed in Korea
값 16,000원

편집장	정현선		
교정·교열	이슬기, 김효진	표지·본문디자인	최종혜
업무부장	박호애	영업부장	박창원

※ 이 출판물은 저작권법에 의해 보호를 받는 저작물이므로 무단전재와 무단복제를 할 수 없습니다.

나를 바꾸는 40일의 말씀 순례

시편을 노래하다